一生に一度は
参りたい！

御朱印でめぐる

全国の絶景寺社 図鑑

一生をかけて制覇したい！

いにしえの絶景をめぐる御朱印の旅へ

美しい四季と
豊かな自然に恵まれた日本。
もともと神社やお寺は、
大自然や気のよい土地に
昔の人が神仏を感じ、
お社やお堂を建てたことが
始まりといわれています。

古来、あがめられてきた
場所だから、寺社には
絶景スポットが
たくさんあります。

金毘羅神社（北海道、P.42）

そんな美しい絶景寺社を
「地球の歩き方 御朱印シリーズ」
編集部が厳選しました。

御利益も御朱印も
凄い寺社であることにも
こだわりました。

悠久の時の流れのなかで
人々が祈り、眺めてきた
すばらしい寺社。

感動と驚嘆が待つ
たくさんの寺社と
ご縁を結びに、
いざ、めぐってみましょう！

本書の楽しみ方

まずは本書を眺めて妄想旅行を楽しんで。時間があればご自分の「一生に一度は参りたい寺社リスト」を作ってみては。迷ったら最優先リスト30（P.6～）を参考に。絶景カテゴリー・ポイントを参照しテーマを決めて、寺社めぐりをしてみるのもあり！です

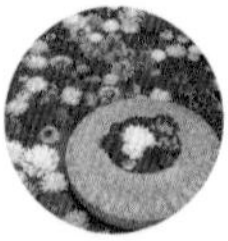

編集部が選んだ！ 一生に一度 絶対行くべき！

全国の絶景寺社 最優先リスト30

本書をご利用になる皆さんへ

※本書に掲載の寺社はすべて写真・御朱印などの掲載許可を頂いています。掲載許可を頂けなかった寺社は掲載していません。
※掲載寺社のなかには日によって対応が難しかったり、留守だったり、書き置きで対応している場合などもあります。あらかじめご了承ください。
※本書のデータはすべて 2022 年 7 月現在のものです。参拝時間、拝観料、交通機関の時刻、行事の日程などは時間の経過や新型コロナウイルス感染拡大の状況次第で変更されることもあります。また、アクセスなどにある所要時間はあくまでも目安としてお考えください。寺社の拝観時間は「入山・入場が可能な最終時間」までを基本に示してあります（一部例外あり）。
※本書で紹介している御朱印は一例です。墨書・印の内容が変更されたり、掲載御朱印以外の種類を頒布している寺社もありますので、詳しくは各寺社へお問い合わせください。
※寺社名、御本尊・神様の名称、ゆかりの人物名、施設名等は、各寺社で使用している名称に準じています。

最優先リスト30

日本の文化と自然の美しさが調和する
神秘の光景に出合える神社やお寺。
なかでも絶対行きたい！感動の絶景30寺社を編集部が厳選。
パワーをもらえ、心を潤してくれる別世界へ旅をしてみませんか。

編集部コメント
近くに宿泊し、「神磯の鳥居」の朝日を拝むのがおすすめ。混み合うこともあるので、早めにスタンバイが◎

水平線から昇る朝日が岩礁を黄金色に染める神々降臨の磯

EDITOR'S CHOICE 01

大洗磯前神社《おおあらいいそさきじんじゃ》

茨城県

神社の前に広がる太平洋にせり出す岩礁に立つのは「神磯の鳥居」。神社を再興した水戸藩主の徳川光圀公もたたえたという荘厳な光景は、日の出の瞬間クライマックスに。 詳細 » P.104

朝日のなかの「神磯の鳥居」〈写真提供：(一社) 大洗観光協会〉

海と鳥居

編集部が選んだ！

一生に一度絶対行くべき！

全国の絶景寺社

編集部コメント

鳥居と砕ける白波、朝日がフォトジェニック！　ご近所の兄弟神社・酒列磯前神社（P.104）も一緒に参拝を。

編集部コメント

白濱神社の別名どおり、白砂がきれいな海岸に鎮座。真っ青な海と空に赤い鳥居のコントラストがすばらしい。

EDITOR'S CHOICE 02

伊《い》古《こ》奈《な》比《ひ》咩《め》命《のみこと》神《じん》社《じゃ》（白濱神社《しらはまじんじゃ》）

静岡県

伊豆の神社のなかで最古の神社。祭神の三島大明神が黒潮に乗ってこの地に到着したのが起源。海岸の大明神岩は、伊豆の島々から来臨する神々の聖地です。 詳細 » P.164

朝日が昇るにつれ姿を現す大明神岩と鳥居

海と鳥居

日の出前の「ブルーアワー」が巨岩の鳥居を包む幻想の一瞬

編集部コメント

境内には古木が多く、なかでも御神木のビャクシンは樹齢2000年以上とも。見るからに霊験がありそう！

濃密な緑一色の世界、
苔の絨毯に
悠久の歴史を思う

編集部コメント
苔で覆われた境内に立つとファンタジーの世界に迷い込んだよう。何時間でもいたくなるほど気持ちがいい。

EDITOR'S CHOICE 03

平泉寺《へいせんじ》白山神社《はくさんじんじゃ》

福井県

起源は717年に泰澄大師が開いた白山平泉寺。霊峰、白山の神様が御祭神。苔むす境内、杉木立の石畳、泰澄を白山に導いた女神が現れたと伝わる御手洗池《みたらしいけ》に、往時がしのばれます。 詳細 » P.164

拝殿は江戸時代再建。創建時の拝殿は約83mにも及ぶ巨大な姿だったとされます

苔

編集部コメント

杉木立の間から、苔の絨毯に差す木漏れ日がきれい。雪景色や苔が映える雨の日もすてき。

編集部コメント
穿戸磐は、どうやってこんな大きな穴が開いたのかとても不思議。受験合格や必勝の御利益があるそうです。

EDITOR'S CHOICE 04

上色見熊野座神社《かみしきみくまのざじんじゃ》

熊本県

奥阿蘇の大自然のなか、神殿に続く杉木立の参道が神秘的です。人気漫画作品の舞台になったことでも有名。神殿の上方にある岩山にぽっかり開いた風穴「穿戸磐《うげといわ》」も神聖なスポット。

詳細 » P.309

約300段の石段に石燈籠が連なる参道

苔

杉林のなか、苔やシダに覆われた参道は神話の世界への入口

編集部コメント

苔むした参道に光が差し込む光景が神々しく、まさに異世界の入口！　空気が違います。

編集部コメント

どこかはかなげな鳥居が、壮大な富士山を引き立てる唯一無二の光景。自然豊かで美しい風景が楽しめます。

EDITOR'S CHOICE 05

河口《かわぐち》浅《あさ》間《ま》神社《じんじゃ》

山梨県

865 年、富士山の大噴火を鎮めるために創建。河口湖の近くにあり、天然記念物の 7 本の巨大杉や古代祭祀の石閣といわれる「美麗石《ひいら》」などが見どころ。御神体の富士山を仰ぎ見てお参りする遥拝所が設けられています。

詳細 » P.109

神社から歩いて約 30 分の高台にある富士山遥拝所（協力会撮影）

富士山

「天空の鳥居」の向こうに、雄大な富士山を望む

編集部コメント

山腹の鳥居から望む富士山はただただ美しい。麓の神社から30分ほど登るので歩きやすい靴で。

編集部コメント

春には主祭神ゆかりの御神木である桜が境内を埋め尽くします。一之鳥居から見る富士山と桜のコントラストも絶景！

1604 年造営の本殿は 2 階建ての優美な姿

朱塗りの社殿、富士山、桜が見事に調和する光景にうっとり

高さ 16m という大きな一之鳥居。天気がよいと富士山が望めます

編集部コメント

境内の湧玉池には富士山の雪解け水が湧出。ここの水は本当にきれいで見ていると心が浄化されます。

EDITOR'S CHOICE 06

富士《ふじ》山《さん》本宮《ほんぐう》浅間《せんげん》大社《たいしゃ》

静岡県

全国に約 1300 社ある浅間神社の総本宮。富士山を御神体とし、山麓の本宮と富士山頂の奥宮があります。本殿、拝殿、楼門などは徳川家康公の造営寄進によるもので、壮麗な造りの文化財です。

詳細 » P.154

富士山

EDITOR'S CHOICE 07

新倉《あらくら》富《ふ》士《じ》浅間神社《せんげんじんじゃ》

山梨県

富士山のビュースポットとして人気の神社。新倉山の中腹、森の中に立つ鳥居越しに富士山が、そして展望デッキからは五重塔「忠霊塔」と富士山の眺望が開けます。桜と紅葉の時期は格別。詳細 » P.120

胸がすくような 爽快で華やかな 富士山の眺めに浸る

編集部コメント

2月に訪れたのですが、神社も、もちろん富士山も雪が降り積もり神々しい雰囲気でした。

鳥居と富士山も絶妙のハーモニー

新倉富士浅間公園の忠霊塔と富士山

編集部コメント

富士山と桜、五重塔が同時に見渡せる外国人も喜びそうなテッパンの絵。境内の398段の「さくや姫階段」を上った先に絶景が！

編集部コメント

鳥居には願いが「通る」ようにという祈りと、「通った」という感謝が込められています。

隙間なく連なる千本鳥居は、あつい信仰の証

EDITOR'S CHOICE 08

伏見《ふしみ》稲荷《いなり》大社《たいしゃ》

京都府

商売繁昌、家内安全の御利益を求めて多くの参拝者が訪れる、稲荷神社の総本宮。1300 年を超える歴史を誇り、千本鳥居が有名。広い境内をめぐることで神様に近づき、眺望も楽しめます。

詳細 » P.221

本殿に参拝後、奥社奉拝所への参道は鳥居が並び、朱色のトンネルと化します

鳥居

編集部コメント

神社全体の奉納鳥居の数は1万基に上るそうです。山中に点在するパワースポットもめぐってみて。

四季折々に美しい庭園と無数の鳥居の絶景コラボレーション

編集部コメント
庭園の景観とあいまって、千本鳥居はこの世のものとは思えない美しさ！

編集部コメント
千本鳥居の先にある神明社の奥に、たくさんのキツネ像が並ぶ場所があります。こちらも印象深いスポット。

EDITOR'S CHOICE 09

高山《たかやま》稲荷《いなり》神社《じんじゃ》

青森県

日本海を見下ろす高台に境内が広がり、庭園（神苑）の中をくねくねとうねりながら続く鳥居は、千本鳥居と呼ばれます。春は桜、夏は新緑、冬の雪景色と四季それぞれの光景が楽しめます。

詳細 » P.59

高台から望む鳥居の連なりは、まるで龍のよう。後方に見えるのは日本海

鳥居

EDITOR'S CHOICE 10

元《もと》乃《の》隅《すみ》神社《じんじゃ》

山口県

地元の漁師の網元の枕元に現れた白狐のお告げによって造営。奉納された鳥居のトンネルは全長 100m 以上。「龍宮の潮吹」と称す断崖は、冬の荒天時に波しぶきが30m 以上吹き上がります。詳細 » P.254

編集部コメント
鳥居をくぐれば潮風に心地よく包まれ、全身が浄化されるのを感じます。

上／鳥居の数は「ひふみ」と読める縁起のよい 123 基
下／世界も注目する絶景。鳥居の先端の断崖は「龍宮の潮吹」で有名な景勝地です

編集部コメント
交通が不便なぶん、到達した喜びも倍増。夕日もすばらしく、天気に恵まれると雄大なサンセットと対面。

コバルトブルーの海に続く、断崖絶壁の鳥居の道

編集部コメント

満潮時の青い海に浮かぶ朱の鳥居は、まるで竜宮城のよう。干潮時には大鳥居まで歩いて行けます。

朱塗りの雅な社殿と青い海、背後に広がる山並みのコントラストが美しさを放ちます

潮汐

海上に立つ雅な社殿に、平家一門の栄華を見る

EDITOR'S CHOICE 11

嚴島神社《いつくしまじんじゃ》

広島県

創建は593年、平安時代末期に平家一族の崇敬を受け、平清盛が現在同様の社殿を造営。海の中に大鳥居と社殿を構え、潮の満ち引きで風景が一変します。1996年にユネスコ世界文化遺産に登録。

詳細 » P.254

編集部コメント

海の上に立つ鳥居や床下すれすれに海面がくるように設計されている社殿など、すべてが浮世離れしていてワクワクします。

編集部コメント

晴れた日、湾にぽっかりと浮かぶ島の姿はなんとも美しい。島の目の前に立つ鳥居もフォトジェニック！

月と太陽の引力によって参道が現れる神秘の神社

EDITOR'S CHOICE 12

小島神社《こじまじんじゃ》

長崎県

壱岐島の穏やかな湾内の、こんもりと木々が茂る小さな島。干潮時にだけ、海が割れて島へ通じる道が現れ、お参りできます。その姿から「壱岐のモン・サン・ミッシェル」と呼ばれ、縁結びの御利益でも有名です。詳細 » P.312

島へ続く道は約 200m、徒歩で 10 分ほど。満潮時は完全に島となるので、潮位の確認が必要です〈写真提供：（一社）壱岐市観光連盟〉

潮汐

編集部コメント

壱岐島は島内に150を超える神社があり、神々と縁が深い地。古墳や弥生時代の遺跡もあり、古代のロマンに満ちています。

編集部コメント
関東では珍しい床もみじが楽しめる、リフレクション絶景スポット！境内は掃除が行き届いています。

燃えるような赤や黄に体まるごと包まれる紅葉浄土の世界

EDITOR'S CHOICE 13

宝徳寺《ほうとくじ》

群馬県

本堂の 28 畳の床に映る紅葉や新緑の「床もみじ」を特別公開し、人気を集めています。京都に多い禅宗方丈様式のお寺で、枯山水が風情たっぷり。双龍の襖絵、地蔵の小道など見どころも多彩。

詳細 » P.116

春、夏、秋の特別公開期間のみ、本堂から観賞できる「床もみじ」。写真は最も華やぐ紅葉期のリフレクション

紅葉

編集部コメント

御朱印帳に直書きしていただける御朱印は常時30種類以上！　月替わりの限定御朱印のほっこり地蔵がかわいい。

編集部コメント

紅葉の時期に雨が降ると、勅使坂の階段が鮮やかな絨毯のようになります。

EDITOR'S CHOICE 14

毘沙門堂《びしゃもんどう》

京都府

天台宗の門跡寺院で、京の七福神のひとつ毘沙門天をお祀りしています。山科盆地を見下ろす山腹に位置し、静寂と山寺の風情をたたえ、春の桜、秋の紅葉の名所としても知られています。詳細 » P.228

「敷もみじ」が美しい勅使坂参道の石段

紅葉

頭上の紅葉の見頃を過ぎても楽しめる坂道の「敷もみじ」

編集部コメント

四季を通じて草花が咲き競う境内。月替わりで花の印が変わる御朱印や季節限定御朱印などの楽しみも。

スリルと絶景が味わえる切り立つ岩上の「地獄のぞき」

昔は石切り場だった鋸山。岩の先端にある展望台「地獄のぞき」からは房総半島と海が見渡せます

編集部コメント

断崖の「地獄のぞき」に挑戦を！　33万㎡もの境内に大仏や千五百羅漢など、見どころ豊富。

編集部コメント

山頂に登ったり巨大な大仏をお参りしたり、絶景とお楽しみがいっぱい。「地獄のぞき」は絶景だけど本当に怖い！

石切り場跡に彫刻された「百尺観音」

EDITOR'S CHOICE 15

日本寺《にほんじ》

千葉県

千葉の南房総、標高 329m の鋸山の南斜面が境内。山麓から山頂にかけて、見どころが点在します。なかでも展望台の「地獄のぞき」、磨崖仏としては日本一の大仏や「百尺観音」が有名。詳細 » P.105

崖

松尾芭蕉の足跡をたどり、雲上の山寺へ

編集部コメント
美しい自然と空中に浮かんでいるようなお堂の光景は唯一無二です。眺望を楽しむなら、さらに上の五大堂へ。

EDITOR'S CHOICE 16

立石寺《りっしゃくじ》 山形県

奇岩怪石からなる山全体が修行と信仰の場で、約 30 の堂塔が点在。岩上に立つ開山堂と自然が織りなす景観は、まさに深山の美。松尾芭蕉が参詣時に詠んだ名句が『奥の細道』に残ります。 詳細 » P.62

百丈岩の上に立つ開山堂。向かって左は納経堂

崖

熊野信仰が始まった奇跡の巨石

EDITOR'S CHOICE 17

神倉神社《かみくらじんじゃ》 和歌山県

熊野速玉大社の摂社。神倉山の山頂近くに鎮座し、御神体は「ゴトビキ岩」。熊野の神々が最初に降り立ったという巨石で、熊野信仰の原点ともいえる聖地です。 熊野速玉大社 » P.213

編集部コメント
絶壁の上に鎮座する御神体のゴトビキ岩と社殿。力強さと神々しさがあいまって、圧倒されます。

形状がヒキガエルに似ていることから名づけられたゴトビキ岩と社殿

花

編集部コメント

6～7月には、日本一といわれるアジサイが見られます。高台からは海とアジサイのコラボも。

境内一面を染める青のスペクタクル

EDITOR'S CHOICE 18

雲昌《うんしょう》寺《じ》 秋田県

男鹿半島の男鹿市に位置する江戸時代創建のお寺。副住職が 20 年の歳月を費やして育てたアジサイが、満開期にはお寺全体を青一色に染めます。竹林や海を背景に咲く姿も美景。 詳細 » P.61

ひと株につく花の数が多く、青い絨毯のよう

境内の斜面を埋めるツツジの群落

花

お堂を包み込むように咲くツツジは壮観

EDITOR'S CHOICE 19

塩船《しおふね》観音《かんのん》寺《じ》 東京都

大化年間に開創された古刹。茅葺きの本堂や仁王門は国の重要文化財に指定。4 月中旬から約 20 種 2 万株のツツジが次々に開花し、鮮やかな色彩が目を楽しませてくれます。 詳細 » P.114

編集部コメント

すり鉢のような境内に広がる、色とりどりのツツジの大パノラマ！ まるで絵画のような美しさ。

花

編集部コメント
裏参道に咲く桜が最高！特にライトアップが行われる夜桜や散り始めの桜の絨毯がおすすめです。

春爛漫の桜一色の参道

EDITOR'S CHOICE 20

東蕗田天満社《ひがしふきたてんまんしゃ》 茨城県

鎌倉時代に京都の北野天満宮より祭神の御霊を分祀し創建。祭神は学問の神様、菅原道真公。緑豊かな森に囲まれ､四季の自然が身近に。裏参道の桜並木は、お花見の名所です。 詳細 » P.112

約 200m の桜の参道。夜はライトアップされます

大鳥居は神社から 800m ほどの所。コスモスは 10 月初旬から開花

花

EDITOR'S CHOICE 21

小泉稲荷神社《こいずみいなりじんじゃ》 群馬県

群馬県一の高さを誇る大鳥居、拝殿前に並ぶ約 240 基の鳥居がインパクト大。春には境内に桜、秋は大鳥居周辺にコスモスが咲き誇り、写真映えする美しい光景が人気を呼んでいます。 詳細 » P.115

コスモスと鳥居のメルヘンチックな美景

編集部コメント
ピンク、オレンジ、白など色とりどりのコスモス畑と朱色の大鳥居という、ほかにはない珍しい光景にうっとり。

400年以上も神域を守る巨樹の道

神々しい光が差し込む杉並木の参道

編集部コメント
奥社の参道の杉並木は歩くだけで澄んだ空気と豊かな自然に癒やされます。

EDITOR'S CHOICE 22

戸《と》隠《がくし》神社《じんじゃ》

長野県

日本神話で「天の岩戸」が飛来してできたとされる戸隠山の麓に、岩戸開きで活躍した神々を中心にお祀りする神社。奥社に続く道は樹齢400年以上の巨大杉が300本以上並び、圧巻の光景。 詳細 » P.109

奥社への参道に立つ茅葺きの随神門。ここから約 500 mにわたって杉並木が続きます

編集部コメント
「祈祷御神籤(きとうおみくじ)」にも挑戦してみて。参拝者の数え年と性別を神職の方が祝詞の中で神様に告げ、おみくじを引いて渡してくれます。

夕日

神社から海へ一直線に延びる「光の道」

編集部コメント
テレビ CM で一躍有名となった光の道。日中でも美しく、神様の通り道として古来あがめられてきたと実感。

EDITOR'S CHOICE 23

宮地《みやじ》嶽《だけ》神社《じんじゃ》

福岡県

約 1700 年の歴史を有し、開運・商売繁盛の神様として毎年多くの参拝者が訪れる神社。宮地岳の山腹に位置し眺望がよく、参道から海まで一直線に夕日に照らされる「光の道」が有名。 詳細 » P.312

編集部コメント
2 月と 10 月の各数週間、参道の階段が観覧席に指定され、入場制限されます。電話予約できる有料の夕陽特別祈祷席もあり。

2 月と 10 月の年 2 回、夕日が道を輝かせ、神社の真正面に日が沈みます

海

EDITOR'S CHOICE 24

稲佐《いなさ》の浜《はま》 島根県

出雲大社の西方約 1km にある、国譲り、国引き神話の舞台。旧暦 10 月 10 日に出雲大社の神迎神事・神迎祭《かみむかえさい》がこの浜で執り行われ、全国の八百万の神々をお迎えする神聖な場所。夕日も見事。 出雲大社 » P.252

日本中の神々が集う白砂の海岸

編集部コメント
稲佐の浜の砂を頂き、出雲大社の本殿北側にある素鵞社（そがのやしろ）の床下のお清めの砂と交換して持ち帰れます。

稲佐の浜にある弁天島には豊玉毘古命が祀られています

1952 年建立の「平和の鳥居」

湖と鳥居

編集部コメント
樹齢600年以上の杉に囲まれた参道を上るのが気持ちいいです。平和の鳥居からは芦ノ湖が一望！

吸い込まれるようなブルーの湖に映える朱の鳥居

EDITOR'S CHOICE 25

箱根《はこね》神社《じんじゃ》 神奈川県

奈良時代創建の箱根神社は、老杉の並木や自然に囲まれ清涼な空気で満ちています。神社前の芦ノ湖上に建つ「平和の鳥居」から見る景色がすばらしく、撮影スポットとしても人気。 詳細 » P.120

海と鳥居

白波が寄せる鳥居と夫婦岩は胸がすくような絶景

編集部コメント
夕方は雰囲気が一変。海も鳥居もオレンジ色に染まるサンセットは、いっそう神聖でロマンティック。

EDITOR'S CHOICE 26

櫻《さくら》井《い》神社《じんじゃ》　福岡県

神社近くの二見ヶ浦の夫婦岩は、イザナギノミコト、イザナミノミコトの夫婦神が祀られた御神体。毎年５月の大潮のときに、長さ 30m、重さ１トンの大注連縄が掛け替えられます。

詳細 » P.312

波打ち際の鳥居と沖合に浮かぶ夫婦岩

奇岩・怪礁の景勝地に鎮座。写真左手奥に本殿があります

岩

神話の世界を彷彿させる奇岩奇勝のお社

EDITOR'S CHOICE 27

鵜《う》戸《ど》神宮《じんぐう》　宮崎県

鵜戸崎の突端にある洞窟の中に本殿が鎮座する珍しい神社。洞窟前には奇岩が連なり、ダイナミックな光景を生み出しています。岩肌に囲まれた朱塗りの色鮮やかな本殿の姿は神秘的。

詳細 » P.290

編集部コメント
本殿がある洞窟は豊玉姫が主祭神を生んだ産殿跡だそう。洞窟内には「お乳岩」という安産・育児の御利益スポットも。

塔

杉木立に立つ 優美で荘厳な五重塔

EDITOR'S CHOICE 28

羽黒山《はぐろさん》五重塔《ごじゅうのとう》

山形県

羽黒山の出羽三山神社（三神合祭殿）の参道の登り口、杉並木にたたずむ東北最古の五重塔。平安時代、平将門の創建とされ、現在の塔は約600年前に再建。国宝に指定されています。

出羽三山神社 » P.49

高さ29m、柿葺き（こけらぶき）、素木造り（しらきづくり）の塔

桜

都心の大寺院を彩る 桜と東京タワー

EDITOR'S CHOICE 29

増上寺《ぞうじょうじ》

東京都

東京有数の名刹。徳川将軍家と深いゆかりをもち、6人の将軍の墓所や数々の寺宝、文化財を有しています。荘厳で清閑な境内に、春は約200本の桜が咲き誇り、華やぎます。詳細 » P.112

威厳ある大殿（本堂）に寄り添うしだれ桜と東京タワー

塔

絵のように美しい 三重塔と那智滝《なちのたき》

EDITOR'S CHOICE 30

青岸渡寺《せいがんとじ》

和歌山県

中世から近世にかけて隣接する熊野那智大社とともに熊野信仰の中心として繁栄。本堂後方から三重塔と那智滝を合わせて眺めることができ、塔の上層階からの展望もすばらしいです。

詳細 » P.214、熊野那智大社 » P.214

1972年に再建された三重塔は内部も拝観可能

北海道・東北

北海道
青森県
岩手県
秋田県
宮城県
山形県
福島県

北海道・東北
地図&インデックス

南湖神社
→P.61

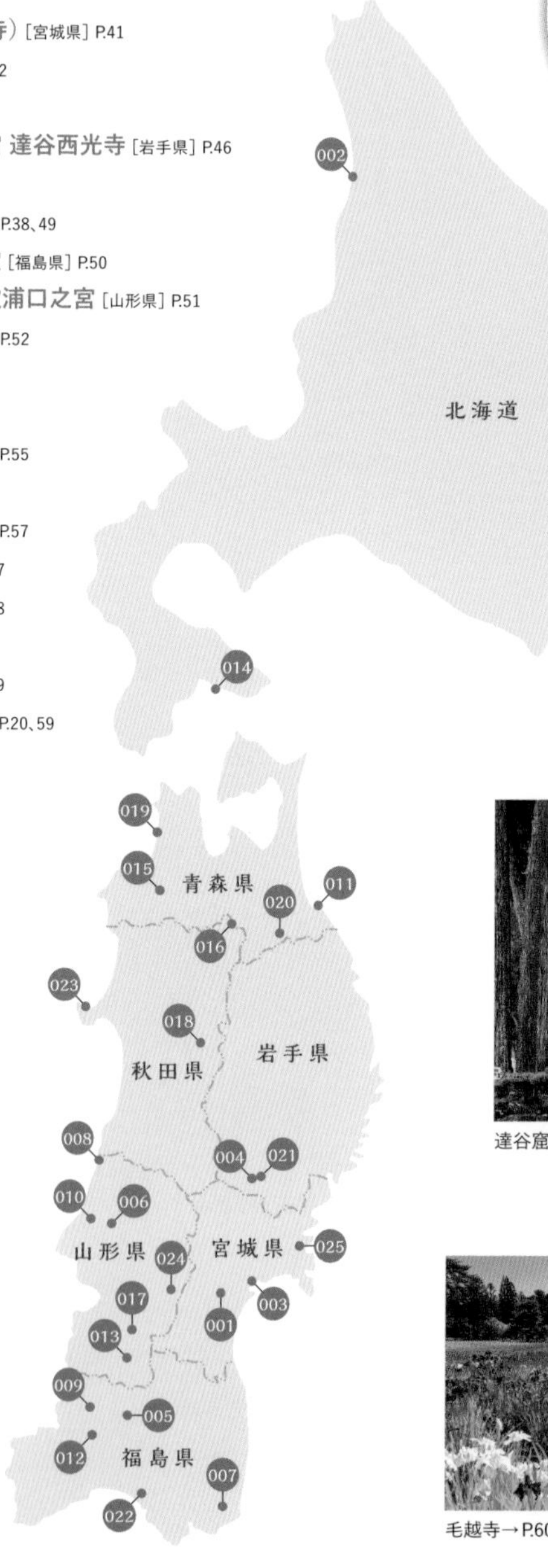

達谷窟毘沙門堂 別當 達谷西光寺→P.46

御座石神社→P.59

毛越寺→P.60

大仏

仙台の街を見守る 地上100mの白衣観音様

📷 絶景ポイント
- 展望窓から仙台市内を一望
- 胎内に安置された薬師如来十二神将と三十三観音

中央の墨書は「大悲殿」。印は上が観世音菩薩を表す梵字「サ」、下は「仙臺大観音」です。

寺社DATA

開創／1991年（平成3年）
山号／新界山　宗旨／真言宗
住所／宮城県仙台市泉区実沢字中山南31-36　交通／JR「仙台駅」から仙台市営バスで40分、「仙台大観音前」下車、徒歩1分　参拝時間／自由（胎内拝観は10:00～15:00）　御朱印授与時間／10:00～15:00　拝観料／500円
URL www.daikannon.com

仙台大観音《せんだいだいかんのん》（大観密寺《だいかんみつじ》）

001
宮城県

御本尊
仙台天道白衣《せんだいてんどうびゃくえ》
大観音《だいかんのん》

仙台市内を見下ろす丘陵に立つ真っ白な観音様です。12層に分かれた内部には、十二神将や三十三観音、108体の仏像のほか、最上部の御心殿には秘仏である大日如来が安置され、参拝することができます。展望窓からは仙台市内が一望でき、晴れた日には太平洋まで見えるといいます。

満天の星空を背に立つ
鳥居は息をのむ美しさ

絶景ポイント

≫海の中の鳥居と星空
≫鳥居越しに沈む夕日

002
北海道

金《こん》毘《ぴ》羅《ら》神社《じんじゃ》

御祭神

不詳

かつてアイヌの人々が悪天候の魔神に木幣（イナウ）をささげて祈願した岬に立つ鳥居。沈みゆく夕日や星空に浮かび上がる鳥居は神秘のパワーを感じさせます。明治40年頃、漂着した四国・金刀比羅宮のお札を漁夫が発見し、近くの岩の上に祀ったところ、付近でたびたび発生していた難破船の事故がなくなったという言い伝えがあります。

寺社DATA

創建／鳥居：1981年（昭和56年）、御堂：不詳（明治40年頃）　本殿様式／不詳　住所／北海道苫前郡初山別村豊岬　交通／JR「留萌駅」から沿岸バスで45分、「豊岬」下車、徒歩20分　参拝時間／自由　御朱印授与時間／9:00～18:00（しょさんべつ温泉 ホテル岬の湯）　拝観料／無料　URL なし

上／空気の澄んだ北海道ならではの星空を背に浮かび上がる鳥居。鳥居のすぐ近くに御堂があります
左下／お守り各種もしょさんべつ温泉 ホテル 岬の湯にて　右下／美しい夕日も見逃せません

御朱印は近くのみさき台公園にある、しょさんべつ温泉 ホテル 岬の湯のフロントで頂けます。

紅葉

訪れる人を魅了する 美しい庭園に映える秋の紅葉

絶景ポイント
- 小堀遠州作の遠州の庭
- 枯山水様式の石庭、雲外天地の庭
- 白華峰西洋の庭

003
宮城県

円通院《えんつういん》

御本尊
聖観《しょうかん》世《ぜ》音《おん》菩《ぼ》薩《さつ》

日本三景のひとつ、宮城県松島にある臨済宗のお寺です。伊達政宗公の嫡孫、光宗公の霊廟として三慧殿が建立し、開山しました。境内には枯山水の石庭「雲外天地の庭」、バラ園の「白華峰西洋の庭」など四季の自然とともに楽しめる美しい庭が4つあり、心字池のある「遠州の庭」は江戸時代の著名な作庭家、小堀遠州の作といわれています。

寺社DATA

開創／1647年（正保4年）　山号／白華峰
宗旨／臨済宗　住所／宮城県宮城郡松島町松島字町内67　交通／JR「松島海岸駅」から徒歩5分
参拝・御朱印授与時間／4～11月9:00～16:00、12～3月9:00～15:30　拝観料／大人300円、高校生150円、子供100円　URL www.entuuin.or.jp

上・左下／紅葉が色づく秋はライトアップを開催
右下／秋の雲外天地の庭は松島有数のフォトスポット。白砂で松島湾を、苔で山々を表現。天の庭と地の庭を結ぶ架け橋、天水橋があります

中央の墨書は「聖観世音」。右上には「三慧殿」の印。三慧殿は国指定重要文化財です。

崖

崖にはりつくように立つ 由緒あるみちのくの古刹

絶景ポイント

- 岩肌に沿って立つ毘沙門堂
- 大きな岩に刻まれた岩面大佛
- 神の池に立つ蝦蟆ヶ池辯天堂

達谷窟《たっこくのいわや》毘沙門堂《びしゃもんどう》 別當《べっとう》 達谷西光寺《たっこくせいこうじ》

004
岩手県

御本尊
毘沙門天王《びしゃもんてんのう》

およそ1220年前、征夷大将軍の坂上田村麻呂が蝦夷討伐の成功を祝い、毘沙門天の加護に感謝して開いたお寺です。境内は御神域とされているため、鳥居が設けられ凛とした空気が漂います。岩肌に沿って立つ懸造りの毘沙門堂のほか、平安後期に戦没者を弔うために彫られた岩面大佛、強力な金運の御利益がある蝦《が》蟆《ま》ヶ《が》池辯天堂《いけべんてんどう》などがあります。

寺社DATA

開創／801年（延暦20年）　山号／眞鏡山　宗旨／天台宗　住所／岩手県西磐井郡平泉町平泉字北沢16
交通／JR「平泉駅」から車で10分　参拝・御朱印授与時間／夏期8:00～17:00、冬期8:00～16:30　拝観料／大人500円、中・高校生100円、小学生以下無料
URL iwayabetto.com

上／京都・清水の舞台を模して建てられた毘沙門堂　左下／さまざまな御利益がある最強の御札「牛玉寶印」　中央下／岩面大佛　右下／蝦蟆ヶ池辯天堂。蝦蟆ヶ池にすむ生き物は辯財天の使いとされています

右上には「坂上田村麻呂公創建」の印、中央にはトラの印。蝦蟆ヶ池辯天堂と姫待不動堂の御朱印もあります。

白銀の世界に包まれ、
神秘さを増す白の大鳥居

上／しんしんと積もる雪の中にたたずむ大鳥居　左下／タカトオコヒガンザクラが咲き誇る春　右下／二葉葵や青モミジが美しい夏の季節。秋は境内がライトアップされ、鮮やかな紅葉を楽しめます

土《はに》津《つ》神社《じんじゃ》

005
福島県

主祭神
保《ホ》科《シナ》正之《マサユキ》

「義」を重んじた苦労人でもある、会津藩初代藩主の保科正之を祀った神社です。珍しい白の大鳥居をくぐると凛とした空気に包まれます。境内の自然もすばらしく、春は桜、夏は青々と茂る緑、秋は紅葉、冬は幻想的な雪景色と、四季折々の美しさを感じながら参拝することができます。

上の印は会津三葵の神紋、下は保科正之奥津城の八角形の鎮石をモチーフにした社印。

寺社DATA

創建／1675年（延宝3年）
本殿様式／権現造　住所／福島県耶麻郡猪苗代町字見禰山3
交通／JR「猪苗代駅」から車で10分
参拝時間／自由　御朱印授与時間／4～11月10:00～16:00（土・日曜、祝日9:00～17:00）、12～3月10:00～16:00
拝観料／無料
URL hanitsujinja.jp

羽黒山（三神合祭殿）の御朱印。月山と湯殿山が閉山となる冬期はこちらに参拝して御朱印を頂けます。

月山神社の御朱印。墨書で「霊峰」「月山神社」と入りますが、月山は出羽三山の主峰で霊山最強のパワーを授けていただけます。

湯殿山神社の御朱印。湯殿山は神のすむ山とされ御神体への参拝は裸足になりお祓いを受けてから。ここで見聞きしたものは口外しないこと。撮影もNG。

山
三山を参拝し、
生まれ変わりの旅を体験
絶景ポイント
≫国宝・五重塔
≫羽黒山石段

上／羽黒山境内の杉の巨木に囲まれて立つ国宝・五重塔　左下／出羽神社の三神合祭殿。出羽三山の祭神を祀っています　右下／三神合祭殿へいたる羽黒山石段。山頂までは約1時間

出羽三山神社《でわさんざんじんじゃ》

006
山形県

御祭神

【出羽神社】稲倉魂命《ウカノミタマノミコト》　伊氏波神《イデハノカミ》　【月山神社】月読命《ツキヨミノミコト》
【湯殿山神社】大山祇命《オオヤマツミノミコト》　大己貴命《オオナムチノミコト》　少彦名命《スクナヒコナノミコト》

羽黒山、月山、湯殿山からなる信仰の山、出羽三山。羽黒山の出羽神社《いではじんじゃ》（三神合祭殿）、月山山頂の月山神社、湯殿山中腹の湯殿山神社と各山に神社があり、合わせて出羽三山神社と呼ばれています。羽黒山では現世の御利益を頂き、月山では死後を体験し、湯殿山でよみがえりを果たす、というふうに三山を参拝することで新しい自分に生まれ変わるといわれています。月山神社と湯殿山神社は冬期の参拝はできません。

寺社DATA

出羽三山神社《でわさんざんじんじゃ》（三神合祭殿《さんじんごうさいでん》）
創建／593年（推古天皇元年）　本殿様式／権現造
住所／山形県鶴岡市羽黒町手向字羽黒山33
交通／JR「鶴岡駅」から庄内交通バスで60分、「羽黒山頂」下車すぐ
参拝・御朱印授与時間／8:30～16:30　拝観料／無料
URL www.dewasanzan.jp

月山神社本宮《がっさんじんじゃほんぐう》
創建／593年（推古天皇元年）　本殿様式／方形《ほうぎょう》造
住所／山形県東田川郡庄内町立谷沢字本沢31
交通／JR「鶴岡駅」から庄内交通バスで2時間、「月山八合目」下車、徒歩2時間30分
参拝・御朱印授与時間／7・8月頃7:00～16:00
拝観料／無料　URL www.dewasanzan.jp

湯殿山神社本宮《ゆどのさんじんじゃほんぐう》
創建／605年（推古天皇13年）
住所／山形県鶴岡市田麦俣六十里山7
交通／山形自動車道「月山IC」から車で約25分
参拝・御朱印授与時間／GW周辺～11月上旬頃8:30～16:00
拝観料／無料
URL www.dewasanzan.jp

ハス池

極楽浄土を表現した庭園を美しく彩る古代ハス

絶景ポイント
- 極楽浄土を表した浄土庭園
- 現存する平安末期の阿弥陀堂
- 貴重な平安末期の仏像

上／願成寺を中心に3つの飛び地境内がある広大な寺院で、平安時代にみちのくで花開いた浄土文化が感じられます
左下／大日如来（左）とつるし観音（右）の御朱印　右下／浄土庭園では、橋は俗世と浄土をつなぐ役割があります

中央の墨書は「阿弥陀如来」。後ろの印は阿弥陀如来を表す梵字「キリーク」です。

願成寺《がんじょうじ》 白水阿弥陀堂《しらみずあみだどう》

007
福島県

御本尊
大日如来《だいにちにょらい》

平安末期に奥州藤原氏の娘、徳姫が夫を弔うために建立しました。ハスの花が美しく咲く大きな池に囲まれて阿弥陀堂が立つ、仏教の極楽浄土を表現した浄土庭園の造り。現存する平安時代の阿弥陀堂はたいへん貴重で、堂内には当時造られた阿弥陀三尊、持国・多聞天王が安置されています。

寺社DATA

開創／1160年（永暦元年）
山号／菩提山　宗旨／真言宗　住所／福島県いわき市内郷白水町広畑221
交通／JR「いわき駅」から川平行きバスで20分、「あみだ堂」下車、徒歩5分
参拝時間／4～10月 8:30～16:00（15:45受付終了）、11～3月 8:30～15:30（15:15受付終了）
御朱印授与時間／4～10月8:30～15:45、11～3月8:30～15:15
拝観料／大人500円、小学生300円
URL shiramizu-amidado.org

池

太古から崇敬を集める エメラルドグリーンの 神秘の池

絶景ポイント
≫丸池神社の丸池様

上／湧き水だけで満たされた丸池様　左下／池のすぐ近くにある丸池神社社殿　右下／鳥海山大物忌神社は秀峰・鳥海山に鎮まる山の神を祀り、人々の崇敬を集めてきました。丸池様だけでなく御本殿もぜひ参拝しましょう

008
山形県

鳥海山大物忌神社《ちょうかいざんおおものいみじんじゃ》 吹《ふ》浦《くら》口《くち》之《の》宮《みや》

主祭神
大物忌大神《オオモノイミノオオカミ》

山頂の御本殿と「吹浦口之宮」「蕨岡《わらびおか》口《くち》之《の》宮《みや》」のふたつの口之宮からなる鳥海山大物忌神社は古来、鳥海山信仰の中心的な役割を担ってきました。池を御神体とし、丸池様としてあがめられる境内外末社の丸池神社は吹浦口之宮から約２㎞先。周囲は原生林に囲まれ神聖な雰囲気に包まれています。

丸池様の神秘の水を思わせる美しい御朱印。丸池神社の御朱印は吹浦口之宮の社務所で頂けます。

寺社DATA

創建／564年（欽明天皇25年）
本殿様式／一間社流造
住所／山形県飽海郡遊佐町大字吹浦字布倉１
交通／JR「吹浦駅」から徒歩８分
参拝時間／自由
御朱印授与時間／9:00～16:00
拝観料／無料
URL www9.plala.or.jp/thoukai

紅葉

寝殿造りの荘厳な長床を彩る見事な大イチョウの絨毯

絶景ポイント
- 御神木である大イチョウ
- 国指定重要文化財の長床

上／大イチョウが色づく時期に合わせて期間限定でライトアップされます　左下・右下／秋に訪れるなら、大イチョウが見頃となる10～11月がおすすめです

009
福島県

新宮《しんぐう》熊《くま》野《の》神社《じんじゃ》

御祭神

伊弉冉命《イザナミノミコト》
事解男神《コトサカノヲノカミ》
速玉男命《ハヤタマノヲノミコト》
菊理姫神《ククリヒメノカミ》

樹齢800年を超える御神木、大イチョウが色づき落葉が地面を黄金色に埋め尽くす晩秋は、息をのむ美しさ。紀州熊野から勧請創建したと伝わる古社です。拝殿として建てられた寝殿造りの長床は、41本の円柱に支えられた吹き抜けの趣ある建物で、国の重要文化財に指定されています。

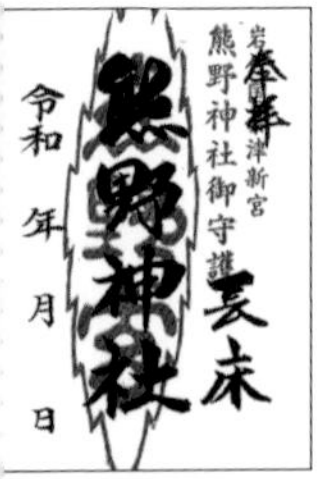

右上の印は「岩代国会津新宮熊野神社御守護」。下に「長床」の文字が入り、社名も墨書されます。

寺社DATA

創建／1089年（寛治3年）
本殿様式／熊野造
住所／福島県喜多方市慶徳町新宮字熊野2258　交通／JR「喜多方駅」から車で13分　参拝・御朱印授与時間／4～11月8:30～17:00、12～3月は土・日曜、祝日9:00～16:00　拝観料／大人300円、高校生200円、中学生以下無料
URL なし

清めの水を花々が彩る 花手水に心が癒やされる

絶景ポイント
» 毎日行われる花手水
» 桜の名所でもある鶴岡公園

上・左下・中央下・右下／あまりの美しさに目を奪われる花手水。七夕の期間はより華やかになるとか。水に浮かべると文字が浮かび上がる水みくじも有名です

荘内神社《しょうないじんじゃ》

010
山形県

庄内を治めていた酒井家藩主を慕う人々によって、酒井家の居住地であった鶴ヶ岡城本丸址に建てられました。酒井家歴代藩主の四柱を御祭神として祀っています。季節の花々を水に浮かべた艶やかな花手水にも注目。美しい花手水で清めれば心が洗われ、すがすがしい気持ちで参拝できるでしょう。

御祭神

酒《サカ》井《イ》家《ケ》
初代《ショダイ》酒《サカ》井《イ》忠次《タダツグ》公《コウ》
二代《ニダイ》酒《サカ》井《イ》家次《イエツグ》公《コウ》
三代《サンダイ》酒《サカ》井《イ》忠勝《タダカツ》公《コウ》
九代《キュウダイ》酒《サカ》井《イ》忠徳《タダアリ》公《コウ》

毎月変わる花暦御朱印は季節の花々をイメージし、手書き、手押しで御朱印帳へ記帳いただけます。

寺社DATA

創建／1877年（明治10年）
本殿様式／流造
住所／山形県鶴岡市馬場町4-1
交通／JR「鶴岡駅」から庄内交通バスで8分、「鶴岡市役所」下車、徒歩3分
参拝時間／自由
御朱印授与時間／9:00～17:00
拝観料／無料
URL jinjahan.com

ウミネコ

弁天様のお使い、ウミネコが飛び交う信仰の島

絶景ポイント

- 飛来するウミネコの群れ
- 新社殿の吹き抜け天井彫刻
- 新社殿の天井画、蕪嶋神龍

上／4～7月末はウミネコの繁殖を間近で見学できます　左下／カラフルな弁財天の御朱印は月ごとにデザインが変わります　右下／「蕪嶋」の名前から、参拝すると金運・人望ともに「株が上がる」御利益を頂けるといわれています

蕪嶋神社《かぶしまじんじゃ》

011
青森県

主祭神
市《イチ》杵《キ》嶋《シマ》姫《ヒメ》命《ノミコト》

江戸時代には貿易港・漁港として栄え、現在はウミネコの繁殖地として国の天然記念物に指定されている蕪島に鎮座する神社です。福の神・弁財天と同じ神様を祀っており、島を埋め尽くすほどのウミネコの群れは弁財天のお使い。頭上からのウミネコのフンは幸運の吉兆といわれています。

右の印は「福乃神八戸弁財天」。4体の天女やウミネコと社殿が描かれた印も押されています。

寺社DATA

創建／1296年（永仁4年）
本殿様式／流造
住所／青森県八戸市大字鮫町字鮫56-2
交通／JR「鮫駅」から徒歩15分
参拝時間／9:00～17:00
御朱印授与時間／9:30～16:30
拝観料／無料
URL kabushimajinja.com

七夕

闇夜に照らされる古大社
幻想的な七夕祈願祭は必見

絶景ポイント
- ライトアップが行われる七夕祈願祭
- 外苑のあやめ苑
- 希少種の薄墨桜

上・左下／高さ14mの大きな楼門。七夕祈願祭では7色にライトアップされます　右下／アヤメの見頃は6月中旬～7月上旬。毎年30万人もの人が訪れます。春は華やかな香りの希少種、薄墨桜も楽しめます

012
福島県

伊《い》佐《さ》須《す》美《み》神社《じんじゃ》

御祭神
伊弉諾尊《イザナギノミコト》
伊弉冉尊《イザナミノミコト》
大毘古命《オオヒコノミコト》
建沼河別命《タケヌナカワワケノミコト》

２０００年を超える歴史をもつ会津総鎮守で、古くから人々の信仰を集めてきた東北を代表する名社です。２００種以上が植えられたあやめ苑でも有名ですが、毎年８月の七夕祈願祭では、平安時代に宮中などで行われた乞巧奠《きこうでん》を再現し、ライトアップされた楼門の祭壇で巫女舞が奉納されます。

中央の墨書は伊佐須美神社。やわらかく丸みを帯びたすてきな書体が印象的です。

寺社DATA

創建／紀元前88年（崇神天皇10年）　本殿様式／仮社殿のためなし　住所／福島県大沼郡会津美里町宮林甲4377
交通／JR「会津若松駅」から永井野行きバスで40分、「横町」下車、徒歩3分。またはJR「会津高田駅」から徒歩25分
参拝時間／自由　御朱印授与時間／9:00～16:00
拝観料／無料　URL isasumi.or.jp

雪灯篭

雪の灯篭に火がともされ、やわらかな光に包まれる

絶景ポイント
》上杉雪灯篭まつり

上／雪で作られた鎮魂の塔で行われる鎮魂祭　左下／キャンドルやカラーメガホンで飾られたキャンドルゾーン　右下／上杉神社参道の雪灯篭。以上、すべて上杉雪灯篭まつりで見られます

流れるような字体の墨書は「羽前米沢」、「上杉神社」。印は「上杉神社」。御朱印は社務所で受けられます。

寺社DATA

創建／1876年（明治9年）
本殿様式／流造
住所／山形県米沢市丸の内1-4-13
交通／JR「米沢駅」から徒歩15分、またはバスで8分、「上杉神社前」下車すぐ
参拝時間／4～10月6:00～17:00、11～3月7:00～17:00　御朱印授与時間／8:30～17:00　拝観料／無料
URL www.uesugi-jinja.or.jp

上杉神社《うえすぎじんじゃ》

013
山形県

御祭神
上杉謙信公《ウエスギケンシンコウ》

越後の戦国武将・上杉謙信公を祀る神社で、米沢城本丸跡に鎮座しています。上杉神社の境内と米沢城址の松が岬公園一帯を会場に、毎年2月に行われる上杉雪灯篭まつりでも有名。まつりの期間は約200基もの雪灯篭と1000個の雪ぼんぼりに火がともされ、幻想的な世界が楽しめます。

絶景ポイント
≫境内からの眺め

鳥居越しに見える函館の街と海

鳥居

014
北海道

函《はこ》館《だて》護《ご》國《こく》神《じん》社《じゃ》

左下には幸せを運ぶフクロウの印。フクロウのお守り各種も人気があります。

朱色の鳥居からはすばらしい景観を楽しめます

御祭神

箱館戦争から太平洋戦争の間に戦死した道南の兵士

函館山へ向かう途中の高台に鎮座し、函館市街や津軽海峡を見渡すことができます。もともとは箱館戦争で殉難した兵士を祀る招魂社として建てられ、一万三千余柱の兵士を御祭神としています。縁結びの神社としても知られ、人々が「不苦労」で幸せな日々を送れるようにと建立された、なでふくろうの像も評判を呼んでいます。

寺社DATA

創建／1869年（明治2年）
本殿様式／護国神社様式
住所／北海道函館市青柳町9-23
交通／函館市電「十字街駅」または「宝来町駅」から徒歩10分
参拝時間／自由
御朱印授与時間／9:00～16:00
拝観料／無料
URL hakodate-gokoku.jp

絶景ポイント
≫参道から仰ぎ見る岩木山

御神体の岩木山を望む

山と鳥居

015
青森県

岩《いわ》木《き》山《やま》神《じん》社《じゃ》

中央の印は、岩木山神社。墨書で北門鎮護の文字が入ります。

鳥居から望む岩木山。左写真はカードタイプのお守り

御祭神

顕國魂神《ウツシクニタマノカミ》
多《タ》都《ツ》比《ヒ》姫神《ヒメノカミ》
宇《ウ》賀《ガ》能《ノ》賣神《メノカミ》
大山祇神《オオヤマヅミノカミ》
坂上《サカノウエノ》刈《カリ》田《タ》麿命《マロノミコト》

津軽富士ともいわれる青森県最高峰、標高１６２５ｍの岩木山山頂に約１２００年前に創建。古くから津軽の人々から「お岩木さま」「お山」として親しまれてきた由緒ある神社です。麓の神社から山頂の奥宮を真正面にお参りでき、山道は登山道へと続いています。老杉に囲まれ、山のパワーに満ちた境内は厳かな雰囲気。強力な御利益を頂けそうです。

寺社DATA

創建／780年（宝亀11年）
本殿様式／三間社流造
住所／青森県弘前市百沢字寺沢27　交通／JR「弘前駅」から弘南バスで40分、「岩木山神社」下車、徒歩すぐ　参拝・御朱印授与時間／4～10月8:00～17:00、11～3月8:30～16:00　拝観料／無料
URL iwakiyamajinja.or.jp

絶景ポイント
» 十和田湖と社殿 » 開運の小道

016
青森県

十和田神社《とわだじんじゃ》

社殿

風光明媚な十和田湖に鎮座

中央に大きく書かれている墨書は「青龍」。印は境内にある吉凶を占った御占い場へのはしごです。

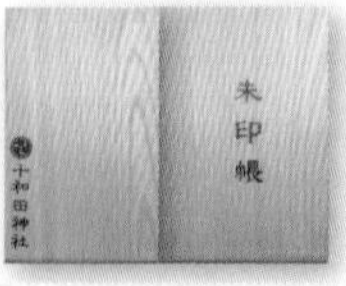

深い緑に覆われた社殿。左写真はオリジナル御朱印帳

御祭神

日本武尊《ヤマトタケル》

約20万年前の火山活動でできたカルデラ湖、十和田湖は古くから山岳霊場として崇敬を集めてきたパワースポット。十和田神社は十和田湖に突き出た中山半島の付け根に鎮座しています。荘厳なたたずまいの社殿はうっそうとした杉林に囲まれ神秘的。乙女の像が立つ湖畔から神社へと続く道は「開運の小道」と呼ばれ溶岩洞窟が残ります。

寺社DATA

創建／807年（大同2年）
本殿様式／権現造
住所／青森県十和田市大字奥瀬字十和田湖畔休屋486　交通／JR「八戸駅」からJRバスおいらせ号十和田湖行きで2時間15分、「十和田湖（休屋）」下車、徒歩10分　参拝時間／自由
御朱印授与時間／9:30～16:00
拝観料／無料　URL なし

絶景ポイント
» 山形独自の拝殿

017
山形県

熊野神社《くまのじんじゃ》

社殿

茅葺き屋根の立派な拝殿

墨書は「日本三熊野ノ一宮内」。神紋である菊紋の印が入ります。

威風堂々たるたたずまいの社殿。左写真は大鳥居

御祭神

伊弉冉尊《イザナミノミコト》
伊弉諾尊《イザナギノミコト》
素戔嗚命《スサノオノミコト》
ほか27柱

和歌山の熊野三山、群馬の熊野皇大神社と並び日本三熊野とされる格式高い神社。東北の伊勢とも呼ばれ、夫婦神を御祭神としていることから縁結びのパワースポットとしても知られ、広く信仰を集めています。風格漂う拝殿は、唐破風《からはふ》、千鳥破風《ちどりはふ》を茅で造る山形独自の建築で、県内で最も古い建築のひとつとされています。

寺社DATA

創建／806年（大同元年）再建
本殿様式／隅木入春日造
住所／山形県南陽市宮内3707-1
交通／JR「赤湯駅」から車で15分。または山形鉄道フラワー長井線「宮内駅」から徒歩15分　参拝時間／自由
御朱印授与時間／9:30～16:00
拝観料／無料
URL kumano-taisha.or.jp

絶景ポイント
≫田沢湖の自然と社殿

瑠璃色の湖面に朱色の鳥居が映える

湖と社殿

018
秋田県

御座石神社《ござのいしじんじゃ》

田沢湖と神社が描かれた特別御朱印です。もともとは夏限定で授与していましたが希望者が多く、通年の特別御朱印になりました。

大自然のなかで心身ともに安らげる神社です

寺社DATA

創建／室町時代　本殿様式／入母屋造　住所／秋田県仙北市西木町桧木内相内潟１　交通／JR「田沢湖駅」から羽後交通バス田沢湖一周線で40分、「御座の石神社前」下車、徒歩１分
参拝時間／9:00～17:00 ※冬期は要問い合わせ（電話0185-53-2376）
御朱印授与時間／9:00～16:00（冬期は初詣期間と土・日曜、祝日のみ開所）
拝観料／無料　URL なし

日本一の水深を誇る、静かな田沢湖畔に鎮座。湖に向かって朱色の鳥居が立ち、コバルトブルーの湖面や周辺の深い緑と相まって、すがすがしく神聖な気持ちにさせてくれます。主祭神は美の神様、辰子姫。永遠の美を得るため、お告げどおりに湖の水を飲み続けて龍になり田沢湖の主となった辰子姫伝説がこの地に残ります。

主祭神
龍《タツ》子《コ》姫神《ヒメノカミ》

絶景ポイント
≫神苑の千本鳥居　≫日本海の眺望

緑の庭園をうねる千本鳥居

鳥居

019
青森県

髙山稲荷神社《たかやまいなりじんじゃ》

神社のシンボルである千本鳥居が描かれた印が押されています。

桜や新緑、雪の季節にはいっそう映えます

寺社DATA

創建／不詳
本殿様式／一間社流造
住所／青森県つがる市牛潟町鷲野沢147-1
交通／JR「五所川原駅」から弘南バスで約40分、「高山神社入口」下車、車で5分　参拝・御朱印授与時間／8:00～17:00　拝観料／無料
URL takayamainari.jp

左上／祈願成就のお礼に奉納された千本鳥居　下／最も高い所にある拝殿

鎌倉から室町時代の創建と伝わる、五穀豊穣、商売繁盛などの霊験あらたかな神社。日本海を望む高台に位置し、龍神宮から神明社へ続く神苑の中には高さ2mほどの鳥居がくねくねと続く不思議な光景を作り出しています。

御祭神
宇《ウ》迦《カ》之《ノ》御《ミ》魂命《タマノミコト》
佐《サ》田《タ》彦命《ヒコノミコト》
大宮能売命《オオミヤノメノミコト》

絶景ポイント
≫迫力ある狛犬と城跡

城郭の名残を感じる城跡に鎮座

狛犬と城跡

020
青森県

糠《ぬか》部《べ》神《じん》社《じゃ》

墨書は「奉拝」、「旧県社」、「糠部神社」。右下の国指定史跡三戸城跡の横にある向鶴は南部氏の家紋です。

春は美しい桜の景色を楽しめます

御祭神
南部《ナンブ》光行《ミツユキ》公《コウ》

およそ700年にわたってこの地を治めてきた南部氏の始祖、南部光行公を祀る神社で、南部氏の居城だった三戸城跡にあります。城門から武者溜まりを通って鳥居にいたる参道は、石垣の一部など戦国時代の構造が残り、まるで入城するような気分が味わえます。三戸城跡は2022年3月15日に国指定の史跡となりました。

寺社DATA
創建／1879年（明治12年）
本殿様式／神明造
住所／青森県三戸郡三戸町大字梅内字城ノ下34-2　交通／JR「三戸駅」から路線バス田子線で15分、「城山公園前」下車、徒歩17分　参拝時間／自由
御朱印授与時間／10:00～15:00（月曜は休務）　拝観料／無料
URL nukabe-shrine.com

絶景ポイント
≫大泉が池を中心とした浄土庭園

平安時代の面影を残す優美な庭園

庭園

021
岩手県

毛《もう》越《つう》寺《じ》

墨書は「奉拝」、「薬師如来」。中央の印は薬師如来を表す梵字の「ベイ」です。

浄水をたたえる大泉が池。毛越寺は世界遺産に登録されています

御本尊
薬《やく》師《し》如《にょ》来《らい》

慈覚大師が開いた天台宗のお寺で、平安後期には奥州藤原氏が数多くの伽藍を造営。当時の伽藍は焼失していますが、平安時代に書かれた日本最古の作庭書『作庭記』に記された意匠や技法を完全な姿でとどめている大泉が池を中心とした浄土庭園は、学術的にも非常に貴重な庭園です。毛越寺は特別名勝・特別史跡の二重指定を受けています。

寺社DATA
開創／850年（嘉祥3年）
山号／医王山　宗旨／天台宗
住所／岩手県西磐井郡平泉町平泉字大沢58　交通／JR「平泉駅」から徒歩7分　参拝時間／8:30～17:00（11月5日～3月4日は～16:30）　御朱印授与時間／8:30～閉門20分前　拝観料／大人700円、高校生400円、小・中学生200円　URL www.motsuji.or.jp

絶景ポイント
≫御神木の楽翁桜

見事なしだれ桜の花盛り

桜

022
福島県

南湖神社《なんこじんじゃ》

遠祖である清和源氏の星梅鉢の印と、徳川家の譜代大名家を示す三つ葉葵の印が押されています。

ライトアップされた楽翁桜。古くから恋愛成就の桜としても知られます

寺社DATA

創建／1922年（大正11年）
本殿様式／流造　住所／福島県白河市菅生館2　交通／JR「新白河駅」またはJR「白河駅」から市内循環バスで20分、「南湖東口」下車、徒歩7分　参拝時間／自由
御朱印授与時間／9:00～17:00
拝観料／無料
URL nankojinja.server-shared.com

天明の大飢饉を乗り切り、藩政を立て直すなど名君として知られる白河藩主・松平定信公を主祭神として祀る神社です。境内の樹齢200年にもなる楽翁桜《らくおうざくら》は、松平定信公本人が手植えを行ったと伝えられる御神木。春になると、地面近くに垂れ下がった枝にまで満開の花を咲かせ、美しい姿を見せてくれます。

主祭神
松平定信公《マツダイラサダノブコウ》

絶景ポイント
≫境内のアジサイ　≫竹林

圧倒的な美しさの青の世界

アジサイ

023
秋田県

雲昌寺《うんしょうじ》

中央の印は三宝印。「紫陽花」の御朱印のほか、「花手水」、「花の輪」の計3種類を通年頒布。

約1500株のアジサイ。後方は北浦海岸

寺社DATA

創建／1600年代　山号／北浦山　宗旨／曹洞宗　住所／秋田県男鹿市北浦北浦字北浦57　交通／JR「羽立駅」から男鹿市バスで26分、「北浦」下車、徒歩4分。またはJR「男鹿駅」からなまはげシャトル（前日予約制）で40分、「雲昌寺」下車、徒歩4分　参拝・御朱印授与時間／9:00～17:00（最終受付16:30）　拝観料／200円（アジサイ期間500～800円）　URL oganavi.com/ajisai

男鹿市の新たな見どころとして注目を集めているのがアジサイ寺の異名をもつ雲昌寺。江戸時代初頭に開創された曹洞宗の寺院です。副住職が20年かけて育てたアジサイはひと株につく花の数が多く、満開時は境内が青一色に。かなたの日本海のブルーに溶け合います。

ほほ笑み地蔵とアジサイ

御本尊
釈迦牟尼仏《しゃかむにぶつ》

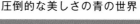

絶景ポイント
≫紅葉の開山堂・納経堂　≫五大堂からの眺め

奇岩の上に立つ古刹

崖

024
山形県

立《りっ》石《しゃく》寺《じ》

根本中堂で頂ける御朱印。墨書は法燈不滅。根本中堂には開山の際、比叡山延暦寺から分けられた「不滅の法灯」がとも り続けています。

左上／本堂にあたる根本中堂。ここから山上の開山堂や奥の院へは1時間近くの登拝となります
右上／開祖の慈覚大師を祀る開山堂（右）と山内最古の建物の納経堂（左）

御本尊
薬《やく》師《し》如来《にょらい》

「山寺」の通称で呼ばれる立石寺は、山全体に堂塔が点在する修行の地。松尾芭蕉が参詣時に詠んだ「閑さや岩にしみ入る蝉の声」の名句でも知られています。深淵な山々を背景に、巨岩に立つ開山堂と納経堂の姿は仙人がすむ世界を思わせます。

寺社DATA

創建／860年（貞観2年）
山号／宝珠山　宗旨／天台宗
住所／山形県山形市山寺4456-1
交通／JR「山寺駅」から徒歩5分
参拝時間／8:00～17:00
御朱印授与時間／8:00～17:00（華厳院のみ9:00～12:00、13:00～16:00）
拝観料／大人300円、中学生200円、4歳以上100円　URL www.rissyakuji.jp

絶景ポイント
≫崖の途中で止まっている巨石

落ちそうで落ちない不思議な巨石

巨石

025
宮城県

釣《つり》石《いし》神《じん》社《じゃ》

中央には巨石と鳥居がデザインされた印が押されています。

社殿へと続く１７４段の石段脇に崖から突き出たように止まっている巨石は、２０１１年の東日本大震災の大地震にも耐え、「落ちそうで落ちない受験の神様」として全国的に人気に。合格祈願で参拝する人があとを絶たないといいます。社名はもともと「釣山」でしたが、巨石にちなみ明治初期に「釣石」に改められました。

オリジナル御朱印帳には巨石の絵が入ります

主祭神
天児《アメノコ》屋《ヤ》根命《ネノミコト》

寺社DATA

創建／不詳　本殿様式／流造
住所／宮城県石巻市北上町十三浜字菖蒲田305　交通／三陸自動車道河北ICから車で25分
参拝・御朱印授与時間／9:00～17:00
拝観料／無料　URL 1380.jp

関東・甲信越

栃木県
群馬県
茨城県
埼玉県
千葉県
東京都
神奈川県
山梨県
長野県
新潟県

関東・甲信越
地図&インデックス

宝徳寺
→P.116

金峯神社→P.93

中之嶽神社→P.130

戸隠神社→P.109

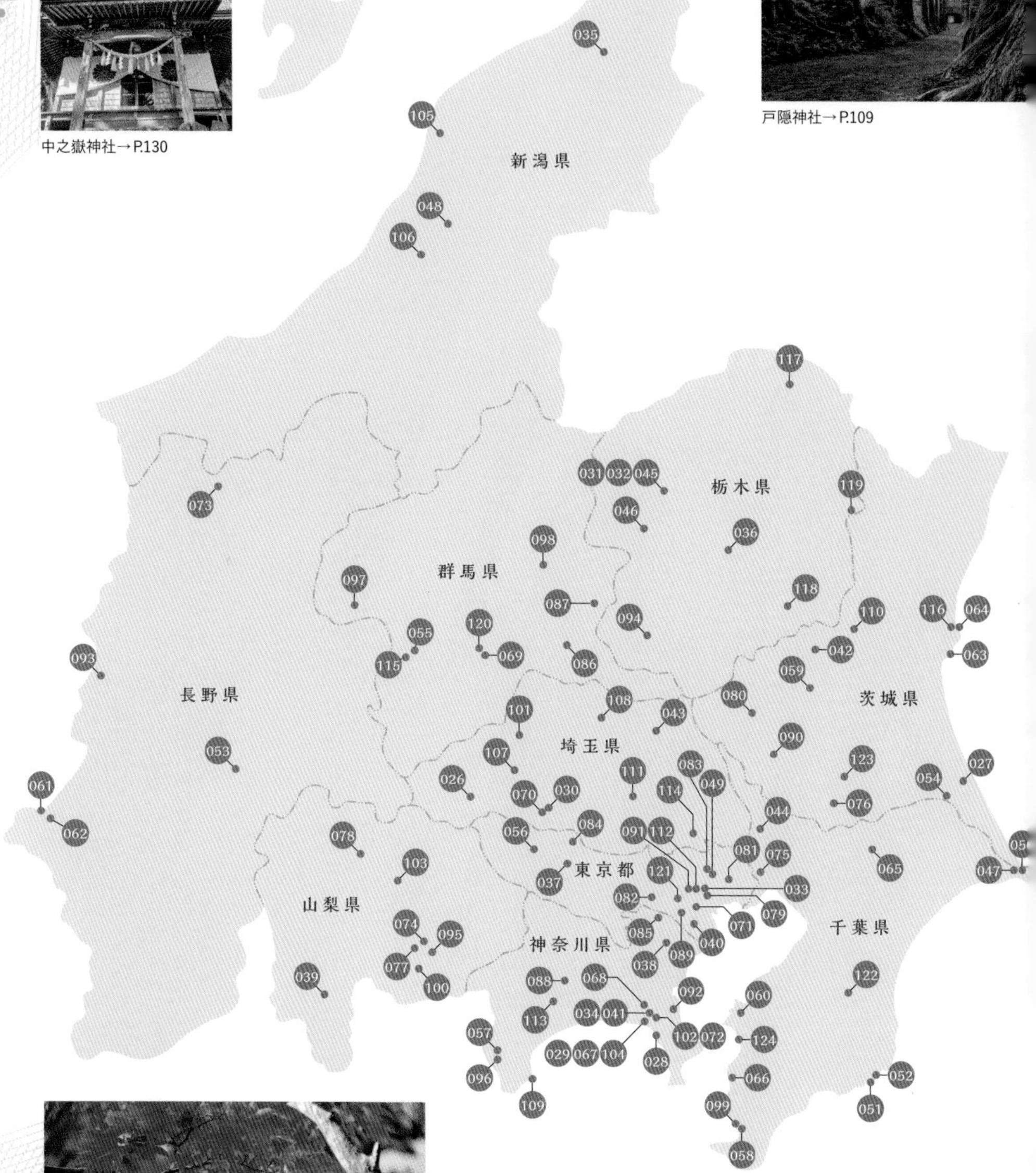

輪王寺（逍遙園）→P.90

社殿

幻想的な霧のなかに浮かび上がる極彩色の彫刻

絶景ポイント
- きらびやかな装飾の拝殿、随身門
- 珍しい形状の三ツ鳥居

026
埼玉県

三峯神社《みつみねじんじゃ》

主祭神
伊弉諾尊《イザナギノミコト》
伊弉册尊《イザナミノミコト》

奥秩父の山中、標高1100mの神域に鎮座する古社。関東屈指のパワースポットといわれ、多くの参拝者が訪れます。全国でも珍しい三ツ鳥居、災難を除く霊力をもつといわれるオオカミの像が特徴的です。拝殿は総漆塗りで、鮮やかな彩色と精緻な彫刻が華麗です。近年は雲海観賞スポットとしても有名に。

狛犬ではなくオオカミの像が鎮座。神のお使いとしてあがめられています

寺社DATA

創建／111年（景行天皇41年）　本殿様式／春日造
住所／埼玉県秩父市三峰298-1
交通／西武鉄道「西武秩父駅」から西武観光バスで約1時間30分、「三峯神社」下車すぐ
参拝時間／自由　御朱印授与時間／9:00～17:00
拝観料／無料　URL www.mitsuminejinja.or.jp

上／権現造の拝殿は1800年の建立。2004年の塗り替え修理で色鮮やかに　下／拝殿前にある杉は、鎌倉時代の武将、畠山重忠が奉献した樹齢800年の御神木。活力が頂けます

霧がかかりやすい三峰の神のお使いのオオカミは、霧の日に現れやすいとか。参道入口の三ツ鳥居は、ひとつの鳥居の両脇にふたつの鳥居を組み合わせた様式です

オオカミの像の絵付きの御朱印。オオカミの口は狛犬のように「阿吽（あうん）」になっています。

水上の鳥居

神々しい夕映えに包まれる日本最大級の水上鳥居

東西南北に4つの一之鳥居があり、霞ヶ浦（北浦）湖畔に立つ西の一之鳥居は、高さ18.5m、幅22mの壮大さ。夕日に照らされる姿がひときわ美しい

絶景ポイント
- 西の一之鳥居
- 壮大な「楼門」
- 透きとおる湧き水の御手洗池《みたらしいけ》

027
茨城県

鹿島神宮《かしまじんぐう》

日本全国に約600社ある鹿島神社の総本社。古文書では神武天皇元年（紀元前660年）の創建と伝えられ、国宝や国の重要文化財を数多く有する由緒と格式のある神社です。出雲の国に降りて国譲りの交渉を行い、日本建国に尽力した最強の武神が御祭神。困難を克服し、勝利へ導くパワーにあふれています。

御祭神
武甕槌大神《タケミカヅチノオオカミ》

「神の使い」とされる鹿のおみくじ「神鹿みくじ」

寺社DATA

創建／紀元前660年（神武天皇元年）頃
本殿様式／三間社流造
住所／茨城県鹿嶋市宮中2306-1
交通／JR鹿島線「鹿島神宮駅」から徒歩10分
参拝時間／自由　御朱印授与時間／8:30～16:30
拝観料／無料　URL kashimajingu.jp

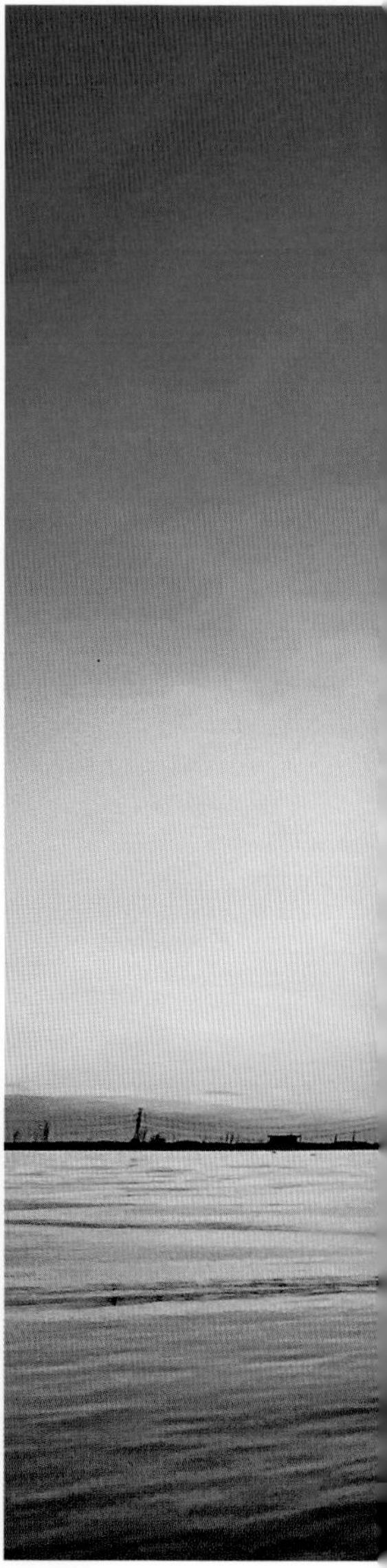

上／霞ヶ浦（北浦）を舞台に行われる鹿嶋市花火大会は、一之鳥居と華やかな花火が見事に共演(©Kashima City)　左下／1634年、水戸藩初代藩主の徳川頼房が造営した楼門は、日本三大楼門のひとつに数えられ、重要文化財に指定

昔は参拝前にこの池で禊をしたといわれる境内最奥の御手洗池。1日 40 万リットルもの水が湧出し、水底が見渡せます

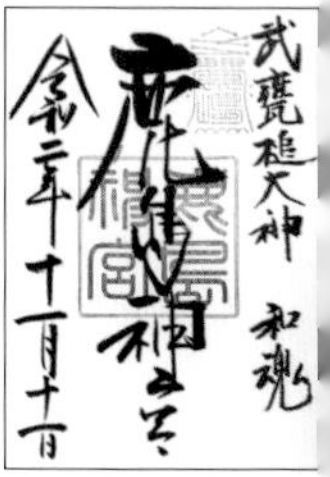

祭神名「武甕槌大神」と神様の平和的な側面である「和魂（にぎみたま）」の文字が書かれます。

絶景ポイント
»境内裏から望む名島
»岩上に立つ「千貫松《せんがんまつ》」

森《もり》戸《と》大明神《だいみょうじん》

028
神奈川県

御祭神
大山祇命《オオヤマツミノミコト》
事代主命《コトシロヌシノミコト》

森戸海岸の岬に立つ、葉山の総鎮守。源頼朝が創建し、以来、鎌倉幕府の要人の信仰を集め、現在も開運厄除け、縁結びや子宝の神様として崇敬されています。景勝地としても知られ、境内からは青い海が一望でき、天気がよければ富士山も望めます。特に夕日が美しく、「森戸の夕照」として「かながわの景勝50選」に選定。

寺社DATA

創建／1180年（治承4年）　本殿様式／流造
住所／神奈川県三浦郡葉山町堀内1025
交通／JR横須賀線「逗子駅」または京急逗子線「逗子・葉山駅」からバスで約15分、「森戸神社」下車、徒歩1分
参拝時間／自由　御朱印授与時間／9:00～17:00
拝観料／無料　URL www.moritojinja.jp

季節や時間によって姿を変える相模湾越しの富士山

神社裏手の浜辺から沖合 700m に浮かぶ名島は龍神を祀り、赤い鳥居が目印。名島の岩礁には葉山灯台（裕次郎灯台）があります

左／本殿の裏手，岩上に枝を広げる見事な松の木が「千貫松」。源頼朝がほめたたえたという言い伝えがあります　右／「森戸の夕照」として賞賛される名島の夕景はロマンティック

祭神二柱を合わせて森戸大明神と称しています。相州は神奈川県の旧国名、相模のこと。

斜面を覆い尽くすアジサイに思わず息をのむ

絶景ポイント
- 境内に咲くアジサイをはじめとする季節の花々
- 見晴台からの市街・相模湾の眺め

029
神奈川県

長《は》谷《せ》寺《でら》

観音山の裾野から中腹に広がる境内は、四季折々の花々が美しく、そのさまは「鎌倉の西方極楽浄土」と呼ばれ、参拝者の心を癒やしてくれます。観音堂に祀られた本尊の十一面観世音菩薩は、「長谷観音」と称され、木造としては国内最大級の観音像。高さ9・18mの黄金に輝く威厳と迫力に満ちたお姿です。

御本尊
十《じゅう》一《いち》面《めん》観《かん》世《ぜ》音《おん》菩《ぼ》薩《さつ》

アジサイの散策路

寺社DATA
観音菩薩の教えを展示と映像で紹介する「観音ミュージアム」（有料）もあります

創建／736年（天平8年）　山号／海光山　宗旨／浄土宗系単立　住所／神奈川県鎌倉市長谷3-11-2
交通／江ノ島電鉄「長谷駅」から徒歩5分
参拝時間／ 8:00～17:00（10～2月は16:30）
御朱印授与時間／ 8:00 ～ 16:30　拝観料／大人400円、小学生 200 円　URL www.hasedera.jp

上／梅雨時期には約 40 種類、2500 株の色とりどりのアジサイを見渡せます　下／境内の見晴台からは鎌倉の海が一望のもと。天気のよい日は三浦半島や伊豆大島も望めます

境内奥に立つ観音堂。本尊の長谷観音がこの地に流着した 736 年を創建年とすることから、鎌倉有数の古寺とされています

右上は坂東三十三所観音霊場の第四番札所の印。中央の印は「鎌倉 観世音 長谷」。

絶景ポイント
- 青々と天を突く竹林
- 期間限定のライトアップ「竹あかり」

030
埼玉県

八王寺《はちおうじ》（竹寺《たけでら》）

御本尊
牛頭天王《ごずてんのう》

お寺でありながら鳥居や茅の輪を有する、東日本では唯一の神仏習合の遺構です。本殿は標高490mの山中に位置し、参道や境内は大自然に包まれ、さまざまな種類の竹が自生。年3回のライトアップ「竹あかり」が、幻想の世界へと誘ってくれます。疫病退散の神様「牛頭天王」が御本尊であることにも注目です。

「牛頭天王御守」

山岳信仰の道場として創建された本殿。御本尊は12年に1度、丑年に御開帳

寺社DATA
創建／857年（天安元年）　山号／医王山
宗旨／天台宗　住所／埼玉県飯能市南704
交通／西武池袋線「飯能駅」から名栗方面行きのバスで約45分、「小殿」下車、自然歩道を徒歩50分
参拝時間／9:00～16:00　御朱印授与時間／9:00～16:00　拝観料／無料　URL takedera.net

闇のなかに照らし出される竹林は、翡翠色の幻想世界

上／竹灯籠のあかりとともに境内の５種類の竹林をライトアップする「竹あかり」。春、夏、秋～冬の３回、期間限定で開催（有料）　下／紅葉期（11～12月）は、竹と紅葉の両方がライトアップされます

左／牛頭天王の御影。牛頭天王はブッダが説法をしたインドの祇園精舎の守り神　右／茅の輪が設けられた本殿登り口の鳥居

月替わり（掲載のものは６月）の御朱印。牛頭天王はインドの神様ですが、スサノオノミコトと同体とされ、神仏習合思想では薬師如来を本地仏とします。

社殿

社殿や門の絢爛豪華な美しさは圧巻

上／国宝に指定されている陽明門。霊獣や聖人賢人、故事逸話などの彫刻が壮麗　下／奥宮に通じる東廻廊の潜門（くぐりもん）の「眠り猫」は人気の彫刻。江戸期の伝説の彫刻職人・左甚五郎作と伝わり、日光にちなんで日の光を浴びてうたた寝する姿を表現しています

絶景ポイント
» 美しい陽明門
» 眠り猫や三猿などの彫刻

左上／日光東照宮の社号の御朱印。右上には徳川家の家紋である三つ葉葵の印が押されます。　左下／拝殿から10分ほど石段を上った先にある家康公が眠る奥宮の御朱印（書き置きのみ）。

日光東照宮《にっこうとうしょうぐう》

031
栃木県

御祭神
東照大権現《とうしょうだいごんげん》
（徳川家康公《とくがわいえやすこう》）

世界遺産「日光の社寺」のなかで最も有名な日光東照宮は、江戸幕府初代将軍、徳川家康を御祭神として祀る神社です。シンボル的存在は陽明門。江戸時代初期の工芸や装飾技術の粋を集めた500を超える彫刻が施され、いつまで眺めても飽きがこないことから「日暮し門」と呼ばれています。

寺社DATA

創建／1617年（元和3年）　本殿様式／権現造
住所／栃木県日光市山内2301
交通／JR「日光駅」または東武日光線「東武日光駅」からバスで8分、「表参道」下車徒歩2分。または「日光駅」から徒歩30分
参拝時間／9:00～17:00（11～3月は16:00、受付終了は30分前）
御朱印授与時間／9:00～16:30（11～3月は15:30）
拝観料／大人・高校生 1300円、小・中学生 450円
URL www.toshogu.jp

橋

趣のある朱色の橋を
新緑や紅葉が引き立てる

絶景ポイント
» 夫婦杉、親子杉などの御神木
» 大谷川に架かる神橋

日光二荒山神社は世界遺産「日光の社寺」の1社で、神橋も世界遺産に登録されています。橋を渡るのは有料（300円）

右／江戸時代初期の1619年に造営された本殿。当時の姿を残す貴重な建築物です　下／神門の近くに「夫婦杉」、親子の祭神にちなんだ三本杉の「親子杉」があり、夫婦・家庭円満の御利益を授かるといわれます

上／印は上から左三つ巴紋、日光山總鎮守・二荒山神社・下野國一之宮、小槌に日光だいこく様。
下／神橋のたもとにある社務所で頂ける「神橋」の御朱印。

日光二荒山神社《にっこうふたらさんじんじゃ》

032
栃木県

勝道上人が霊場として開き、日光山信仰の始まりとなった古社です。男体山(二荒山)を御神体と仰ぎ、日光連山をはじめ神域は3400ヘクタールに及びます。縁結びの御利益が有名で、日光の表玄関とうたわれる朱塗りの美しい橋「神橋《しんきょう》」は日本三大奇橋のひとつに数えられます。

御祭神
大己貴命《オオナムチノミコト》
田心姫命《タゴリヒメノミコト》
味耜高彦根命《アジスキタカヒコネノミコト》

寺社DATA

創建／782年（天応2年）
本殿様式／八棟造　住所／栃木県日光市山内2307　交通／JR「日光駅」または東武日光線「東武日光駅」からバスで14分、「大猷院・二荒山神社前」下車すぐ。日光駅から徒歩40分　参拝時間・御朱印授与時間／8:00～17:00（11～3月は16:00、受付終了は30分前）　拝観料／無料（神苑は300円）　URL www.futarasan.jp

鳥居

ビルの森に凛と立つ「山王鳥居」

絶景ポイント
- 鳥居とビル群のコントラスト
- 山王稲荷神社の稲荷参道（千本鳥居）

上／赤坂側の西参道に立つ鳥居。鳥居の上部に三角形の破風が載った独特の形状。階段の脇にエスカレーターも設置されています　左下／静寂に満ちた荘厳な境内　右下／末社の山王稲荷神社の稲荷参道。写真スポットでもありますが、心静かにお参りを

033
東京都

日枝《ひえ》神社《じんじゃ》

江戸の鎮守として、徳川将軍家はもとより多くの人々の崇敬を集める神社。江戸の三大祭のひとつ「山王祭」が行われることでも知られ、縁結びや恋愛成就、仕事や出世運上昇、安産など多岐にわたる御利益でも有名。狛犬ではなく神猿《まさる》像と呼ばれる猿の像が安置されているのも特徴です。

主祭神
大《オオ》山《ヤマ》咋《クイノ》神《カミ》

神猿像をかたどった「まさる守」

夫婦の神猿像。猿は「えん」とも読めることから、良縁成就を祈る参拝者も多数

寺社DATA

創建／1200年頃
本殿様式／入母屋造
住所／東京都千代田区永田町2-10-5
交通／地下鉄「溜池山王駅」「赤坂駅」から徒歩3分、「国会議事堂前駅」「赤坂見附駅」から徒歩5分
参拝時間／6:00～17:00
御朱印授与時間／8:00～16:00
拝観料／無料　URL www.hiejinja.net

「皇城之鎮」と書いて「こうじょうのしずめ」と読みます。皇城とは皇居を指します。

上／境内の入口に立つ三ノ鳥居。鎌倉の街を貫くように延びる参道の長さが、多くの参拝者の信仰のあつさを物語っています
左下／本宮楼門前の大石段　右下／朱色の漆が鮮やかな本宮の楼門

034
神奈川県

鶴岡八幡宮《つるがおかはちまんぐう》

1063年、源頼義が京都の石清水八幡宮を勧請したのが始まり。その後、源頼朝が現在の場所に遷し鎌倉武士の守護神として、あつく信仰しました。八幡神は武運の神、ひいては仕事の成功、勝負運を授かると大勢の参拝者が訪れます。長い参道、そこから見える街の景観も見どころです。

御祭神

応神天皇《オウジンテンノウ》
比売神《ヒメガミ》
神功皇后《ジングウコウゴウ》

「相州鎌倉鎮座」の印と御神印が押されています。境内社の旗上弁財天社でも御朱印を頂けます。

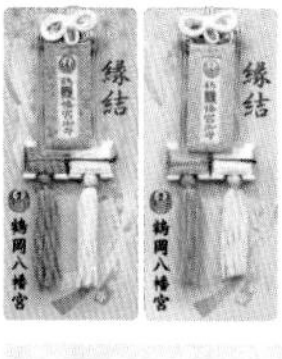

「縁結守」は静御前の義経への愛にちなんだお守り

寺社DATA

創建／1180年（治承4年）
本殿様式／流権現造
住所／神奈川県鎌倉市雪ノ下2-1-31
交通／JR・江ノ島電鉄「鎌倉駅」から徒歩10分
参拝時間／6:00～20:30
御朱印授与時間／8:30～16:30
拝観料／無料
URL www.hachimangu.or.jp

朱の鳥居参道が
異空間へ誘う

絶景ポイント
» 奥の院の鳥居が連なる参道

上／森の中へ続く無数の鳥居は寄進によるもの。雪が積もるといっそう神聖な雰囲気に　左下／東泉寺の敷地内にある本殿　中央下／稲荷神のお使いのキツネの像　右下／鳥居の参道の奥に建つお社の中

ふたつの宝珠印（左上、中央）が入っています。仏式のお稲荷さんらしい御朱印です。

寺社
DATA

創建／1252年（建長4年）
本殿様式／不詳
住所／新潟県新発田市大友1346
交通／ JR「新発田駅」から車で15分
参拝時間／自由（門扉は9:00～16:00）
御朱印授与時間／要電話確認（電話0254-25-2056。本殿が開いていれば書き置きの御朱印もあります）
拝観料／無料　URL なし

大友《おおとも》御《み》杉原《すぎはら》稲荷《いなり》大明神《だいみょうじん》

035
新潟県

主祭神
荼枳尼天《ダキニテン》

鎌倉時代の領主・大友実秀公の発願で東泉寺の守護神として、京都の伏見稲荷大社から分霊を勧請したのが始まり。「大友稲荷」の名で親しまれ、五穀豊穣、商売繁盛、家内安全などの御利益があるとされています。東泉寺の隣にある本殿から南へ500mほどの所の奥の院は、鳥居の参道が神秘的。

石仏

古代のロマンを秘めた洞窟の石仏

伝承では弘法大師の作といわれる千手観音像。最新の研究ではシルクロードのバーミヤン石仏との共通点も見い出されています

絶景ポイント

- 奇岩の洞穴に立つ本堂
- 千手観音をはじめとする石仏群
- 高さ 27m の平和観音も

036
栃木県

大谷寺《おおやじ》

御本尊
千手観世音菩薩《せんじゅかんぜおんぼさつ》

洞穴にはめ込んだように立つ本堂の姿が異彩を放っています。この洞穴の壁面に彫られた高さ3・89mの千手観音が、大谷観音と呼ばれる御本尊。造立当時は金箔が押され、きらびやかな像だったと推定されています。脇堂にも釈迦三尊、薬師三尊、阿弥陀三尊の十体の石仏があります。

右上は坂東三十三観音第十九番札所を表す印、中央は千手観音を表す梵字「キリク」の印です。

寺社DATA

創建／810年（弘仁元年）　山号／天開山　宗旨／天台宗　住所／栃木県宇都宮市大谷町1198　交通／JR「宇都宮駅」から関東バス、大谷立岩行きで約30分、「大谷観音前」下車、徒歩3分　参拝・御朱印授与時間／4～9月8:30～16:30、10～3月9:00～16:30（受付終了は閉門20分前）※木曜（祝日は開門）と12/26～12/31は休み　拝観料／大人500円、中学生200円、小学生100円　URL www.ooyaji.jp

多摩の自然が彩る
安らぎの大佛

仏身の高さは約12mで、総高18m。国内では東大寺大仏に次ぐ2番目の大きさです

絶景ポイント
» 鹿野山の頂きに鎮座する鹿野大佛（ろくやだいぶつ）

左端／多摩産のヒノキ材を使用した御朱印帳　左／寺紋を織り込んだ御朱印帳　中央／6月1日～8月31日の期間は山内の「ろくやばし」に風鈴が飾られ、願い札で祈願できます　右／広い境内に立つ本堂

037
東京都

寶光寺《ほうこうじ》

創建は室町時代。諸堂は江戸時代から明治にかけてたび重なる火災で焼失した後、江戸時代の図面をもとに再建。さらに人々の安寧を願って釈迦如来の大佛建立を誓願し、匠の技を結集し2018年に鹿野大佛が完成しました。桜や紅葉の時期、風鈴が飾られる夏季など四季折々に楽しめます。

御本尊
聖観世音《しょうかんぜおん》

8日限定の、桐箱入り「安心守（あんじんまもり）」

中央の印は三宝印。仏教では仏、法、僧を3つの宝とし、三宝の加護が受けられるようにと押印。

寺社DATA

創建／1478年（文明10年）
山号／塩澤山　宗旨／曹洞宗
住所／東京都西多摩郡日の出町平井3392
交通／JR「武蔵五日市駅」からバスで約10分、JR「福生駅」からバスで約30分、「塩沢寶光寺前」下車、徒歩5分。またはJR「武蔵引田駅」から徒歩25分
参拝時間／9:00～16:30（最終入山16:00）
御朱印授与時間／9:00～16:00
大佛拝観料／大人（中学生以上）300円、小学生100円
URL entakuzan-houkouji.or.jp

彼岸花

趣のある境内を色とりどりの彼岸花が彩る

絶景ポイント
» 茅葺きの本堂、鐘楼堂、山門
» 彼岸花の群生

上／珍しいピンクの彼岸花。時期は9月中旬〜下旬　左下／彼岸花で飾られた手水舎　右下／1月下旬は可憐な蝋梅の花が満開に。境内は甘い香りに包まれます

038
神奈川県

西方寺《さいほうじ》

約800年前に鎌倉に創建、500年ほど前に現在地に移築されたお寺。緑深い山を背景に江戸期から続く茅葺き屋根の本堂や山門、鐘楼堂が穏やかな時間を紡いでいます。丹念に手入れされた四季折々の花が美しく、赤、黄、白、ピンクの花が咲く彼岸花の時期は大勢の参拝者が訪れます。

御本尊
阿弥陀如来《あみだにょらい》

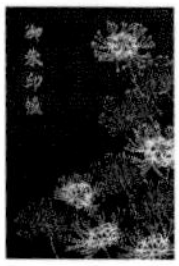

彼岸花の御朱印帳

「黒阿弥陀」は御本尊、平安後期作の阿弥陀如来坐像です。9月は彼岸花の特別御朱印も頒布。

茅葺きの本堂

寺社DATA

創建／1190年頃
山号／補陀洛山　宗旨／真言宗
住所／神奈川県横浜市港北区新羽町2586　交通／横浜市営地下鉄ブルーライン「新羽駅」から徒歩5分、東急線「大倉山駅」からバス41番で「新羽町」下車、徒歩3分　参拝・御朱印授与時間／9:00〜17:00　拝観料／無料
URL saihouji-yokohama.com

樹齢400年のしだれ桜が見事に咲き誇る

桜

絶景ポイント
- 祖師堂としだれ桜
- 「菩提梯」と呼ばれる石段

上／樹齢400年のしだれ桜と祖師堂　左下／祖師堂には日蓮聖人の神霊が祀られています　右下／三門から本堂へ続く287段の石段「菩提梯」。登り切れば涅槃に達するという意味が込められています（写真提供：身延山久遠寺）

久遠寺《くおんじ》

039
山梨県

御本尊
十界勧請《じっかいかんじょう》の大曼荼羅御本尊《だいまんだらごほんぞん》

鎌倉時代に日蓮聖人によって開かれた日蓮宗の総本山。広大な境内には祖師堂や五重塔、三門などの伽藍が建ち並び、本堂地階の身延山宝物館では、国宝・重要文化財などの収蔵品を展示しています。祖師堂前と仏殿前のしだれ桜は樹齢400年の大樹。3月下旬から4月上旬に見頃を迎えます。

印は右上から宗祖棲神之霊場、日蓮宗總本山、身延山です。

寺社DATA

創建／1274年（文永11年）
山号／身延山　宗旨／日蓮宗
住所／山梨県南巨摩郡身延町身延3567
交通／JR「身延駅」からバスで約15分、「身延山」下車すぐ
参拝・御朱印授与時間／4～9月5:00～17:00、10～3月5:30～17:00
拝観料／無料
URL www.kuonji.jp

桜花爛漫の五重塔で春を愛でる

絶景ポイント
» 関東最古の五重塔
» 緑に映える多宝塔

徳川2代将軍秀忠の乳母・正心院の発願により建立された五重塔

日蓮聖人の命日10月13日を中心に行われるお祭り「お会式」。特に有名なのが「万燈練り行列」です

大堂（祖師堂）には日蓮聖人尊像が安置されています

日蓮聖人の荼毘所（だびしょ）と伝わる場所に立つ多宝塔は1828年（文政11年）の建立。国の重要文化財に指定

池上本門寺《いけがみほんもんじ》

040
東京都

御本尊
大曼荼羅御本尊《だいまんだらごほんぞん》

日蓮宗の宗祖、日蓮聖人の入滅の地に開かれた寺院。江戸時代には将軍家の菩提寺として栄え、総門、経蔵、五重塔、多宝塔など江戸期の貴重な建造物が見られます。1607年（慶長12年）建立の、関東最古の五重塔は春のひととき、咲き誇る桜に包まれ、悠久の美を感じさせてくれます。

御朱印帳には「妙法」と書かれた御朱印になります（御首題帳には御首題「南無妙法蓮華経」を授与）。

寺社DATA

創建／1282年（弘安5年）
山号／長栄山　宗旨／日蓮宗
住所／東京都大田区池上1-1-1
交通／東急池上線「池上駅」から徒歩10分　参拝時間／自由
御朱印授与時間／10:00～15:00（大堂）、10:00～16:00（総合案内所）
拝観料／無料
URL honmonji.jp

庭園

「悟りの窓」で季節の美しさを観賞

絶景ポイント
- 「悟りの窓」から望む庭園
- 山門や境内のアジサイ

上／晩秋の「悟りの窓」。本堂後庭園はハナショウブ開花期と紅葉期のみ公開　左下／本堂前の枯山水の庭園　右下／山門へ続く鎌倉石の石段を彩るアジサイ

041
神奈川県

明月院《めいげついん》

御本尊
聖観《しょうかん》世《ぜ》音《おん》菩《ぼ》薩《さつ》

紫陽花寺や花寺の名で親しまれる明月院。開花期には数千株のアジサイが境内を埋め、その色彩は「明月院ブルー」とも称されます。鮮やかな赤や黄色に境内を染める紅葉も見事。本堂奥の丸窓「悟りの窓」から望む後庭園の紅葉は、額に入った絵画のよう。深い趣が感じられます。

右上の印は鎌倉三十三観音霊場の三十番札所を表す印、中央は仏、法、僧、宝を刻んだ三宝印です。

開山の祖が祀られている茅葺きの開山堂

寺社DATA

創建／1160年（永暦元年）
山号／福源山　宗旨／臨済宗建長寺派
住所／神奈川県鎌倉市山ノ内189
交通／JR「北鎌倉駅」から徒歩10分
参拝時間／9:00～16:30（最終受付16:00）　御朱印授与時間／拝観（参拝）時間内　拝観料／高校生以上500円、小・中学生300円（本堂後庭園公開時は別途500円）　URL なし

アジサイ

アジサイが浮かぶ池は ファンタジーの彩り

絶景ポイント

» 咲き誇る色とりどりのアジサイ

» 「あじさい祭」の「水中花」

上／6月上旬〜7月中旬に開催される「あじさい祭」の「水中花」
左下／境内にはクジャクが放し飼いに　右下／587年に中国から帰化した僧が開いた古刹。開運、安産、子育ての御利益で有名です

雨引観音《あまびきかんのん》

042
茨城県

御本尊
延命観世音菩薩《えんめいかんぜおんぼさつ》

正式な寺名は楽法寺。旱魃時に雨乞いの霊験があったことから山号を雨引山とし、「雨引観音」の名で親しまれています。桜や紅葉など花木が美しく、特に100種、5000株のアジサイが咲く時期は壮観。「あじさい祭」では剪定したアジサイを池に浮かべ、ライトアップも行われます。

墨書は常陸國、延命観世音、雨引山。右上は坂東三十三観音の二十四番札所を表す印。中央は火炎の中に三宝珠の印です。

「あじさい祭」のライトアップ

寺社DATA

創建／587年（用明天皇2年）
山号／雨引山　宗旨／真言宗　住所／茨城県桜川市本木1　交通／JR「岩瀬駅」からタクシーで10分、または桜川市バスの筑波山口方面行きで約20分（土日は雨引観音まで、平日は本木〈徒歩30分〉までの運行）　参拝時間／8:30〜20:00　御朱印授与時間／8:30〜17:00
拝観料／無料　URL www.amabiki.or.jp

イチョウ

イチョウが色づく季節、黄金色の絨毯の別世界に

絶景ポイント
»イチョウの御神木
»樹齢400年といわれる大藤

境内には樹高約30mのイチョウの木が2本あり、樹齢は推定約500年。黄葉期には夜間ライトアップされます

御朱印は3種類あり、掲載の御朱印はイチョウと藤の柄の作り置きの御朱印。通常の御朱印は行事や季節にちなんだ月替わりの印が押されます。

左／イチョウの御神木と社殿
右／隣接する神苑（現在の玉敷公園）の大藤は推定樹齢約400年の巨木。開花期は「藤祭り」が開催されます

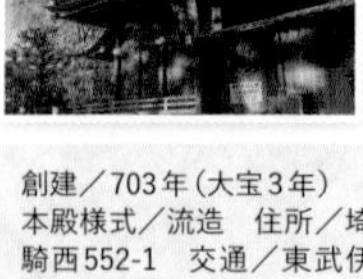

寺社DATA

創建／703年（大宝3年）
本殿様式／流造　住所／埼玉県加須市騎西552-1　交通／東武伊勢崎線「加須駅」、JR「鴻巣駅」から朝日バスで約20分、「騎西一丁目」下車、徒歩8分
参拝時間／自由　御朱印授与時間／8:30～16:30　拝観料／無料
URL tamashiki.or.jp、twitter.com/tamashiki_04430

043
埼玉県

御祭神
大己貴命《オオナムチノミコト》

玉敷神社《たましきじんじゃ》

埼玉県北東部の加須市に鎮座する玉敷神社は1300年以上の歴史を有する古社。厄除け開運、縁結び、商売繁盛など御神徳は多岐にわたります。樹木が生い茂る境内で、目を引くのが社殿奥のイチョウの木。幹が3本に分かれ「絆の銀杏」と呼ばれる御神木です。黄葉期は境内が金色に。

桜もアジサイも紅葉も 1年を通して「絵になる」お寺

上／五重塔と紅葉の共演　左下／仁王像をはじめ、階上に金色の千体佛が祀られている仁王門　右下／アジサイの見頃は5月下旬～6月中旬

上の印は日像聖人が天皇家より賜ったとされる菊をもとにした龍華樹印。当地出身の日像聖人は京都開教の偉業を成し遂げました。

寺社DATA

創建／1277年（建治3年）
山号／長谷山
宗旨／日蓮宗
住所／千葉県松戸市平賀63
交通／JR「北小金駅」から徒歩10分
参拝時間／5:00～17:00（有料参拝期間は9:00～16:30。最終入場は閉門30分前）　御朱印授与時間／9:00～16:30
拝観料／無料（桜、アジサイ、紅葉の時期は中学生以上500円）
URL www.hondoji.net

本土寺《ほんどじ》

044
千葉県

鎌倉時代、この地の豪族平賀忠晴の屋敷内に、日蓮聖人の高弟がお堂を開いたのが起源。屈指の名刹とうたわれ、本堂、五重塔や仁王門、鐘楼など貴重な建造物が広い境内に点在しています。5万株のアジサイや5000本のハナショウブが美しい初夏、モミジが彩る秋は特に見事です。

御本尊
久遠実成本師《くおんじつじょうほんし》
釈迦牟尼佛《しゃかむにぶつ》

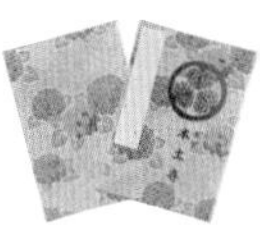

アジサイの御朱印帳

紅葉の逍遥園《しょうようえん》で
秋の風情に浸る

絶景ポイント
» 紅葉期の逍遥園
» 大猷院の歴史的建造物の数々

上／逍遥園は江戸時代の池泉回遊式日本庭園。宝物殿に来館すれば入園できます　左下／大猷院の拝殿・相の間・本殿。別名「金閣殿」と呼ばれ、狩野探幽が描いた唐獅子の障壁画、天井には140枚の龍の絵が見られます　右下／大猷院二天門は世界遺産「日光の社寺」のなかで最大の楼門

輪王寺《りんのうじ》

045
栃木県

御本尊
阿弥陀如来《あみだにょらい》
千手観音《せんじゅかんのん》
馬頭観音《ばとうかんのん》

奈良時代、勝道上人により開山。三仏堂（本堂）、大猷《たいゆう》院《いん》、常行堂などの堂宇で構成されており、「日光の社寺」として世界遺産に登録されています。徳川家光公の廟所である大猷院は、優れた技巧が随所に施されていて壮麗。四季の風情が楽しめる日本庭園の逍遥園も見逃せません。

「金堂」と墨書された三仏堂の御朱印。御堂ごとに御朱印があり、御朱印授与所は全６ヵ所です。

東日本で最大級の木造建築物「三仏堂」

寺社DATA

創建／766年（天平神護２年）
山号／日光山　宗旨／天台宗　住所／栃木県日光市山内2300　交通／JR「日光駅」または東武日光線「東武日光駅」からバスで約10分、「勝道上人像前」下車（大猷院へは「大猷院、二荒山神社前」下車）、徒歩すぐ　参拝・御朱印授与時間／8:00～17:00（11～3月は16:00まで。最終受付は閉門30分前）　拝観料／大人1000円、小・中学生500円　URL www.rinnoji.or.jp

絶景ポイント
»関東屈指の庭園「古峯園」

風趣に富む古峯園、紅葉の秋は格別

上／広大な古峯園には滝や石燈籠が配され、東屋や茶屋があります　左下／拝殿や廊下に天狗の面や像が奉納されています　右下／深い森に囲まれた山間に位置します

天狗の絵が入った見開きの御朱印。手書きの場合、書き手によって天狗の絵が変わります。※待ち時間が長くかかることがあるので時間に余裕をもって行きましょう

046
栃木県

古峯神社《ふるみねじんじゃ》

御祭神
日本武尊《ヤマトタケルノミコト》

神社が鎮座する古峯ケ原《こぶがはら》は広大な神域。いにしえより大神が鎮まり、日光を開いた勝道上人の修行の場であったと伝わります。御祭神の日本武尊の使いとして災厄を祓うとされる天狗が祀られ、「天狗の社」とも呼ばれています。神苑として造られた古峯園は、ゆったりと散策したい庭園です。

天狗の鈴のお守り「和合鈴」

寺社DATA

創建／580年（敏達天皇9年）　本殿様式／神明造
住所／栃木県鹿沼市草久3027
交通／JR「鹿沼駅」または東武日光線「新鹿沼駅」から鹿沼市リーバスで約1時間、終点「古峯神社」下車すぐ
参拝時間／8:00～17:00　御朱印授与時間／8:30～16:00
拝観料／無料　URL www.furumine-jinjya.jp

藤

妖艶な美しさで魅了する「紫の花すだれ」

絶景ポイント
≫境内の大藤棚

上／境内には4つの藤棚があり、開花期（4月中旬～5月上旬）は夜のライトアップも見もの　左下／樹齢750年を超える古木。根元が龍の寝ている姿に似ていることから「臥龍の藤」と呼ばれます　右下／江戸後期の1761年（宝暦11年）に建立された本堂

047 千葉県

妙福寺《みょうふくじ》

堂々とした入母屋銅瓦葺きが美しい本堂をはじめ、妙見宮、七面堂、大竜神堂など多数のお堂があります。特に妙見宮本殿に祀られる北極星を神格化した「北辰妙見大菩薩」は、開運の神様「妙見様」として慕われています。境内の藤棚では、花房が1・5mを超える見事な藤が咲き誇ります。

御本尊

大曼荼羅《だいまんだら》

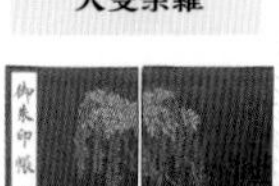

藤がデザインされた御朱印帳

中央の印は北辰妙見大菩薩を象徴する北極星とその開運の御神威を表しています。

妙見宮拝殿

寺社DATA

創建／1314年（正和3年）
山号／海上山　宗旨／日蓮宗
住所／千葉県銚子市妙見町1465
交通／JR「銚子駅」から徒歩5分
参拝時間／自由
御朱印授与時間／10:00～16:00（12:00～13:00を除く）
拝観料／無料
URL www.myokensama.jp

花手水
趣向を凝らした花手水は
アート作品のよう
絶景ポイント
» 季節感いっぱいの花手水

上／1年を通して季節感のある花手水を創作。写真はバラやシャクヤク、ボタンを用いた5月の花手水　左下／神社に隣接する蔵王堂城址堀跡と土塁を残す中世の城跡。現在は桜の名所となっています　右下／竹を浮かべた初夏の花手水

048
新潟県

金峯神社《きんぷじんじゃ》

新潟県中越地方で最も古い神社のひとつ。金運、縁結び、商売繁盛の御利益があるとされています。信濃川のほとりの広い境内は、四季の変化に富み、折々の自然美とともに、美しい花手水が目を楽しませてくれます。数週間ごとに季節や行事にちなんだテーマの花手水がお目見え。

御祭神

金山彦命《カナヤマヒコノミコト》
大地主命《オオトコヌシノミコト》
須《ス》勢《セ》理《リ》比《ヒ》売《メ》命《ノミコト》
沼《ヌ》奈《ナ》川《ガワ》比《ヒ》売《メ》命《ノミコト》

通常の御朱印のほか、月替わりの御朱印があり、こちらは2月の「雪兎（ゆきうさぎ）」の御朱印です。

寺社DATA

創建／709年（和銅2年）
本殿様式／権現造
住所／新潟県長岡市西蔵王2-6-19
交通／JR「北長岡駅」から徒歩15分
参拝時間／自由
御朱印授与時間／9:00～17:00
拝観料／無料
URL www.kinpu.jp

ライトアップ

金色に輝く東照宮が夜空に浮かび上がる

絶景ポイント
- 華麗で荘厳な金色殿、唐門
- ぼたん苑

上／「夢叶う光の夜」と題したライトアップが10月下旬から11月初旬に開催　左下／柱内外の四額面に左甚五郎作の昇り龍・降り龍の彫刻が施された唐門　中央下／霜よけの藁囲いの中で咲く冬ボタン　右下／ぼたん苑は春と冬に公開されます

049
東京都

上野東照宮《うえのとうしょうぐう》

御祭神
徳川家康《トクガワイエヤス》
徳川吉宗《トクガワヨシムネ》
徳川慶喜《トクガワヨシノブ》

東京の上野公園に鎮座する東照宮は、1627年の創建。1651年に3代将軍・家光公が日光東照宮に準じた豪華な社殿に建て替えられたのが現在の金色殿です。同年造営の唐門、透塀《すきべい》など見どころは多数。春は桜やボタンの名所として、秋は紅葉狩り、冬は冬ボタン観賞が楽しめます。

中央の印の「天海僧正 東照神君 藤堂高虎」は創建当時の御祭神、三柱です。ぼたん苑開園時はボタンの印を押印します。

寺社DATA

創建／1627年（寛永4年）
本殿様式／権現造　住所／東京都台東区上野公園9-88　交通／JR・東京メトロ「上野駅」から徒歩10分、京成電鉄「京成上野駅」から徒歩12分　参拝時間／9:00～17:30（10～2月は～16:30）
御朱印授与時間／9:30～17:00（10～2月は～16:00）　拝観料／無料（有料エリアあり。ライトアップ時の拝観は500円）
URL www.uenotoshogu.com

五重塔、大仏、本堂が幻想のライトアップ

絶景ポイント
» 日没から行われる境内のライトアップ

毎日日没から行われるライトアップ（無料）は昼間と異なる迫力ある美しさ

左／日本百観音と四国八十八ヵ所の観音様が描かれた本堂の天井画　中央／2009年に完成した総高33.55mの五重塔　右／本堂前の阿弥陀如来像は江戸時代の1711年に造立。「銚子大仏」として親しまれています

050
千葉県

飯沼観音《いいぬまかんのん》・圓福寺《えんぷくじ》

御本尊
十一面観世音《じゅういちめんかんぜおん》菩薩《ぼさつ》

銚子漁港にほど近く、観光地としても人気の高い寺院。728年（神亀5年）、漁師の網にかかり出現した十一面観音を奉安したのが始まり。太平洋戦争で堂宇を焼失した後、飯沼観音（本堂）と圓福寺（本坊）が分かれ、本堂境内には五重塔や鐘楼堂、大仏、本坊には大師堂があります。

中央は仏、法、僧、宝を刻んだ三宝印。地域のシンボルである銚子大仏の御朱印も授与しています。

圓福寺境内にある大師堂

寺社DATA

創建／728年（神亀5年）
山号／飯沼山　宗旨／真言宗
住所／飯沼観音：千葉県銚子市馬場町1-1　圓福寺：千葉県銚子市馬場町293
交通／銚子電鉄「観音駅」から徒歩5分
参拝時間／6:00～17:00
御朱印授与時間／8:00～17:00
拝観料／無料
URL iinumakannon.com

ひな祭り

約1800体のひな人形が飾られる圧巻のひな祭り

2月下旬～3月上旬に開催されるお祭りでは、60段の石段にひな人形を展示。夜はライトアップされます

絶景ポイント

- 勝浦の町と外房の海の眺望
- 「かつうらビッグひな祭り」のひな壇

051
千葉県

遠見岬神社《とみさきじんじゃ》

御祭神
天冨命《アメノトミノミコト》

阿波（徳島県）の開拓を終えた天冨命が黒潮に乗ってたどり着いた房総半島の地で麻を植えて開拓。その御祭神をお祀りするお社が起源だそうです。御祭神ゆかりの徳島県勝浦町からひな人形を譲渡されたことから始まった「かつうらビッグひな祭り」では、神社の石段が巨大なひな壇に。

ひな祭りの特別御朱印。社印は「勝占之社」。勝占は神社の創建者の名前で、地名の勝浦の由来でもあります。

寺社DATA

創建／不詳（835年以前）
本殿様式／権現造
住所／千葉県勝浦市浜勝浦1
交通／JR「勝浦駅」から徒歩10分
参拝時間／自由
御朱印授与時間／8:00～16:00
拝観料／無料
URL www.tomisaki.or.jp

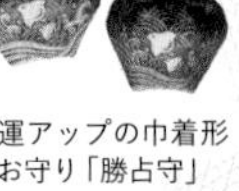

勝運アップの巾着形のお守り「勝占守」

ひな祭り

海風が心地よい神社、ひな飾りに心が和む

左・右／「かつうらビッグひな祭り」の約
日間、拝殿や参道にひな人形が飾られ、ひ
祭りの御朱印も頒布されます

絶景ポイント
» 雄大な海の眺め
» 境内のひな飾り

左／高台にある境内社の浅間神社に上ると、きれいな部原海岸が望めます　右／神社は古くから「神威赫灼（しんいかくしゃく）」と表記され、大神様の力が赤々と燃えるように輝いているといわれてきました

瀧口神社《たきぐちじんじゃ》

052
千葉県

御祭神
日本武尊《ヤマトタケルノミコト》

サーフィンで人気の千葉・部《へ》原《ばら》海岸を望む風光明媚な立地。参道を上るにつれ気分も晴れ晴れ。御祭神が蛇を退治したとされる場所に創建され、病気やけがが治る御神徳、境内の月夜見《つくよみ》神社は縁結びで知られています。遠見岬神社同様、「かつうらビッグひな祭り」の期間は境内にひな人形が飾られます。

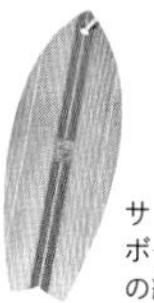

サーフボード形の絵馬

通常の御朱印のほか、季節の限定御朱印があります。上の御朱印は春の御朱印。

寺社DATA

創建／782年（延暦元年）
本殿様式／八幡造
住所／千葉県勝浦市部原1921
交通／JR「御宿駅」または「勝浦駅」からバスで10〜16分、「部原」下車、徒歩3分
参拝・御朱印授与時間／8:00〜17:00
拝観料／無料
URL www.takiguchi-shrine.org

神事

7年に1度、
町じゅうが熱狂する
勇壮な神事「御柱祭《おんばしらさい》」

絶景ポイント
- 御神木をはじめとする境内の古木
- 御柱祭のハイライト「木落し」

上／御柱祭は正式には「式年造営御柱大祭」といい、1200年以上も続いています。最大の見どころは樹齢200年ほどのモミの大木を急坂から滑り落とす「木落し」（写真は上社の木落し） 右下／氏子たちが木にまたがって坂を下る下社の「木落し」 中央下／御柱を人力で垂直に立てる「建御柱」（写真は下社） 左下／上社本宮の社殿

各社それぞれで御朱印を頒布しており、上は上社本宮の御朱印。御柱祭の年は御柱年限定御朱印があります。

053
長野県

諏訪大社《すわたいしゃ》

主祭神
建御名方神《タケミナカタノカミ》
八坂刀売神《ヤサカトメノカミ》

全国各地にある諏訪神社の総本社で、信濃国の一宮。日本最古の神社のひとつです。諏訪湖を挟んで上社、下社があり、上社は本宮と前宮、下社は春宮と秋宮に分かれて鎮座。寅年と申年の4～6月、山から大木を曳き、4社の境内に建柱する「御柱祭」は神社最大の神事。氏子20万人以上が集います。

寺社DATA

創建／不詳
本殿様式／上社本宮は諏訪造　住所／上社本宮：長野県諏訪市中洲宮山1、上社前宮：長野県茅野市宮川2030、下社春宮：長野県諏訪郡下諏訪町193、下社秋宮：長野県諏訪郡下諏訪町5828
交通／上社本宮：JR「上諏訪駅」からバスで約30分、上社前宮:JR「茅野駅」から車で約10分　下社:JR「下諏訪駅」から、秋宮は徒歩10分、春宮は徒歩15分　参拝時間／自由
御朱印授与時間／8:30～16:30（上社前宮は9:00～16:00）　拝観料／無料
URL suwataisha.or.jp

祈りのロウソクが描く幽玄の世界

上／8月のお盆の時期に行われる万燈会は潮来の風物詩でもあります
右下／慈母観音が祀られている朱塗りの本堂

上は御本尊の御朱印。このほかに常時3種類の仏様の御朱印があります。下は2月上旬に授与される節分限定御朱印。「鬼・滅」の文字が話題になり、人気を博しています。

左上／祈る者の苦しみを除いてくださる慈母観音　左下／正門近くにある三十三観音の石像とボタンの花

潮音寺《ちょうおんじ》

054
茨城県

御本尊
聖観世音菩薩《しょうかんぜおんぼさつ》
（慈母観音《じぼかんのん》）

水郷地帯で有名な茨城県潮来市のニュータウンの中心地に立つ寺院。広々とした境内は芝生が敷き詰められ、バラ、アジサイ、ハスなど四季の花が美しく、「花の寺」とも称されます。毎年8月の数日と12月31日に、先祖を供養し、無病息災を願って約1万灯のロウソクをともす万燈会が行われます。

寺社DATA

創建／1975年（昭和50年）
山号／水雲山　宗旨／法相宗
住所／茨城県潮来市日の出4-7
交通／JR「潮来駅」から関鉄グリーンバスで約5分、「日の出中学校前」下車、徒歩4分
参拝・御朱印授与時間／8:30～17:00
拝観料／無料
URL choonji.blogspot.com

絶景ポイント
»豪華絢爛な社殿 »しだれ桜

055 群馬県

巨木が茂る神域に絢爛の社殿が連なる

社殿

妙《みょう》義《ぎ》神《じん》社《じゃ》

黒漆塗りにきらびやかな彫刻が優美な御本社

力強い墨書の御朱印です。右上の印は天狗羽団扇。本殿の裏に天狗を祀る天狗社があります。

樹齢200年余りのしだれ桜

奇岩、怪石で名高い妙義山の主峰、白雲山の東麓にあり、老杉の生い茂る景勝地に鎮座。江戸時代には歴代将軍をはじめ、加賀藩、諸大名からも崇敬を集めました。社殿や楼門などは、江戸建築の趣をもつ壮麗な美しさを誇っています。

165段の石段、男坂

御祭神

日本武尊《ヤマトタケルノミコト》
豊受大神《トヨウケノオオカミ》
菅原道真公《スガワラミチザネコウ》
権大納言《ゴンノダイナゴン》長親卿《ナガチカキョウ》

寺社DATA

創建／537年（宣化天皇2年）
本殿様式／権現造
住所／群馬県富岡市妙義町妙義6
交通／JR「松井田駅」から車で10分
参拝時間／自由　御朱印授与時間／8:30～17:00　拝観料／無料（宝物殿は有料）　URL www.myougi.jp

絶景ポイント
»色鮮やかな社殿 »境内からの眺め

056 東京都

神々が鎮座する深山霊地

社殿

武《む》蔵《さし》御《み》嶽《たけ》神《じん》社《じゃ》

「雪月花」になぞらえた日本三御嶽のうち、当神社は月が美しいため「月の御嶽」と称されています。

奈良時代、高僧の行基が蔵王権現の像を安置して以来、山岳信仰の修験地としてあつく信仰されてきました。標高929mの山上に位置し、境内からの眺望はもとより神々しい日の出も拝めます。御眷属の大口真神（おいぬ様）も祀っていることから、愛犬祈願も行っています。

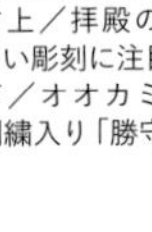

左上／境内から展望が開けます
右上／拝殿の美しい彫刻に注目
下／オオカミの刺繍入り「勝守」

御祭神

櫛《クシ》眞《マ》智《チ》命《ノミコト》
大己貴命《オオナムチノミコト》
少彦名命《スクナヒコナノミコト》
日本武尊《ヤマトタケルノミコト》
廣國押武金日命《ヒロクニオシタケカナヒノミコト》

寺社DATA

創建／崇神天皇7年伝
本殿様式／神明造　住所／東京都青梅市御嶽山176　交通／JR「御嶽駅」からバスで10分、「ケーブル下」下車、御嶽登山鉄道「滝本駅」からケーブルカーで6分、「御嶽山駅」から徒歩25分　参拝時間／自由　御朱印授与時間／9:00～16:00　拝観料／無料
URL musashimitakejinja.jp

絶景ポイント
»富士山の眺め

眺望

さえぎるもののない天空の社

057
神奈川県

箱《はこ》根《ね》元宮《もとつみや》

神職のお勤めの日（毎月1・13・15・24日、および土・日曜、祝日）には、元宮で受けることができます。

山頂の草原のなかに建つ拝殿。神体山の神山を拝するための社殿です

白馬に乗って神が降臨したと伝わる馬降石があります

箱根の駒ヶ岳山頂（標高1356m）に鎮座する箱根神社（→P.120）の奥宮。駒ヶ岳は北に箱根の霊峰「神山」を拝する山岳信仰の霊地。その歴史はおよそ2400年といわれています。現在の拝殿は1964年に建立。360度見渡せる山頂に建つ赤い社からは、天気がよければ富士山や芦ノ湖、相模湾まで望めます。

御祭神

瓊瓊杵尊《ニニギノミコト》
木花咲耶姫命《コノハナサクヤヒメノミコト》
彦火火出見尊《ヒコホホデミノミコト》
※御三神を併祀して「箱根大神《ハコネノオオカミ》」と奉称

寺社DATA

住所／神奈川県足柄下郡箱根町元箱根駒ヶ岳山頂　交通／JR「小田原駅」からバスで1時間20分、または小田急線「箱根湯本駅」からバスで65分の「箱根園」から駒ヶ岳ロープウェーで8分、「駒ヶ岳頂上駅」から徒歩8分
参拝時間／自由 ※ただし、ロープウェーの運行時間による　御朱印授与時間／神職お勤め日（御朱印下部参照）の10:00～15:00　拝観料／無料
URL hakonejinja.or.jp/hakone

絶景ポイント
»館山湾の眺望

眺望

山内の遊歩道散策も楽しめる

058
千葉県

那《な》古《ご》寺《じ》

坂東三十三所観音霊場の結願寺です。墨書は千手観音を表す梵字「キリク」、大悲殿（千手観音を祀る本堂の意）。

観音堂から望む市街地と館山湾

本堂にあたる観音堂。参拝と一緒に展望台がある遊歩道も散策してみましょう

奈良時代の高僧、行基が天皇の病気平癒を祈願して那古の海中から得た霊木で観世音菩薩像を刻したのが起源。現在、観音堂に祀られている千手観音菩薩像（高さ約1.5m）は、平安時代後期の一木造りで、市の有形文化財に指定されています。境内は標高82.7mの那古山の麓から中腹に位置し、境内から望む館山湾の景観は抜群です。

御本尊

千手観音《せんじゅかんのん》

寺社DATA

創建／717年（養老元年）
山号／補陀洛山　宗旨／真言宗智山派　住所／千葉県館山市那古1125　交通／JR「那古船形駅」から徒歩15分　参拝・御朱印授与時間／8:00～17:00（天候によって変更あり）
拝観料／無料　URL www.nagoji.com

絶景ポイント
» 女体山山頂からの眺め

059
茨城県

眺望

強力なパワーに満ちた霊山

筑波山神社《つくばさんじんじゃ》

女体山山頂から望む男体山。山頂へはケーブルカーやロープウェイでも行けます

3000年以上の信仰の歴史がある霊峰、筑波山を御神体と仰ぎ、山の中腹にある拝殿から山頂を含む約370ヘクタールが境内地です。ふたつの頂をもつ筑波山の男体山山頂に男神を、女体山山頂に女神を祀り、縁結びや夫婦円満の御神徳で有名。

御祭神

筑波男大神《ツクバオノオオカミ》伊弉諾尊《イザナギノミコト》
筑波女大神《ツクバメノオオカミ》伊邪那美尊《イザナミノミコト》

右上の印「天地開闢」は世界の始まりを意味します。男体山本殿、女体山本殿の御朱印もあります。

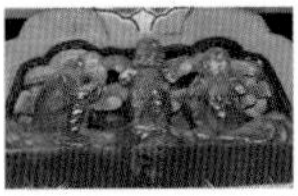

左上／標高270mに立つ拝殿　上／境内社、日枝神社の三猿の彫刻

寺社DATA

創建／不詳　拝殿様式／唐破風千鳥破風付入母屋造
住所／茨城県つくば市筑波1-1
交通／つくばエクスプレス「つくば駅」から筑波山シャトルバスで約40分、「筑波山神社入口」下車すぐ　参拝時間／自由　御朱印授与時間／9:00～17:00
拝観料／無料
URL www.tsukubasanjinja.jp

絶景ポイント
» 山頂の境内からの眺望

060
千葉県

眺望

山頂社殿に立てば、すがすがしい展望が

人見神社《ひとみじんじゃ》

獅子山（人見山）の山頂から君津の町を見守る神社。古くから北極星や北斗七星を神格化した妙見様として信仰されてきました。物事をスタートさせ、繁栄へ導く力、さらに「人見」が瞳に通じることから眼病治癒の御神徳も頂けるといわれます。

御祭神

天之御中主神《アメノミナカヌシノカミ》
高御産巣日神《タカミムスビノカミ》
神産巣日神《カミムスビノカミ》

「二総六妙見」とあるのは、上総と下総の二総に鎮座する6社の妙見社のひとつという意味です。

左上／朱色が映える社殿　右上／急な石段を上ること約20分、頂上の境内からは君津市街や南房総の山々、好天時には東京湾や富士山まで望めます。この景観は「ちば眺望100景」にも選定されています

寺社DATA

創建／970年（天禄元年）
本殿様式／権現造　住所／千葉県君津市人見892
交通／JR「君津駅」から君津市コミュニティバスで約15分、「人見神社」下車、徒歩1分　参拝時間／自由　御朱印授与時間／9:00～16:00（月に4～5日ほど休務日あり）　拝観料／無料
URL hitomi-jinja.jp

絶景ポイント
≫雲海が広がる眺め　≫高山植物や紅葉

眺望　神々しいパノラマに感動

061
長野県

御《おん》嶽《たけ》神《じん》社《じゃ》頂《ちょう》上《じょう》奥《おく》社《しゃ》

墨書は御嶽神社、中央の印は神社頂上絵です。

頂上奥社の拝殿。2014年の噴火後、登山道が閉鎖されていましたが、2020年に再開、規制緩和期間には再び登拝が可能になりました

木曽の御嶽山は3000m級の独立峰で、古くから信仰の山としてあがめられてきました。山の1合目にある里宮に始まり、数々の社殿や遥拝所が王滝頂上（標高2936m）にある頂上奥社へと続いています。樹林帯を抜け尾根道を進むと、空に浮かぶような奥社の鳥居が迎えてくれ、眼下の山々が連なる絶景に疲れも吹き飛びます。

御祭神
国常立尊《クニトコタチノミコト》
大己貴命《オオナムチノミコト》
少彦名命《スクナヒコナノミコト》

寺社DATA
創建／702年（大宝2年）
住所／長野県木曽郡大滝村御嶽山王滝口頂上　交通／JR「木曽福島駅」から王滝村村営バス（土曜、休日のみ運行）で約1時間15分、「田の原」下車、徒歩約3.5時間
御朱印授与時間／7/10～8月下旬の土・日曜、祝日8:00～13:00（王滝村登山道規制中の閉所時は遥拝所にて頒布）　拝観料／無料
URL www.ontakejinja.jp/index.html
※王滝村登山道規制緩和期間中のみ登拝可能。詳細は王滝村ウェブサイトで要確認。

絶景ポイント
≫御祭神像と御嶽山の眺め

眺望　雄大な御嶽山の山容を一望

062
長野県

御《おん》嶽《たけ》神《じん》社《じゃ》遥《よう》拝《はい》所《じょ》

季節に応じて「春山登拝」「夏山登拝」「秋山登拝」の押印がなされます。

頂上へ向かう人は登山の安全を祈願

左／御嶽神社遥拝所の社務所。遥拝所の御朱印のほか、大江権現、金剛童子の御朱印も頂けます

1979年（昭和54年）の御嶽山の噴火により頂上へ登拝ができなくなったことから、頂上奥社を望むこの場所に建立されました。田の原登山道入口から平坦な道を600mほど進んだ場所ですが、標高2200m。三柱の御祭神像の向こうに迫力ある御嶽山を眺められます。

御祭神
国常立尊《クニトコタチノミコト》
大己貴命《オオナムチノミコト》
少彦名命《スクナヒコナノミコト》

寺社DATA
創建／1981年（昭和56年）
住所／長野県木曽郡王滝村田の原
交通／JR「木曽福島駅」から王滝村村営バス（土曜、休日のみ運行）で約1時間15分、「田の原」下車、徒歩15分
参拝可能期間／5月中旬～10月下旬
御朱印授与時間／6・9・10月の土・日曜、祝日9:00～15:00、7/10～9/3の5:00～17:00（6月上旬～10月下旬の閉所時は里宮にて頒布）拝観料／無料　URL 同上

063
茨城県

大洗《おおあらい》磯前《いそさき》神社《じんじゃ》

神々降臨の地を拝む

海と鳥居

絶景ポイント
» 神磯の鳥居の日の出

太平洋に面した丘の上に鎮座。神社の前に広がる海岸に、地震や伝染病などで苦しむ人々を救うために二柱の祭神が降臨したと伝わり、降臨の地を示す「神磯の鳥居」が立っています。毎年元日に神職がこの磯で初日の出を拝む儀式を行うのが習わしです。

御祭神

大己貴命《オオナムチノミコト》
少彦名命《スクナヒコナノミコト》

シンプルな御朱印。勢いのある筆使いは、神磯に砕ける波を連想させます。

左／江戸初期の建築様式が残る拝殿、色鮮やかな彫刻が見もの。御祭神は福や医療の神様で、難病から救ってくださるとあつい信仰があります　右／冬至の頃は、鳥居越しに昇る朝日が望めます〈写真提供：(一社）大洗観光協会〉

寺社DATA

創建／856年（斉衡3年）　本殿様式／一間社流造　住所／茨城県東茨城郡大洗町磯浜町6890　交通／鹿島臨海鉄道「大洗駅」から海遊号バスで約15分、「大洗磯前神社下」下車すぐ、JR「水戸駅」から茨城交通バスで約30分、「大洗神社前」下車すぐ　参拝時間／6:00～18:00（10～3月は～17:00）　御朱印授与時間／8:30～16:00　拝観料／無料　URL www.oarai-isosakijinja.net

064
茨城県

酒列《さかつら》磯前《いそさき》神社《じんじゃ》

鳥居越しにアクアブルーの海を一望

海景色

絶景ポイント
» 鳥居からの海の眺め

歴史書によると、大洗磯前に降臨した神様のうち少彦名命が当社の主祭神に、大己貴命が大洗磯前神社の主祭神に祀られ、同時期に創建されたことから兄弟神社とされています。病気平癒、健康長寿の御利益が有名。樹齢300年を超えるツバキやタブノキがトンネル状に覆う参道を進めば海の見える鳥居があります。

主祭神

少彦名命《スクナヒコナノミコト》

書き置きのみ。通常の御朱印のほか、月替わりや行事の御朱印、「開運 逆列岩御朱印」もあります。

人気のお守り「仕事守」

左上／拝殿の左甚五郎作と伝わる「リスとブドウの彫刻」も必見　右上／鳥居の向こうに弧を描く海岸線が望めます　右下／参道を覆う樹叢

寺社DATA

創建／856年（斉衡3年）
本殿様式／流造　住所／茨城県ひたちなか市磯崎町4607-2
交通／JR「勝田駅」で、ひたちなか海浜鉄道湊線に乗り換え「磯崎駅」下車、徒歩約10分　参拝時間／自由
御朱印授与時間／8:00～16:00
拝観料／無料
URL sakatura.org

065 千葉県

新勝寺《しんしょうじ》

広大な境内に見応えのある伽藍多数

塔

絶景ポイント
≫彫刻が美しい三重塔

中央に押されているのは不動明王を表す梵字「カーン」の印。このほか各お堂の御朱印5種類があります。

左／総門から見る仁王門　右／左が御本尊の不動明王が祀られた大本堂。右の1712年建立の三重塔は国の重要文化財

「成田のお不動さま」として親しまれ、全国トップクラスの参拝者数を誇る寺院。真言宗の開祖、弘法大師が祈りを込めて敬刻開眼した不動明王が御本尊。霊験あらたかなパワーに満ちています。数々のお堂をはじめ、自然が楽しめる隣接の公園も見どころです。

御本尊
不動明王《ふどうみょうおう》

オリジナルの御朱印帳

寺社DATA
創建／940年（天慶3年）
山号／成田山　宗旨／真言宗智山派　住所／千葉県成田市成田1
交通／京成電鉄「京成成田駅」、またはJR「成田駅」から徒歩10分
参拝時間／8:00～16:00
御朱印授与時間／8:00～16:00
拝観料／無料
URL www.naritasan.or.jp

---

066 千葉県

日本寺《にほんじ》

山中から山頂まで見どころ満載

眺望

絶景ポイント
≫展望台や「地獄のぞき」からの眺め　≫百尺観音や大仏

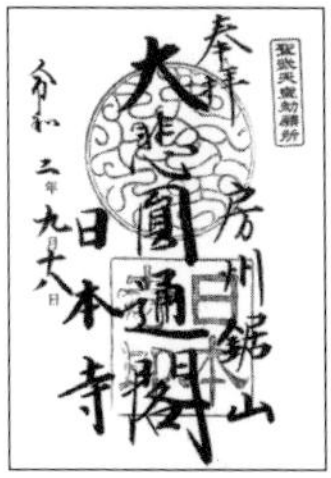

墨書は「大悲圓通閣」と記されています。御朱印は大仏広場の社務所で。

山頂にある十州一覧台からの眺め

日本最大の大仏「薬師瑠璃光如来」（像高31.5m）

約1300年前、聖武天皇の勅願で、行基により開山され、良弁、空海といった高名な僧も訪れたと伝わります。石切り場として栄えた鋸山の南斜面が境内であり、大仏、石仏が並ぶ千五百羅漢道、巨大な磨崖仏や「地獄のぞき」のスリル満点展望スポットなど、見どころが随所に。歩きやすい靴で訪れましょう。

御本尊
薬師瑠璃光如来《やくしるりこうにょらい》

小さなお地蔵様に願いを込めて奉納

寺社DATA
創建／725年（神亀2年）　山号／乾坤山　宗旨／曹洞禅宗　住所／千葉県安房郡鋸南町元名184　交通／JR「浜金谷駅」から徒歩10分、「山麓駅」から「山頂駅」まで鋸山ロープウェーで4分。JR「保田駅」から表参道の仁王門まで徒歩約45分、車で参道入口まで7分
参拝時間／9:00～16:00（冬期は日没まで）
御朱印授与時間／9:30～15:30　拝観料／大人700円、小人400円　URL www.nihonji.jp

絶景ポイント
»露座の大仏

高徳院は「鎌倉大仏殿跡」として国の史跡に指定されており、「鎌倉大佛殿」の朱印が入っています。

山門（仁王門）

鎌倉のシンボルと名高い大仏

大仏

067
神奈川県

高徳院《こうとくいん》

阿弥陀如来坐像の胎内拝観は2022年4月現在、休止中

御本尊
阿弥陀如来《あみだにょらい》

御本尊は鎌倉大仏の名で親しまれる総高13・35mの阿弥陀如来坐像。現在見られる青銅製の大仏像の造立は1252年に開始され、同時期に大仏殿も建てられましたが、その後台風で倒壊。室町時代末期以降、露座のまま安置されています。ほぼ造立当初の像容を保ち、鎌倉時代を代表する仏像として国宝に指定されています。

寺社DATA

創建／不詳　山号／大異山
宗旨／浄土派　住所／神奈川県鎌倉市長谷4-2-28　交通／江ノ島電鉄「長谷駅」から徒歩10分　参拝時間／8:00～17:30（10～3月は～17:00、最終入場は閉門15分前）御朱印授与時間／9:00～15:30（土・日曜、祝日～15:00）
拝観料／一般、中・高校生300円、小学生150円　URL www.kotoku-in.jp

絶景ポイント
»巨大な観音像

右上の印は、「神奈川鎌倉」、中央の印は観音様を表した雲に囲まれた梵字です。

観音像の胎内にも観音像が祀られ、千体仏も納められています

高台から優しく見守る白衣の観音

観音像

068
神奈川県

大船観音寺《おおふなかんのんじ》

平和の祈りが込められた観音像。大船観音寺は縁結びや安産祈願でも有名

御本尊
聖観世音菩薩《しょうかんぜおんぼさつ》

鎌倉市の大船駅西口に下り立つと、白衣をまとった観音像が見え、近づくにつれその大きさに圧倒されます。高さ約25mの観音様の胸像は、世界平和を祈願し、戦死者の霊を慰めるため、1960年（昭和35年）に完成しました。頭上に化仏《けぶつ》といわれる阿弥陀如来像をのせ、優しくほほ笑む美しい姿。胎内拝観もできます。

寺社DATA

創建／1981年（昭和56年）
山号／佛海山　宗旨／曹洞宗
住所／神奈川県鎌倉市岡本1-5-3
交通／JR「大船駅」から徒歩5分
参拝・御朱印授与時間／9:00～16:00
拝観料／大人（高校生以上）300円、子供（小・中学生）100円
URL oofuna-kannon.or.jp

069
群馬県

慈《じ》眼《げん》院《いん》

高崎市街、かなたの山々まで一望

観音像

御本尊
聖観《しょうかん》世《ぜ》音《おん》菩《ぼ》薩《さつ》

高崎市の観音山山頂に立つ高崎白衣大観音は、1936年（昭和11年）に、戦没者の慰霊と平和、高崎の発展を願って建立されました。高さ約42m、重さ約6000トンで、建設当時は東洋一の大きさを誇ったとされています。1941年、高野山別格本山としてこの地に移転してきた慈眼院が観音像をお守りしています。

上／縁結び祈願の光音堂　右／観音像の胎内には20体の仏像が安置され、肩の高さ（9階）から、雄大な景色が望めます

絶景ポイント
»高崎白衣大観音　»観音像上部からの眺め

右上の印は関東八十八ヵ所霊場の第一番札所の印です。また、東国花の寺百ヶ寺のひとつでもあります。

寺社DATA

創建／鎌倉中期　山号／（高野山金剛峯寺）峰之坊　宗旨／高野山真言宗　住所／群馬県高崎市石原町2710-1　交通／JR「高崎駅」からバスで約25分、「白衣観音前」下車、徒歩2分　参拝・御朱印授与時間／9:00～17:00（11～3月は～16:30）　拝観料／胎内拝観料は高校生以上300円、中学生以下100円　URL takasakikannon.or.jp

070
埼玉県

鳥《とり》居《い》観《かん》音《のん》

深山に屹立する美しい観音像

観音像

御本尊
聖観《しょうかん》世《ぜ》音《おん》菩《ぼ》薩《さつ》

埼玉の奥武蔵にある白雲山の、約30ヘクタールの敷地に、救世大観音をはじめ、本堂や玉華門、仁王門、平和観音、玄奘三蔵塔などが点在。地元出身の実業家・政治家であった平沼彌太郎氏が30年以上もの歳月をかけて築き上げました。山を彩る紅葉の時期の参拝は格別です。

絶景ポイント
»救世大観音　»四季折々の花木

墨書は御本尊「聖観世音菩薩」、中央の印は仏、法、僧、宝を刻んだ三宝印です。

左／山門近くの本堂。ここから大観音までは1時間弱の山道　右／中央の救世大観音は総高33m。脇侍は梵天と帝釈天です。12～3月を除く土・日曜、祝日は大観音堂内を拝観でき、展望台からは眺めも楽しめます

寺社DATA

創建／1940年（昭和15年）山号／白雲山　宗旨／単立　住所／埼玉県飯能市上名栗3198　交通／西武池袋線「飯能駅」から国際興業バスで約40分「連慶橋」下車、徒歩5分　参拝時間／9:00～16:00（救世大観音は～15:00）　御朱印授与時間／9:00～16:00　入山料／徒歩大人（中学生以上）200円、徒歩子供（小学生以上）100円　救世大観音拝観料／大人（中学生以上）200円、子供（小学生以上）100円　URL www.toriikannon.org

絶景ポイント
≫本堂、羅漢堂の木造五百羅漢像

リアルで個性豊かな羅漢像がずらり　羅漢像

071
東京都

五《ご》百《ひゃく》羅《ら》漢《かん》寺《じ》

「五百羅漢尊」の通常の御朱印です。令和4年4月現在、このほかに4種類の限定御朱印があります。

左／羅漢堂の獏王像。夢をかなえてくれ、疫病退散の御利益があると信じられています　右／本堂ではお釈迦様が弟子（羅漢）たちに説法するさまを再現

羅漢堂に146体、本堂に159体並ぶ羅漢像は、1691年（元禄4年）から15年の歳月をかけて仏師松雲《しょううん》元慶《げんけい》がひとりで彫刻したものです。像は高さ78～90㎝。1体1体、姿形や表情が異なるさまから仏師の偉業のほどがうかがえます。羅漢堂で異彩を放つ獏王《ばくおう》像にも注目。

御本尊
釈迦牟尼仏《しゃかむにぶつ》

寺社DATA
創建／1695年（元禄8年）
山号／天恩山　宗旨／単立
住所／東京都目黒区下目黒3-20-11
交通／東急目黒線「不動前駅」から徒歩8分　参拝時間／9:00～17:00（最終受付16:30）　御朱印授与時間／9:00～17:00　拝観料／500円（高校生以上の学生、65歳以上400円、中学生以下無料）
URL rakan.or.jp

絶景ポイント
≫「竹の庭」と呼ばれる竹林　≫枯山水庭園

天を突く竹林の中は別世界　竹

072
神奈川県

報《ほう》国《こく》寺《じ》

鎌倉三十三観音霊場第十番札所の御朱印。「大悲殿」は本堂に安置される聖観世音菩薩立像を指します。

開山は南北朝時代、仏乗禅師がこの地に休耕庵を建て座禅修行や詩作にふけるなど生涯を過ごしたことが始まり。その後、時の権力者の足利氏の菩提寺として栄え、近年は文豪たちともゆかりを結んでいます。開山時の庵跡には約2000本の孟宗竹が生い茂り、「竹の庭」と呼ばれる見事な竹林となっています。

左／開山当時に造られた石庭を復元した枯山水庭園　右／天高くそびえる「竹の庭」。竹林内には茶席があり、抹茶を頂けます

御本尊
釈迦牟尼仏《しゃかむにぶつ》

寺社DATA
創建／1334年（建武元年）
山号／功臣山　宗旨／臨済宗建長寺派　住所／神奈川県鎌倉市浄明寺2-7-4　交通／JR「鎌倉駅」から徒歩約25分、またはバスで約12分、「浄明寺」下車、徒歩3分　参拝時間／9:00～16:00　御朱印授与時間／9:00～16:00　拝観料／竹庭入園300円
URL houkokuji.or.jp

073 長野県

戸《と》隠《がくし》神《じん》社《じゃ》

杉並木

400年以上前の姿を保つ「奥社の杜」

絶景ポイント
≫巨樹の杉並木

五社それぞれの御朱印があり、上は奥社の御朱印。冬期は授与場所、授与時間が変更となるので要確認。

奥社本殿

「奥社の杜」の杉並木。赤い茅葺きの建物は随神門です

戸隠山の麓に、奥社、中社、宝光社、九頭龍社、火之御子社の五社からなる2000年余りの歴史を刻む神社。「天の岩戸」の神話で、天手力雄命が投げた岩戸が戸隠山になったとされ、岩戸開きに功績のあった神々を中心にお祀りしています。奥社に続く参道は樹齢400年以上の杉の巨木が300本以上並び、神々の世界に踏み込んだよう。

主祭神

天手力雄命《アメノタヂカラオノミコト》

「運気向上金運招福守」

寺社DATA

創建／奥社：前210年、中社：1087年（寛治元年）、宝光社：1058年（康平元年）、九頭龍社・火之御子社：不詳
住所／長野県長野市戸隠3506（中社） 交通／JR「長野駅」からアルピコ交通バスで約1時間、「戸隠宝光社」「戸隠中社」「戸隠奥社入口」のいずれかで下車。奥社は徒歩40分
参拝時間／自由 御朱印授与時間／9:00～17:00（中社以外は冬期時間短縮） 拝観料／無料 URL www.togakushi-jinja.jp

---

074 山梨県

河口《かわぐち》浅間《あさま》神《じん》社《じゃ》

巨木

7本の御神木は強力パワースポット

絶景ポイント
≫富士山遥拝所からの眺め ≫七本杉

富士山の絵が力強く描かれているのが印象的な御朱印です。

杉並木を進むと拝殿があります

河口湖を挟み、富士山と向き合う地に立つ神社。864年に起こった富士山の大噴火を鎮めるために、翌年富士山の神様である祭神を祀り、創建されたと伝わります。

境内には樹齢1200年といわれる七本杉があり、そのうち二柱の杉は縁結びの御利益が。神社から山を登ったところに富士山遥拝所（→P.14）があります。

一の鳥居

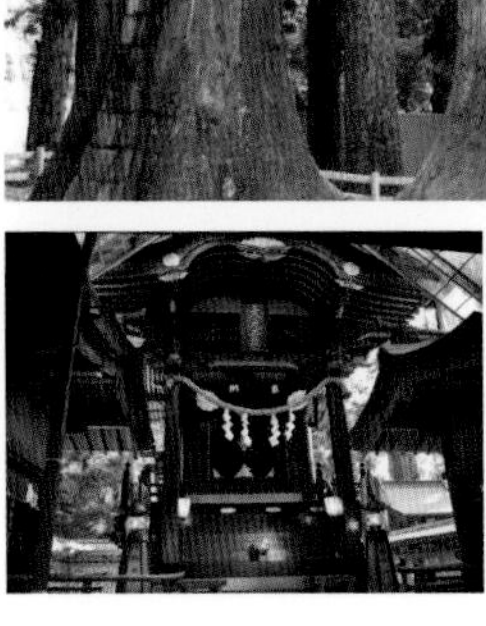

上／御神木の七本杉のうち、寄り添うように立つ二柱の杉は縁結びのパワースポット 下／拝殿の奥にある本殿 右／縁結びのお守り「連理の楓守」

御祭神

木花咲《コノハナサク》耶《ヤ》姫《ヒメ》

寺社DATA

創建／865年（貞観7年）
本殿様式／一間社流造
住所／山梨県南都留郡富士河口湖町河口1 交通／富士急行線「河口湖駅」からバスで約20分、「河口郵便局前」下車、徒歩3分 参拝時間／自由
御朱印授与時間／9:30～16:00
拝観料／無料
URL asamajinja.or.jp

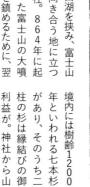

絶景ポイント
» 千本公孫樹（せんぼんいちょう）

御神木

075 千葉県

黄金に輝くイチョウの巨木

葛飾八幡宮《かつしかはちまんぐう》

御朱印は書き置きのみ。兼務社の六所神社、不知森神社の御朱印も頒布しています。

毎年11月下旬に千本公孫樹のライトアップが行われます

寺社DATA

創建／889～898年の間
本殿様式／流造
住所／千葉県市川市八幡4-2-1
交通／京成電鉄「京成八幡駅」から徒歩5分。JR・都営新宿線「本八幡駅」から徒歩10分　社務時間／9:00～16:00
御朱印授与時間／9:00～16:00
拝観料／無料
URL www.katsushikahachimangu.com

御祭神

誉田別命《ホムダワケノミコト》
息長帯姫命《オキナガタラシヒメノミコト》
玉依姫命《タマヨリヒメノミコト》

平安時代に石清水八幡宮を勧請して創建。武運の神様として、源頼朝や徳川家康など武士の信仰を集め、現在も厄除け開運、勝運、さらに安産・育児守護の御神徳があると崇敬されています。境内のイチョウの巨木は樹齢1200年。主幹を囲んで無数の支幹や枝が寄り添う姿から「千本《せんぼん》公孫樹《いちょう》」と呼ばれる縁結びの御神木です。

絶景ポイント
» しだれ桜

桜

076 茨城県

どっしりと根を張る風格のある桜

般若院《はんにゃいん》

中央の朱印は観世音菩薩を表す梵字「サ」の火炎宝珠の印です。

1963年（昭和38年）再建の本堂

県の天然記念物指定のしだれ桜（2点写真提供：龍ケ崎市）

寺社DATA

創建／978年（天元元年）
山号／金剛山
宗旨／天台宗
住所／茨城県龍ケ崎市根町3341
交通／関東鉄道竜ヶ崎線「竜ヶ崎駅」から徒歩15～20分
参拝時間／自由
御朱印授与時間／9:00～17:00（住職在宅時のみ）　拝観料／無料

御本尊

聖《しょう》観世音菩薩《かんぜおんぼさつ》

978年に道珍法師によって創建。1524年に現在地に移され、広く信仰を集めました。その後1856年の暴風雨で阿弥陀堂、鐘楼堂、総門以外の建物が倒壊しましたが、徐々に復興を遂げ現在にいたります。本堂裏に縦横無尽に枝が伸びたしだれ桜があります。樹齢は推定500年、目通り幹囲約5m、樹高約10mの巨樹は見る者を魅了してやみません。

絶景ポイント
≫参道の桜並木

鳥居の向こうは桜のトンネル

桜

077
山梨県

冨《ふ》士《じ》御《お》室《むろ》浅《せん》間《げん》神《じん》社《じゃ》

力強い墨書がインパクトのある御朱印です。さくら祭りや夏詣の時期に頒布する限定御朱印もあります。

左／河口湖に面して建つ里宮。戦国時代、甲斐武田家の祈願所だったことでも知られます

標高が高いため、桜は若干遅咲き。参道はピンク色の参道に姿を変えます

御祭神
木花開耶姫命《コノハナサクヤヒメノミコト》

境内には本宮と里宮の2社があり、重要文化財の本宮は699年に富士山2合目に奉られた富士山中最古の社で、保護のため現在地に遷祀されました。里宮は氏子の祭祀の便を図るため、河口湖南岸に建立され、毎年春には約200本ものソメイヨシノが参拝者を迎えてくれます。

寺社DATA

創建／699年（文武天皇3年）
本殿様式／一間社入母屋造
住所／山梨県南都留郡富士河口湖町勝山3951　交通／富士急行線「河口湖駅」から西湖周遊バスで16分、「富士御室浅間神社」下車すぐ　参拝時間／自由　御朱印授与時間／9:00～16:30（冬期～16:00）　拝観料／無料
URL fujiomurosengenjinja.jp

絶景ポイント
≫境内の約600本の桜 ≫御神木の鬱金桜 ≫石段脇の「杉の群」

桜と水晶の最強パワーを享受

桜

078
山梨県

金《かな》櫻《ざくら》神《じん》社《じゃ》

中央の御朱印の印材は約2.5kgある水晶の原石です。以前は社領から水晶が産出したそうです。

朱塗りの社殿

御神木の「金櫻」。右は水晶のお守り

御祭神
少彦名命《スクナヒコナノミコト》
須《ス》佐《サ》之《ノ》男尊《オノミコト》
大己貴命《オオナムチノミコト》
倭建命《ヤマトタケルノミコト》
櫛稲田媛命《クシナダヒメノミコト》

疫病退散を祈願し金峰山山頂に御祭神を祀ったのが起源。山頂に本宮があり、金櫻神社は里宮にあたります。この地で発掘、磨き出された水晶「火の玉・水の玉」が御神宝。御神木の「金櫻（品種は鬱金《うこん》桜《ざくら》）」は「金の成る木の金櫻」としてあがめられ、開花期に桜を拝み、水晶のお守りを受けると生涯金運に恵まれるといわれています。

寺社DATA

創建／紀元前96年
本殿様式／流造
住所／山梨県甲府市御岳町2347
交通／JR「甲府駅」からバスで約50分、「昇仙峡滝上」下車、徒歩25分
参拝・御朱印授与時間／9:00～17:00
拝観料／無料
URL kanazakura-shrin.webnode.jp

079 東京都

都心の春の佳景　桜

増上寺《ぞうじょうじ》

絶景ポイント
≫東京タワーを背景に本堂と桜

中央は徳川家家紋の印。黒本尊は香煙で黒く変色したための呼称。勝運、厄除けの霊験あらたかな仏様です。

東京タワーを間近に望む増上寺は、浄土宗の七大本山のひとつで、600年を超える歴史を有する名刹です。徳川家の菩提寺であり、歴代将軍の墓所があることでも知られています。春は境内に咲き誇る桜とそびえる東京タワーが合わさり、東京らしい桜風景が楽しめます。

左／東日本最大級を誇る三解脱門。江戸初期の造営時の面影を残す国の重要文化財です　右／しだれ桜と安国殿。安国殿には恵心僧都作の秘仏、阿弥陀如来像「黒本尊」が祀られています

御本尊
阿弥陀如来《あみだにょらい》

寺社DATA

創建／1393年（明徳4年）
山号／三縁山　宗旨／浄土宗
住所／東京都港区芝公園4-7-35
交通／都営三田線「御成門駅」「芝公園駅」から徒歩3分、都営浅草線・大江戸線「大門駅」から徒歩5分　参拝時間／本堂6:00～17:30、安国殿9:00～17:00
御朱印授与時間／9:00～17:00　拝観料／宝物展示室700円、徳川将軍家墓所500円　URL www.zojoji.or.jp

080 茨城県

参道も空も妖艶に染まる　桜

東蕗田天満社《ひがしふきたてんまんしゃ》

絶景ポイント
≫裏参道の桜並木

左上／拝殿の見事な彫刻にも注目　左下／授与しているお守り各種　右／約200mの裏参道は桜で覆い尽くされ、地面は桜の絨毯に。ライトアップされた夜は昼間とは違う表情を見せてくれます

御祭神
菅原道真公《スガワラノミチザネコウ》

鎌倉時代に北野天満宮より勧請され、「東蕗田の天神様」と呼ばれ親しまれてきました。豊かな自然に囲まれ、春のひととき、桜並木の参道は幻想の世界へと姿を変えます。

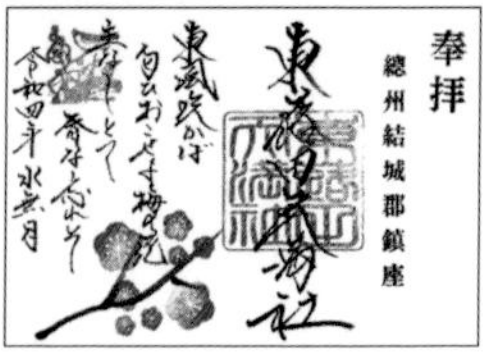

祭神が大好きだった梅に向けて詠んだ和歌が書かれた「天神様和歌御朱印」。

寺社DATA

創建／1288年（正応元年）
本殿様式／不詳
住所／茨城県結城郡八千代町東蕗田242　交通／関東電鉄常総線「宗道駅」から車で15分。車の場合は圏央道坂東ICから15分
参拝・御朱印授与時間／9:00～15:00
拝観料／無料　URL sites.google.com/site/higashihukitatenmansha

絶景ポイント
≫境内の梅や藤

東京一の藤の名所と名高い　藤

081
東京都

亀戸天神社《かめいどてんじんじゃ》

右下の印の元准勅祭十社とは明治時代に祭礼の際、天皇が遣わされる神社だったことをいいます。

東京スカイツリーと藤の花

御祭神
菅原道真公《スガワラノミチザネコウ》

学問の神様、菅原道真公の末裔で九州太宰府天満宮の神官だった菅原大鳥居信祐公が、天神像を奉祀したのが始まり。同時期、土地を寄進したのは天神様をあつく信仰していた4代将軍、徳川家綱公。ふたりの学問に寄せる情熱が境内の隅々にまで、こもっています。境内には３００本を超す梅、50株の藤の花が春を彩ります。

寺社DATA

創建／1662年（寛文2年）
本殿様式／唐破風八棟造
住所／東京都江東区亀戸3-6-1
交通／JR・地下鉄「錦糸町駅」、JR「亀戸駅」から徒歩15分
参拝時間／自由
御朱印授与時間／8:30～17:00
拝観料／無料
URL kameidotenjin.or.jp

絶景ポイント
≫御神木の「千年乃藤」

甘い藤の香りに癒やされる　藤

082
東京都

國領神社《こくりょうじんじゃ》

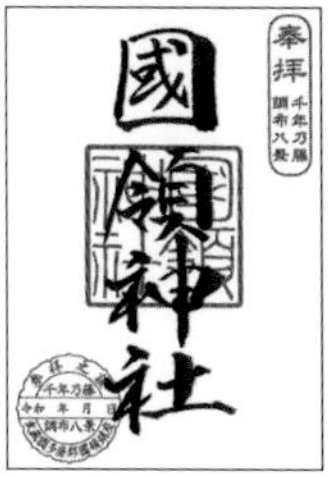

通常の御朱印です。ほかに社名を金色で押印する朔日の御朱印、祝日や四季の御朱印を授与しています。

400㎡もある藤棚は見応えがあります

主祭神
神産巣日神《カミムスヒノカミ》

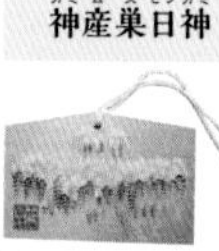
「千年乃藤」の絵馬

古代多摩川のほとりにあった國領神社と神明社を合祀した神社です。境内でひときわ目を引くのが、御神木の藤の木。樹齢４００～５００年といわれ、「千年乃藤」と名づけられています。歳月を経た今日も生命力にあふれ、枝を伸ばし見事な花を咲かせるので、長寿、子孫繁栄の力を頂ける木とあがめられています。

寺社DATA

創建／不詳
本殿様式／神明造
住所／東京都調布市国領町1-7-1
交通／京王線「布田駅」から徒歩5分
参拝時間／自由
御朱印授与時間／9:00～12:00、13:00～14:00　拝観料／無料
URL kokuryo-jinja.jp

絶景ポイント
»つつじ苑 »乙女稲荷の千本鳥居

ツツジの名所で勝運を開く　ツツジ

083
東京都

根《ね》津《づ》神《じん》社《じゃ》

右下の印の元准勅祭十社之内とは「もとじゅんちょくさいじっしゃのうち」と読みます。意味はP.113亀戸天神社参照。

開花時期が異なるツツジが植えられており、約1ヵ月間楽しめます

寺社DATA

創建／約1900年前
本殿様式／権現造
住所／東京都文京区根津1-28-9
交通／地下鉄「根津駅」「千駄木駅」「東大前駅」から徒歩5分
参拝時間／6:00～17:00
御朱印授与時間／9:30～16:30
拝観料／無料（つつじ苑300円）
URL www.nedujinja.or.jp

１９００年以上の昔、日本武尊が千駄木の地に創祀。現在の社殿は、１７０６年に5代将軍徳川綱吉が旧社地より遷座し奉献しました。当時の社殿、唐門、透塀《すきべい》、楼門など7棟すべてが現存しており、歴史の流れを見つめてみたい文化財の数々です。境内にはつつじ苑があり、４月中約１００種３０００株のツツジが順々に咲き誇ります。

御祭神

須佐之男命《スサノオノミコト》
大山咋命《オオヤマクイノミコト》
誉田別命《ホンダワケノミコト》

絶景ポイント
»ツツジをはじめ四季折々の花

約２万株のツツジがお堂を包み込む　ツツジ

084
東京都

塩《しお》船《ふね》観《かん》音《のん》寺《じ》

華麗な筆使いの御朱印。墨書は大悲山圓通閣、印は十一面観音を表す梵字「キリク」です。

歴史を感じる本堂

4月中旬以降、護摩堂を囲む斜面がツツジ色に染まります

寺社DATA

創建／大化年間（645～650年）
山号／大悲山　宗旨／真言宗
住所／東京都青梅市塩船194
交通／JR「河辺駅」から徒歩35分、同駅からバスで7分、「塩船観音入口」下車、徒歩10分　参拝時間／8:00～17:00
御朱印授与時間／8:30～16:00　拝観料／無料（ツツジ祭り期間中300円）
URL www.shiofunekannonji.or.jp

木造・茅葺きの本堂は室町期の建立で、御本尊は１２６４年作の十一面千手観世音立像です。本尊の左右に安置されている鎌倉時代制作の二十八部衆は、28体すべてが現存しているのは珍しく、貴重な文化財です。境内の山の斜面一面に約20種2万株のツツジが植栽されていて、開花期は色彩豊かなパノラマが楽しめます。

御本尊

十一面千手観世音《じゅういちめんせんじゅかんぜおん》

絶景ポイント
≫境内のツツジ

新緑とツツジが織りなす色彩美 ツツジ

085
神奈川県

等《とう》覺《がく》院《いん》

東国花の寺百ヶ寺の札所であり、「かながわの花の名所 100選」にも選ばれています。

手入れの行き届いたツツジが目を楽しませてくれます

1898年建立の仁王門

御本尊
不《ふ》動《どう》明《みょう》王《おう》
薬《やく》師《し》如《にょ》来《らい》

古くからツツジ寺として地元の人々に親しまれているお寺。境内には樹齢300年を超えるツツジが約2000本植栽され、4月中旬から5月初めまでの開花期は、新緑の輝く緑に燃えるような赤がよく映えます。また、ぜんそく封じ、癌封じのお寺としても知られ、毎年9月15日には「ぜんそく平癒祈願」が行われます。

寺社DATA
創建／不詳
山号／神木山　宗旨／天台宗
住所／神奈川県川崎市宮前区神木本町1-8-1
交通／田園都市線・大井町線「溝の口駅」からバスで10分、「神木本町」下車、徒歩5分　参拝時間／9:00～17:00
御朱印授与時間／9:00～17:00
拝観料／無料　URL www.tougakuin.jp

絶景ポイント
≫大鳥居とコスモス　≫奉納鳥居

可憐なコスモスが彩る巨大な鳥居 コスモス

086
群馬県

小《こ》泉《いずみ》稲《い》荷《なり》神《じん》社《じゃ》

御朱印は見本を参考にして、自分で朱印、墨印を押し、最後に日付を筆で書いて完成です。

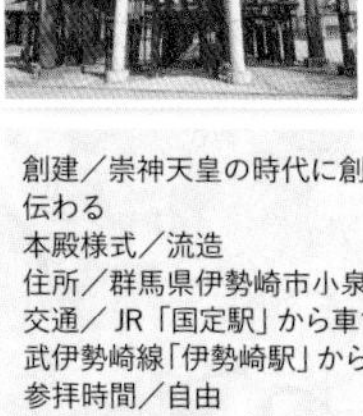

左／朱色の鳥居が3列で約100mにわたって並んでいます　右／大鳥居は神社から800mほど離れた所にあります。コスモスは10月初め頃から開花

御祭神
倉稲魂命《ウカノミタマノミコト》
大己貴命《オオナムチノミコト》

群馬県一の高さを誇る22mの大鳥居がシンボル。周辺は秋には一面コスモスが咲き誇り、花の絨毯が敷き詰められたような景観が見られます。拝殿前に奉納された240基にも及ぶ大小さまざまな鳥居が3列に並ぶ様子にも注目。鳥居の数から商売繁盛の御利益は一目瞭然です。

寺社DATA
創建／崇神天皇の時代に創建と伝わる
本殿様式／流造
住所／群馬県伊勢崎市小泉町231
交通／JR「国定駅」から車で約5分、東武伊勢崎線「伊勢崎駅」から車で約10分
参拝時間／自由
御朱印授与時間／8:00～16:30
拝観料／無料　URL なし

絶景ポイント
≫床に映る紅葉や新緑　≫枯山水（石庭）

087 群馬県

宝徳寺《ほうとくじ》

自然美が極まる「床リフレクション」

紅葉

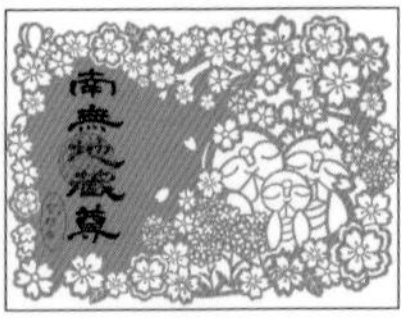

通年で40種類ほどアートな御朱印が頒布されます。上は4月限定の「春を楽しむお地蔵さん」、下は月替わりの切り絵御朱印「ほっこり地蔵と桜」。

群馬県桐生市にある室町時代創建の禅寺。本堂の床に映る紅葉や新緑の特別公開や多彩な御朱印で注目を集めています。自然美を鏡のように映し込む「床もみじ」が観賞できるのは全国でも数ヵ所だけ。極楽浄土を彷彿させる別世界が体験できます。

上／「床もみじ」は新緑や紅葉の季節、夏の風鈴まつりで公開。紅葉期は夜のライトアップも開催　下／本堂の正面は枯山水の庭園

御本尊
釈迦如来《しゃかにょらい》

寺社DATA
創建／1450年頃（宝徳年間）　山号／大光山　宗旨／臨済宗建長寺派　住所／群馬県桐生市川内町5-1608　交通／東武桐生線「相老駅」または「赤城駅」から車で10～15分、JR「桐生駅」からバスで約25分、「宝徳寺入口」下車すぐ　参拝時間／9:00～16:00　御朱印授与時間／9:00～16:00（火・金曜は対応不可）　拝観料／無料（特別公開拝観は300～1000円）　URL www.houtokuji.jp

---

絶景ポイント
≫雄大な眺望　≫境内の紅葉

088 神奈川県

大山阿夫利神社《おおやまあふりじんじゃ》

「神の山」大山の燃えるような紅葉

紅葉

下社の御朱印です。本社の御朱印は本社社務所が閉じているときは参拝した旨を伝えれば下社で授与。

下社の拝殿

11月下旬に開催される紅葉ライトアップ。かなたに街の夜景も望めます

標高1252mの大山頂上に本社、696mの中腹に下社があり、下社まではケーブルカーで行けます。古くから霊山とあがめられ、「あめふり山」の異名がある大山は雨乞い信仰の中心地でもありました。江戸時代には「大山詣り」と称し、年間数十万もの参拝者が訪れ、隆盛を謳歌。紅葉シーズンは深紅に染まる山と眺望が同時に楽しめます。

御祭神
大山祇大神《オオヤマツミノオオカミ》
高龗神《タカオカミノカミ》
大雷神《オオイカズチノカミ》

寺社DATA
創建／約2200年前　本殿様式／不詳　住所／神奈川県伊勢原市大山355　交通／小田急線「伊勢原駅」からバスで約25分の「大山ケーブル駅」下車、徒歩15分。ケーブルカーで「山上駅」に上がり徒歩4分　参拝時間／自由　御朱印授与時間／ケーブルカーの運行時間に準ずる　拝観料／無料　URL www.afuri.or.jp

絶景ポイント
≫境内の紅葉　≫枯山水の庭

089 東京都

浄眞寺《じょうしんじ》（九品仏《くほんぶつ》）

紅葉

イチョウとモミジが時間差で見頃に

中央の印は上品堂、中品堂、下品堂それぞれの阿弥陀如来像の印相まで忠実に表現されています。

龍護殿（本堂）周辺の紅葉

阿弥陀堂の中品堂《ちゅうぼんどう》

3つの阿弥陀堂には計9体の阿弥陀如来像が鎮座しています。往生の仕方の9つの等級を表す印相の九品の仏から九品仏という通称に。境内の木々は色彩豊かに紅葉。11月下旬にイチョウ、12月上旬にモミジが美しく色づきます。

都の天然記念物指定の大イチョウ

御本尊
釈迦牟尼如来《しゃかむににょらい》

龍神守護のお守り

寺社DATA

創建／1678年（延宝6年）
山号／九品山　宗旨／浄土宗
住所／東京都世田谷区奥沢7-41-3
交通／大井町線「九品仏駅」から徒歩4分
参拝時間／9:00～16:30
御朱印授与時間／9:00～16:00
拝観料／無料
URL kuhombutsu.jp

絶景ポイント
≫境内の彼岸花・桜

090 茨城県

弘経寺《ぐぎょうじ》

彼岸花

一面の真っ赤な彼岸花が壮観

御本尊、阿弥陀如来の御朱印です。中央の印は阿弥陀如来を表す梵字「キリク」。

江戸幕府初代将軍・徳川家康の孫・千姫（天樹院）の菩提寺として知られる弘経寺は、10世了学上人が千姫落飾の戒師を務めたことにそのご縁が始まります。千姫没後には遺言に従い墓所が築かれ、遺愛の品々も納められました。秋の彼岸の頃には、境内を彼岸花が赤く染めます。

千姫により寄進された江戸時代初期の遺構が残る内陣

上／開山堂前に咲く白い彼岸花　右／天樹院御廟手前の赤い彼岸花

御本尊
阿弥陀如来《あみだにょらい》

寺社DATA

創建／1414年（応永21年）
山号／寿亀山　宗旨／浄土宗
住所／茨城県常総市豊岡町甲1
交通／関東鉄道「水海道駅」から車で約10分　参拝時間／自由
御朱印授与時間／住職在寺時のみ
拝観料／無料
URL www.gugyoji.jp

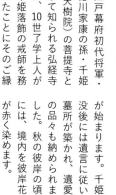

絶景ポイント
≫御苑のハナショウブ　≫御神木の「夫婦楠」

庭園

091 東京都

明治神宮《めいじじんぐう》

気品あふれるハナショウブを観賞

社紋の菊の花びらの数は12枚。これは皇室の紋章と同じ16枚にするのを遠慮したためだそうです。

左／拝殿前に並ぶ御神木「夫婦楠」にも参拝を
右／都内随一の規模の菖蒲園。約150種、1500株のハナショウブが6月上旬に開花

御祭神

明治天皇《メイジテンノウ》
昭憲皇太后《ショウケンコウタイゴウ》

明治天皇と昭憲皇太后を祀る広大な明治神宮は、初詣の参拝者数が日本一。全国から献木された約10万本の木々を植栽して造った緑豊かな杜にあり、都心にいることを忘れさせてくれます。杜のなかには御苑（庭園）があり、初夏には多種類のハナショウブが咲き誇ります。

寺社DATA

創建／1920年（大正9年）
本殿様式／流造　住所／東京都渋谷区代々木神園町1-1　交通／JR「原宿駅」、地下鉄「明治神宮前駅」から徒歩1分　参拝時間／日の出～日没（閉門時間は毎月異なる）
御朱印授与時間／9:00～閉門まで
拝観料／無料（御苑は500円）
URL www.meijijingu.or.jp

絶景ポイント
≫浄土式庭園

庭園

092 神奈川県

称名寺《しょうみょうじ》

四季の風情が楽しめる浄土式庭園

山号「金澤山」の大きな丸印が印象的。印の中には北条氏の家紋の三つ鱗が入っています。

1861年再建の金堂

5月初旬から阿字ヶ池の周りにキショウブが咲きます

御本尊

弥勒菩薩《みろくぼさつ》

鎌倉幕府の要人、北条実時が屋敷内に建てた持仏堂が起源。その後七堂伽藍を備えた大寺院として栄えましたが、鎌倉幕府崩壊にともない衰退。現在の建物の多くは江戸時代に建立されました。見どころは阿字ヶ池を中心に広がる浄土式庭園。極楽浄土を表現した鎌倉期の庭園を復元しており、四季の花木が彩りを添えます。

寺社DATA

創建／1258年（正嘉2年）
山号／金沢山　宗旨／真言律宗
住所／神奈川県横浜市金沢区金沢町212-1
交通／京急本線「金沢文庫駅」から徒歩13分
参拝時間／9:00～16:00
御朱印授与時間／9:00～16:00
拝観料／無料　URL なし

絶景ポイント
≫明神池　≫明神岳の山容

北アルプスの岩峰に抱かれた神秘の池

池

093
長野県

穂《ほ》高《たか》神《じん》社《じゃ》 奥《おく》宮《みや》

奥宮は冬期閉鎖されます。嶺宮の御朱印は穂高神社および奥宮で頒布しています。

明神池一之池。後方は朝日が差す明神岳

日本アルプスの総鎮守、交通安全の守り神

主祭神
穂高見命《ホタカミノミコト》

北アルプス最高峰の奥穂高岳山頂の嶺宮

主祭神の穂高見命は安曇族の祖神で、奥穂高岳に降臨し安曇野を拓いた神様。穂高神社は安曇野市内にあり、梓川上流の上高地に奥宮、奥穂高岳の頂上に嶺宮が祀られています。上高地は神が降り立つ地「神降地《かみこうち》」とも称される緑深い神域。社殿の奥の明神池にたたずめば、神様の息づかいが聞こえてきそう。身も心も清められます。

寺社DATA

創建／不詳　本殿様式／流造
住所／長野県松本市安曇上高地
交通／松本電鉄上高地線「新島々駅」からバスで約1時間30分、「上高地」下車、徒歩約1時間　参拝・御朱印授与時間／6:00～日没（11月中旬～4月中旬は閉鎖）　拝観料／大人500円、子供（小学生）200円　URL www.hotakajinja.com/okumiya.html

---

絶景ポイント
≫出流原弁天池

透明度抜群の清らかな湧き水

池

094
栃木県

涌《わっ》釜《かま》神《じん》社《じゃ》

御朱印は神社隣の福寿荘売店にて授与。売店が休みの日は社務所にて授与されます。ただし、留守の場合もあるので要確認。

周囲138mの出流原弁天池

階段を上った先が拝殿

御祭神
天水分神《アメノミクマリノカミ》
国水分神《クニノミクマリノカミ》

御祭神の二柱は水の神様。天水分神は子供の守り神ともいわれていて、成長を願う家族の参拝が多い神社です。境内には日本の名水百選に選定された出流原弁天《いずるはらべんてん》池《いけ》があり、その美しさは格別。こんこんと湧き水が絶えない池は透明度が高く、泳ぐ鯉や水草まではっきり目に映ります。周囲の木々が水面に映り込むリフレクションも見事。

寺社DATA

創建／不詳　本殿様式／流造
住所／栃木県佐野市出流原町2123　交通／東武佐野線「田沼駅」から車で10分　参拝時間／自由
御朱印授与時間／10:00～17:00
拝観料／無料　URL なし

絶景ポイント
≫鳥居や公園からの富士山の眺め

まさに「ザ・ニッポン」の美景

富士山

095
山梨県

新倉《あらくら》富士《ふじ》浅間《せんげん》神社《じんじゃ》

このほか、境内社の荒濱神社の縁結び御朱印も頂けます。

荘厳な社殿

紅葉や桜の時期が特に美しい

主祭神
木花咲耶姫命《コノハナサクヤヒメノミコト》

「大願成就御守」

富士吉田市の新倉山中腹にあり、富士山の眺めがすばらしく、国内外から参拝者が大勢訪れます。石段を上った先の鳥居が最初の眺望スポット。赤い鳥居越しに富士山が望めます。拝殿にお参りしたら、「さくや姫階段」を上って神域にある新倉富士浅間公園へ。五重塔「忠霊塔」と富士山がコラボする界隈随一の絶景は、言葉を失うほど。

寺社DATA

創建／705年（慶雲2年）
本殿様式／流造
住所／山梨県富士吉田市浅間2-4-1
交通／富士急行線「下吉田駅」から徒歩8分
参拝・御朱印授与時間／9:00～16:00
拝観料／無料
URL www.arakurafujisengen.com

絶景ポイント
≫平和の鳥居　≫老杉が囲む参道

芦ノ湖に映える朱色の湖上鳥居

鳥居と湖

096
神奈川県

箱根《はこね》神社《じんじゃ》

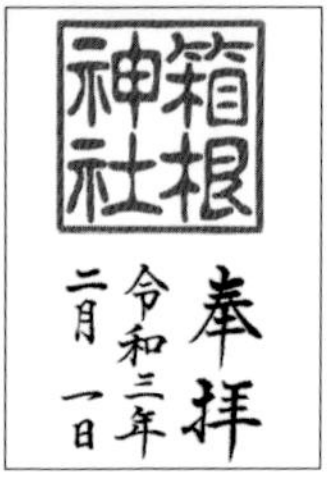

神印と奉拝の墨書というシンプルな御朱印。石段下の駐車場横にあるお札所で頂けます。

神門の先に社殿があります

船での湖上遊覧の際に望める朱色の鳥居と霊峰富士

御祭神
瓊瓊杵尊《ニニギノミコト》
木花咲耶姫命《コノハナサクヤヒメノミコト》
彦火火出見尊《ヒコホホデミノミコト》
※御三神を併祀して「箱根大神《ハコネノオオカミ》」と奉称

山岳信仰の霊場だった箱根山に、奈良時代、箱根大神の御神託を授かった万巻上《まんがんしょう》人《にん》が社殿を創建。以来、源頼朝をはじめ執権北条氏、室町時代の足利氏、江戸時代は徳川家康など歴代の武将たちから開運・心願成就の神様としてあつく崇敬されました。拝殿に参拝のあとは芦ノ湖上に建つ平和の鳥居で、自然と鳥居が織りなす絶景を堪能。

寺社DATA

創建／757年（天平宝字元年）
本殿様式／権現造　住所／神奈川県足柄下郡箱根町元箱根80-1
交通／箱根登山鉄道「箱根湯本駅」から箱根登山バスで約60分、「元箱根港」（10:00～16:00以外は「箱根神社入口」）下車、徒歩10～20分　参拝時間／自由
御朱印授与時間／8:15～17:00
拝観料／無料　URL hakonejinja.or.jp

絶景ポイント
》鬼押出しの溶岩 》舞台からの眺望

岩

溶岩の奇形群に立つ美しい観音堂

097
群馬県

寛《かん》永《えい》寺《じ》別《べつ》院《いん》 浅《あさ》間《ま》山《さん》観《かん》音《のん》堂《どう》

印は、寛永寺寺紋の三つ葉葵紋、聖観世音菩薩を表す梵字「サ」、浅間山観音堂。

浅間山を背にした観音堂。境内の梵鐘はジョン・レノン夫妻がついたという逸話があります

惣門。参道にはヒカリゴケも

世界三大奇勝のひとつ、「浅間山鬼押出し」の中央に鎮座する寺院。ゴツゴツとした奇岩群と朱色の優美なお堂とのコントラストは壮観です。１７８３年に起こった浅間山大噴火の際、被災者の救済にあたったのが東京・上野の寛永寺住職だった経緯から、１９５８年に噴火被災者の慰霊と平穏を祈願して、寛永寺から聖観世音菩薩を迎え創建しました。

御本尊
聖《しょう》観《かん》世《ぜ》音《おん》菩《ぼ》薩《さつ》

厄除けのお札「角大師護符」

寺社DATA
創建／1958年（昭和33年） 山号／東叡山 宗旨／天台宗 住所／群馬県吾妻郡嬬恋村鎌原1053 鬼押出し園内 交通／JR「軽井沢駅」から万座・草津方面行きバスで約40分、「鬼押出し園」下車すぐ 参拝・御朱印授与時間／3月上旬～12月上旬の開堂期間の9:00～16:30 ※鬼押出し園の営業状況によって閉堂になる場合もあるので要確認 拝観料／無料（鬼押出し園入園料が必要） URL asama.kaneiji.jp

絶景ポイント
》啄木鳥橋 》山の紅葉

橋

女性の願掛け神社として有名な湖上の社

098
群馬県

赤《あか》城《ぎ》神《じん》社《じゃ》

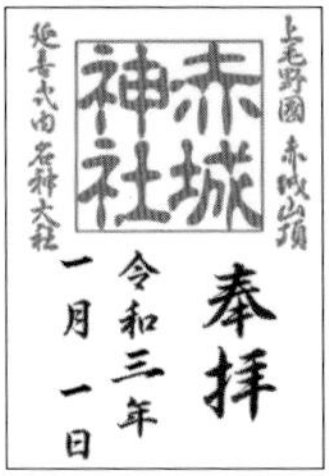

書き置きを頒布。季節の御朱印もあります。本殿に向かって右側の授与所で頂けます。

啄木鳥橋は2022年4月現在、改修中で通行できません

鮮やかな朱塗りの社殿

赤城山山頂にある火口原湖、大《お》沼《の》湖《こ》の小鳥ヶ島に鎮座する神社。赤城山と湖の神様「赤城大明神」が祀られた島全体が聖域となっています。湖の神様に召された赤城姫の伝説により、女性の願いごとには必ずお力を与えてくださるといわれています。朱塗りの御神橋「啄木鳥《きつつき》橋《ばし》」は、神様の世界への架け橋を思わせる麗しさです。

主祭神
赤《アカ》城《ギ》大明神《ダイミョウジン》

風光明媚な大沼湖

寺社DATA
創建／不詳 本殿様式／権現造 住所／群馬県前橋市富士見町赤城山4-2 交通／JR「前橋駅」から関越交通バスで約1時間10分、「あかぎ広場前」下車、徒歩10分 参拝時間／日の出～日没 御朱印授与時間／9:00～16:00（土・日曜、祝日～16:30） 拝観料／無料 URL akagijinja.jp

絶景ポイント
»崖に立つ観音堂　»館山湾の眺望

崖

099
千葉県

大福寺《だいふくじ》（崖観音《がけかんのん》）

磨崖仏をお守りする断崖の寺院

船形山の崖の中腹に浮かぶように立つ朱塗りの観音堂は「崖の観音」と呼ばれ、地元の人々に信仰されてきました。御本尊は観音堂内の岩肌に刻まれた十一面観世音菩薩。717年に漁民の海上安全と豊漁を祈願して行基上人が彫刻したと伝えられています。観音堂の舞台に立てば、館山湾が一望できます。

右上は安房国札三十四観音霊場の第三番札所の印、中央は十一面観音を表す梵字「キャ」の印。

観音堂の舞台からの眺め

左／南房総の植物が描かれた観音堂天井画　右／100段ほどの階段を上って観音堂へ

御本尊
十一面観世音菩薩《じゅういちめんかんぜおんぼさつ》

寺社DATA

創建／717年（養老元年）山号／船形山　宗旨／真言宗智山派
住所／千葉県館山市船形835
交通／JR「那古船形駅」から徒歩15分
参拝時間／8:00～16:30　御朱印授与時間／8:30～16:30（12:00～12:30は休務）　拝観料／無料
URL www.gakekannon.jp

絶景ポイント
»洞窟内部

洞窟

100
山梨県

無戸室浅間神社《むつむろせんげんじんじゃ》

富士山の胎内に祀られた神秘の社

あばら骨のような岩肌の洞窟内部。最奥部の室に御祭神が祀られています

富士山の洞窟内に御祭神が祀られている珍しい神社です。洞窟は937年の富士山大噴火で流出した溶岩で形成され、人間の胎内に似た形状から船津胎内樹型《ふなつたいないじゅけい》と呼ばれています。全長68mの洞窟内は富士山の神威に包まれる不思議な空間。洞窟を通ると新しい自分に生まれ変わるといわれ、子授けや安産、縁結びの御利益も。

書き置きを頒布。2022年4月現在、参拝可能な日時が不規則のため、河口湖フィールドセンターのウェブサイトで要確認。

御祭神
木花開耶姫命《コノハナサクヤヒメノミコト》

拝殿内部。奥が洞窟入口

寺社DATA

創建／1772年（安永元年）　本殿様式／神明造　住所／山梨県南都留郡富士河口湖町船津6603（河口湖フィールドセンター内）　交通／富士急行線「河口湖駅」からバスで約10分、「富士山科学研究所」下車、徒歩5分　参拝・御朱印授与時間／月曜を除く9:00～17:00（祝日は公開、6～8月は無休）　拝観料／高校生以上200円、小・中学生100円　URL www.fkchannel.jp/fieldcenter

絶景ポイント
»神秘的な奥宮 »本殿の美しい彫刻

101 埼玉県

寶登山神社《ほどさんじんじゃ》

霧深い山に鎮座する奥宮　森

霧と木々の緑のなかにたたずむ奥宮

秩父山塊のなかで秀麗な山容を誇る宝登山（497m）。その山頂に奥宮、麓に本社が鎮座します。日本武尊が東国平定の折、宝登山で山火事に遭った際に大山祇神のお使いである山犬（オオカミ）たちに助けられたことから、山頂に神々をお祀りしたのが始まりとのことです。山犬の石像が守る奥宮は神聖な空気に包まれています。

御祭神
神日本磐余彦尊《カンヤマトイワレヒコノミコト》
大山祇神《オオヤマヅミノカミ》
火産霊神《ホムスビノカミ》

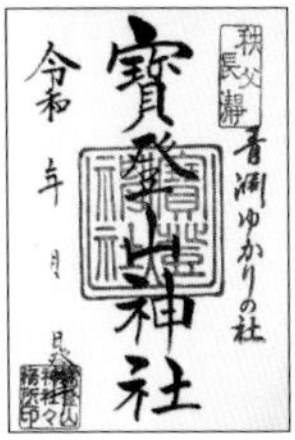

青い印の「青淵」は渋沢栄一の雅号。「長瀞は天下の勝地・寶登山は千古の霊場」とたたえたとのことで社内に石碑も。

色鮮やかな彫刻が見事な本殿

寺社DATA
創建／110年（景行天皇40年）
本殿様式／権現造　住所／埼玉県秩父郡長瀞町長瀞1828　交通／秩父鉄道「長瀞駅」から徒歩15分。奥宮へは「山麓駅」からロープウェイで5分の「山頂駅」へ、降車後徒歩5分
参拝時間／自由　御朱印授与時間／8:30～16:30　拝観料／無料
URL www.hodosan-jinja.or.jp/

絶景ポイント
»苔の美しい石段 »茅葺き屋根の観音堂

102 神奈川県

杉本寺《すぎもとでら》

苔むした石段が歴史を物語る　苔

734年、僧の行基によって開かれた鎌倉最古のお寺。苔むした石段の先に、美しく整えられた茅葺き屋根の観音堂が立っています。お堂に上がって御本尊をはじめ仏像を拝観できる貴重なお寺でもあります。御本尊の十一面観世音菩薩像は3体。向かって左から行基、慈覚大師、恵心僧都の作といわれています。

右上は坂東三十三観音・鎌倉三十三観音霊場の第一番札所の印。中央は十一面観音を表す梵字「キャ」の印。

左／観音堂
上／御朱印帳
右／苔の石段。参拝者は左の階段を使用

御本尊
十一面観世音菩薩《じゅういちめんかんぜおんぼさつ》

寺社DATA
創建／734年（天平6年）
山号／大蔵山　宗旨／天台宗
住所／神奈川県鎌倉市二階堂903
交通／JR「鎌倉駅」から徒歩25分。同駅からバスで約10分、「杉本観音」下車、徒歩1分　参拝・御朱印授与時間／9:00～16:00（受付終了は15:45）　拝観料／高校生以上300円、中学生200円、小学生100円
URL sugimotodera.com

絶景ポイント
≫富士山の眺望　≫岩山に立つ社殿

和歌にも詠まれる名勝の社

岩山

103
山梨県

差出磯大嶽山神社《さしでのいそだいたけさんじんじゃ》

鎮座地の山は大きな一枚岩で、笛吹川の氾濫を防ぐ堤防の役割を果たしています

笛吹川の河畔に位置する「差出の磯」は海のない山梨県のなかで、まるで海辺の磯のような景色が広がる景勝地。急な階段を上り切った先にある境内には、「富士見の鳥居」が立っており、甲府盆地のかなたに神々しい富士山の姿を眺めることができます。御神威は強力で、金運上昇・健康（癌封じ）・バイクの神社として有名。

御祭神

大山祇神《オオヤマヅミノカミ》
大雷神《オオイカヅチノカミ》
高龗神《タカオカミノカミ》
金毘羅神《コンピラノカミ》
国常立尊《クニノトコタチノミコト》
大己貴命《オオナムチノミコト》
少彦名神《スクナヒコナノカミ》

御朱印の下の印は毎月変更されます。掲載の御朱印に押されているのは3月のイチゴの印です。

絶景スポット「富士見の鳥居」

寺社DATA

創建／905年（延喜5年）
本殿様式／流造
住所／山梨県山梨市南1376-1
交通／JR「山梨市駅」から徒歩20分、または車で5分　参拝時間／自由
御朱印授与時間／9:00～16:00（火曜休務）　拝観料／無料
URL daitakesan.jp

絶景ポイント
≫鳥居と江ノ電

ノスタルジックな江ノ電が境内を横切る

電車

104
神奈川県

御霊神社《ごりょうじんじゃ》

鳥居の目の前を江ノ電が。踏切の向こうの参道は住宅街

鳥居の目の前を江ノ電が走る、不思議な光景が見られます。閑静な神社には長い歴史が刻まれており、御祭神は平安時代の武将で鎌倉・湘南地域の領主、鎌倉権五郎景正公。武勇に名高く、合戦で敵に目を射抜かれながらも、ひるむことなく戦い敵を打ち取った話から、除災招福、眼病平癒に御利益があるとされています。

御祭神

鎌倉権五郎景正公

名誉宮司のウッシー

中央は御霊神社の印。景正公の家紋「並び矢」が社紋になったと伝えられています。

例大祭の面掛行列で使う貴重な面が宝物庫に保管されています

寺社DATA

創建／平安時代後期
本殿様式／入母屋造
住所／神奈川県鎌倉市坂ノ下3-17
交通／江ノ島電鉄「長谷駅」から徒歩5分
参拝時間／自由　御朱印授与時間／9:00～16:30　拝観料／無料（宝物庫は100円）　URL なし

絶景ポイント
»積雪の境内 »桜や紅葉

雪

銀世界に浮かび上がる荘厳な社殿

105
新潟県

彌彦神社《やひこじんじゃ》

越後の一之宮として朝廷のあつい崇敬が寄せられました。

雪が降り積もる冬の彌彦神社は幻想的

この神社の参拝の作法は「二礼四拍手一礼」

御祭神

天香山命《アメノカゴヤマノミコト》

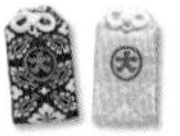

社紋を織り込んだ「御守」

創建から2400年以上の歴史を有し、聖なる山、弥彦山の麓に鎮座しています。古くから「おやひこさま」と呼び親しまれ、あつく信仰されてきました。一の鳥居をくぐると空気が一変。厳かな雰囲気の参道を進むと、弥彦山を背にした壮麗な拝殿が目の前に。持ったときの重さの感じ方で願いがかなうかどうかを占う「火の玉石」にも挑戦。

寺社DATA

創建／紀元前97～30年（崇神天皇御代） 本殿様式／三間社流造 住所／新潟県西蒲原郡弥彦村弥彦2887-2
交通／JR「弥彦駅」から徒歩15分
参拝時間／自由
御朱印授与時間／8:30～16:00
拝観料／無料
URL www.yahiko-jinjya.or.jp

絶景ポイント
»ロウソク祈願の祭り「神幸祭」

祭り

無数のロウソクの炎がゆらぐ幽玄の美

106
新潟県

寶徳山稲荷大社《ほうとくさんいなりたいしゃ》

右上は宝珠の玉の印、中央は十六菊花紋の神紋です。

左／広大な境内に立つ本宮。人の幸福を司る天照白菊宝徳稲荷大神は、唯一この神社に祀られています 右／2対の紅ロウソクに願いを託す「神幸祭」には全国から大勢参集

御祭神

天照白菊宝徳《アマテラスシラギクホウトク》
稲荷大神《イナリノオオカミ》
日本古峰大神《ヤマトフルミネノオオカミ》
八意思兼大神《ヤゴコロオモイカネノオオカミ》

縄文時代から神秘的な力に包まれた里と伝わる地に座す神社は、神々のパワーで満ちています。11月2～3日に行われる「神幸祭《よまつり》」では、紅ロウソクに願いごとを書いてともし、祈願をすれば必ずひとつはかなえられるといわれ、境内は数万本のロウソクで埋め尽くされます。

寺社DATA

創建／不詳（社伝によると持統天皇の御代：645～703年） 本殿様式／神明造
住所／新潟県長岡市飯塚870
交通／JR「越後岩塚駅」から徒歩10分 参拝時間／7:00～17:00
御朱印授与時間／9:00～16:00
拝観料／無料
URL www.houtoku.or.jp

絶景ポイント
»彫刻が美しい社殿　»秩父夜祭

師走の夜空を豪華に彩る秩父夜祭

祭り

107
埼玉県

秩父神社《ちちぶじんじゃ》

印は知知夫国総鎮守　秩父宮家ゆかりの社、秩父神社。運命を切り開く知恵とパワーを授かる神社です。

笠鉾や屋台は合わせて6台。夜は提灯がともり極彩色の彫刻が浮かび上がります

本殿の色鮮やかな彫刻に注目

寺社DATA

創建／紀元前87年（崇神天皇11年）　本殿様式／権現造
住所／埼玉県秩父市番場町1-3
交通／秩父鉄道「秩父駅」から徒歩3分
参拝時間／6:00〜20:00　御朱印授与時間／9:00〜17:00　拝観料／無料
URL www.chichibu-jinja.or.jp

鎮座2100年を誇る秩父地方最古のお社です。本殿は1592年に徳川家康公の寄進により建造されたもので、江戸時代初期の建築様式、精緻な彫刻を今に伝えています。12月2〜3日に行われる秩父夜祭は神社の例大祭で、ユネスコの世界無形文化遺産に登録。豪華絢爛な笠鉾・屋台の引き回しに呼応し花火が上がり、人々を魅了します。

御祭神

八意思兼命《ヤゴコロオモイカネノミコト》
知《チ》知《チ》夫《ブ》彦命《ヒコノミコト》
天之御中主神《アメノミナカヌシノカミ》
秩父宮雍仁親王《チチブノミヤヤスヒトシンノウ》

絶景ポイント
»熊谷うちわ祭

迫力の熊谷囃子に心躍る熊谷うちわ祭

祭り

108
埼玉県

愛宕神社《あたごじんじゃ》・八坂神社《やさかじんじゃ》

御朱印は本務社の古宮神社で頂けます。

上／明治時代、祭り期間中に商店がうちわを配布したのが名称の由来。12台の山車・屋台が熊谷囃子を鳴らしながら練り歩きます（写真提供：熊谷市）
下／神社の鳥居

寺社DATA

創建／愛宕神社：1522年（大永2年）　八坂神社：1592年（文禄元年）　本殿様式／流造　住所／埼玉県熊谷市鎌倉町44　交通／秩父鉄道秩父本線「上熊谷駅」から徒歩2分　参拝時間／自由　御朱印授与時間／事前に要問い合わせ（電話048-522-2299古宮神社社務所）　拝観料／無料　URL なし

火災防止のため京都の愛宕神社を勧請し、続いて疫病退散を祈って京都の八坂神社を勧請し、愛宕神社に合祀されました。社殿は1951年に現社地に再建。7月の3日間、関東一の祇園と称される神社の例大祭、「熊谷うちわ祭」で盛り上がります。

御祭神

【愛宕神社】
軻遇突智命《カグツチノミコト》
【八坂神社】
素戔嗚尊《スサノオノミコト》

絶景ポイント
≫貴船まつり

109
神奈川県

貴《き》船《ぶね》神《じん》社《じゃ》

祭り

勇壮で華やか！　古代から伝わる貴船まつり

水の紋といわれる右三つ巴を鳥居にあしらった印が添えられています。

日本三大船祭りのひとつの貴船まつり。華やかに飾られた2艘の小早船が見どころです

108段の石段の先にある本殿

1200年ほど昔の夏、真鶴岬突端の笠島に、「神をお祀りすれば村の発展がある」という書状が流れ着き、村人が社を建て鎮守の神としてお祀りしたのが起源。この故事にちなみ、山上の社殿より神輿が海上を渡御した後、町内を巡行するという珍しい形のお祭りが貴船まつりです。大漁と海の安全を祈願し、7月27、28日に開催されます。

御祭神

大国主神《オオクニヌシノカミ》
事代主神《コトシロヌシノカミ》
少彦名神《スクナヒコナノカミ》

寺社DATA

創建／889年（寛平元年）
本殿様式／権現造
住所／神奈川県足柄下郡真鶴町真鶴1117　交通／JR「真鶴駅」からバスで5分、「宮の前」下車、徒歩1分
参拝時間／自由　御朱印授与時間／9:00～17:00　拝観料／無料
URL kibunejinja.com

絶景ポイント
≫笠間の菊まつり　≫神苑の「八重藤」

110
茨城県

笠《かさ》間《ま》稲《いな》荷《り》神《じん》社《じゃ》

祭り

色鮮やかな菊や美しい藤に心がなごむ

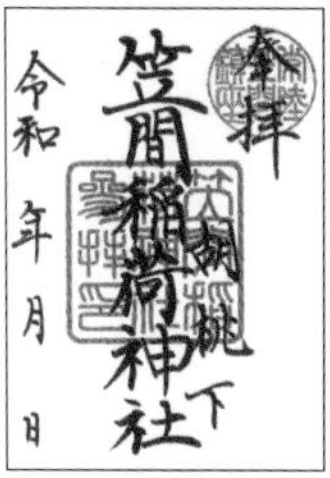

クルミの群生地に稲荷社をお祀りしたことから「胡桃下稲荷」の名でも親しまれています。

菊まつりは10月中旬から11月下旬に開催。菊人形展や菊花品評会などの催しも

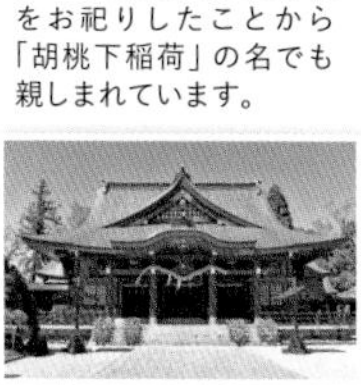

日本三大稲荷のひとつで、1370年ほどの歴史を有する由緒ある神社。御祭神は五穀豊穣・商売繁盛の神様であり、関東はもとより全国から多くの参拝者が訪れます。境内の樹齢約400年の「八重藤」は花が玉咲きになる珍しい品種です。毎年秋に行われる「笠間の菊まつり」にも注目。約5000鉢の色とりどりの菊の花が咲き誇ります。

御祭神

宇《ウ》迦《カ》之《ノ》御《ミ》魂《タマ》神《ノカミ》

寺社DATA

創建／651年（白雉2年）
本殿様式／権現造　住所／茨城県笠間市笠間1　交通／JR「笠間駅」から徒歩20分、またはJR「友部駅」から笠間観光周遊バスで約20分、「稲荷神社前」下車すぐ
参拝時間／6:00～日没　御朱印授与時間／8:00～16:00　拝観料／無料
URL www.kasama.or.jp

思わず写真に収めたくなる！

フォトジェニックな神社

Column

夏の風物詩ともいえる風鈴や七夕飾り、かわいいおみくじや限られた期間だけ出現するパワースポットなど、心にも写真にも残したい光景を集めました。映えるシーンに気持ちがアップ！　運気も上がるよう参拝も忘れずに。

風鈴の音色に願いをのせて

川越《かわごえ》氷川《ひかわ》神社《じんじゃ》

全国から良縁成就を願う参拝者が多数参拝。祭神の五柱の神々は家族であり、二組の夫婦神が含まれていることから、縁結びや夫婦円満の強力なサポートが頂けると信仰されています。毎年夏に開催されるお祭りが「縁むすび風鈴」。2000個以上の江戸風鈴がつり下げられた境内は壮観です。恋愛のお守りも数多く、神社の言い伝えをもとにした「縁結び玉」が大人気。

職人手作りの風鈴は、色や形、音色がさまざま。願いごとを書いた短冊を掛けられます

7月初めから9月初めに行われる「縁むすび風鈴」の舞台、風鈴が並ぶ「風鈴回廊」。風が願いを神様に運んでくれるそう

本殿に向かって左側にあるトンネル状の参道に3万枚を超える絵馬が奉納されています

人気のお守り

「縁結び玉」

境内の小石を持ち帰って大切にすると良縁に恵まれるという伝承から、小石を麻の網に包み神職がお祓いをして奉製。願いがかなったら、ふたりでお参りし神社へ石を戻します。

社紋は菱形の中に雲を描いた「雲菱(くもびし)」。「奉」と「拝」の間に目立つように押されています。

111
埼玉県

創建／541年（欽明天皇2年）本殿様式／入母屋造　住所／埼玉県川越市宮下町2-11-3　交通／JR・東武東上線「川越駅」から東武バスで10分、「川越氷川神社」下車すぐ。または西武新宿線「本川越駅」から東武バスで7分、「川越氷川神社」下車すぐ。

参拝時間／自由　御朱印授与時間／8:00～18:00　拝観料／無料　URL www.kawagoehikawa.jp

緻密な彫刻が施された社殿

選ぶのが楽しい

カラフルな御朱印帳

12ヵ月を12種類の色と「結び」で表した御朱印帳。「結び」のモチーフは毎月25日に頒布されるお守り「まもり結び」です。

鳩みくじ

ハトの姿に折られた「鳩みくじ」。おみくじ結び所に何気なく結ばれた姿も愛らしい

「おみくじ結び所」のかわいい光景

鳩森《はとのもり》八幡《はちまん》神社《じんじゃ》

ハトの絵柄の絵馬

その昔、当地の森に白雲が降り、数多くの白鳩が西に向かって飛び去る縁起のよい現象が起こったのを機に、神様が宿る「はとのもり」と名づけた祠を築いたのが始まりとされます。境内の富士塚はパワースポットとして有名。厄除けや縁結びなど富士山登拝と同じ御利益が授かるミニサイズの富士山です。社名にちなんだハトのおみくじや絵馬は持ち帰りたくなるほどキュート！

富士塚を登ってみよう

都内で現存する中で最古、江戸時代造営の富士塚は高さ約6m。自然石で造られた登山道は登るにつれ険しさが増し、頂上には富士山の溶岩で囲われた奥宮が鎮座。約5分の登山で気分晴れやかに。

112
東京都

創建／860年（貞観2年）頃　本殿様式／権現造　住所／東京都渋谷区千駄ヶ谷1-1-24　交通／JR「千駄ケ谷駅」、地下鉄「北参道駅」、「国立競技場駅」から徒歩5分　参拝時間／自由　御朱印授与時間／9:00～17:00　拝観料／無料　URL www.hatonomori-shrine.or.jp

都心ながら緑と静寂に包まれた神社。御祭神は応神天皇と神功皇后です

添えられたハトの印が神社を象徴しています。富士塚登拝の御朱印も頒布。

ヒカリモの池で金運アップ ?!

白笹《しらささ》稲荷《いなり》神社《じんじゃ》

関東の三大稲荷のひとつで、家内安全・商売繁盛などあつい信仰のある神社。境内には自然の湧き水があり、すがすがしい空気に包まれています。注目を集めているのが、駐車場付近にある黄金に輝く池。その正体はヒカリモという藻類の一種で、比較的夏によく見られる謎多きもの。「金運によい」と参拝者を引きつけています。

自然界のものとは思えない鮮やかな金色。光を反射して輝くヒカリモの希少な自生地だそうです

拝殿の天井絵も必見。歌舞伎絵の第一人者、後藤芳世（ごとうよしよ）画伯が7年の歳月をかけた大作。格天井150枚に描かれた龍神様、風水四神、宝尽くしの絵は見事です

上／顔がかわいいと評判の「狐根付守」
下／母子のキツネ像

右下の印は寿老人。「南はだの村七福神」の寿老人が祀られています。左下の印は何でも意のままに願いをかなえる宝の玉「法珠」です。

113
神奈川県

創建／不詳　本殿様式／一間社流造　住所／神奈川県秦野市今泉1089　交通／小田急線「秦野駅」から徒歩17分、またはバスで5分、「白笹稲荷神社入口」下車、徒歩5分　参拝時間／自由　御朱印授与時間／9:00～16:30　拝観料／無料　URL shirasasa.or.jp

朱塗りの鳥居と本殿

機まつりの七夕飾りが彩る

塚越《つかごし》稲荷《いなり》神社《じんじゃ》

鎮座する丘には出家僧が法華経1万部を埋納し経塚としたと伝わり、これが塚越という地名の由来に。境内には蕨市の織物業を発展させた高橋新五郎を祀った機神社《はたじんじゃ》があります。徳川家康公が新五郎の夢枕に立ち織物業を始めるよう告げたことから、家康公を崇敬、お祀りしたのが最初で、高橋新五郎と妻いせが併祀されています。毎年8月の機まつりは町を挙げて盛大に行われます。

8月初めの機まつり期間中、境内は七夕飾りで華やかに。機まつりは、昔から続く機神社の祭礼を1951年から蕨市の文化・産業振興を願う祭りとして開催

境内社の機神社。徳川家康公とともに高橋新五郎と妻いせが祀られています

114
埼玉県

創建／不詳　本殿様式／一間社流造　住所／埼玉県蕨市塚越3-2-19　交通／JR「蕨駅」から徒歩10分　参拝時間／自由　御朱印授与時間／土・日曜、祝日、1日、15日の9:30～16:30　拝観料／無料　URL peraichi.com/landing_pages/view/tsukakosiinari

高さ約4mの塚の上に立つ塚越稲荷神社

恋愛成就祈願のハート形の「いと恋石」と「力石」

機神社の壁面には現代版三猿ともいえる「よく見る、よく話す、よく聞く」の三猿の彫刻が

石の中に白蛇の姿が現れた「白蛇石」。触れると御利益を授かるとされます（土・日曜、祝日、1日、15日のみ拝観可能）

伏見稲荷大社の御分霊を勧請した神社です。御朱印は通常のもののほか、月替わりや限定の御朱印を頒布。手作りの消しゴムハンコの印が好評。

屈指のパワースポット

Column

超ド級の神像や縁起のよい像に詣でる

見るからにパワーを頂けそうな巨大像や、幸運をもたらす縁起ものが象徴的な寺社を一挙ご紹介。唯一無二の景観が拝めます。

まずは甲子大國神社へ

御祭神の大国主命は縁結びが有名ですが、開運・厄除け、金運上昇の御利益も

当神社のだいこく様は小槌ではなく剣を持ち、病や厄を祓い、福を招くとされます

石段を上って中之嶽神社へ

石段は急なので歩きやすい靴で。轟岩が目の前に迫ります

岩壁の中に埋め込まれたような拝殿。轟岩を御神体としているので本殿はありません

岩峰を背に立つ日本一のだいこく様

中《な》《か》之《の》嶽《たけ》神社《じんじゃ》

鳥居近くの狛犬

霊山としてあがめられる妙義山の一部「轟岩《とどろきいわ》」を御神体とする神社。日本武尊が妙義山を登嶽し山賊を撃ち払い、平和をもたらした偉業をたたえ、欽明天皇の御代に妙形氏が社殿を建立したと伝わります。轟岩にはめ込まれて立つ拝殿の姿には驚嘆。さらに境内にある甲子《きのえね》大國神社の巨大なだいこく様がパワースポットとして有名。巨石パワーとだいこく様の金運上昇の御利益にあやかりましょう。

右が中之嶽神社、左が甲子大國神社の二社見開きの御朱印。だいこく様の縁日「甲子の日」に参拝すると御利益アップといわれています。

115
群馬県

創建／中之嶽神社：539 ～ 571 年（欽明天皇代）　甲子大國神社：819 年（弘仁 10 年）　本殿様式／中之嶽神社：轟岩が本殿　甲子大國神社：神明造　住所／群馬県甘楽郡下仁田町大字小坂 1248　交通／ JR「磯部駅」から車で 25 分、または上信電鉄上信線「下仁田駅」から車で 25 分　参拝・御朱印授与時間／ 9:00 ～ 17:00　拝観料／無料　URL www.nakanotake.com

---

大小約 40 基の鳥居がずらり。欲しいものや願いごとを念じながら参拝しましょう

上／茨城県は干しいもの生産量日本一。干しいもを研究し、地域に広めた 5 人を「はしいもの神様」として祀ります　下／堀出神社の社殿。社名は御神体が「掘って出た」ことにより命名されたそう

黄金色の鳥居が福を招く

堀出神社《ほりでじんじゃ》・ほしいも神社《じんじゃ》

徳川光圀公が塚を掘り起こした際に、御神体となる鏡が出土したことにより建立された堀出神社。この神社の境内に 2019 年、茨城名産の干しいもをイメージした「ほしいも神社」が創建されました。御利益は「ホシイモノ（欲しいもの）」がすべて手に入ること。黄金の鳥居は写真スポットとしても注目の的。

ほしいも神社の御朱印（堀出神社の御朱印も頒布）。社紋の星は、ほしいもを模したシワがポイントです。

116
茨城県

創建／堀出神社：1671年（寛永11年）ほしいも神社：2019年（令和元年）本殿様式／神明造　住所／茨城県ひたちなか市阿字ヶ浦町178　交通／ひたちなか海浜鉄道湊線「阿字ヶ浦駅」から徒歩 2 分　参拝時間／自由　御朱印授与時間／ 10:00 ～ 16:00　拝観料／無料　URL horide-hachiman.com

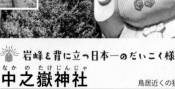

黄金に輝く御神像の高さはおよそ25m。
天手力男命を祀ったお社もあります

圧倒的な存在感を放つ巨大神像

神命大神宮《しんめいだいじんぐう》 那須別宮《なすべつみや》

主祭神は天照大御神、その側神である天手力男《あまのたぢからおの》命《みこと》の巨大神像が参拝者を迎えます。岩屋にこもった天照大御神を引き出すため天手力男命が岩戸を開けるという神話の場面の造形がインパクト大。天岩戸部分は中に入ることができ、内部には神話の映画を上映するドームシアターや、那須高原を一望できる屋上展望台があります。

良縁に導いてくれるという二見岩（ふたみいわ）

かわいらしい花が刺繍された「御守」

黄金像の迫力と対照的にシンプルな御朱印です。

117
栃木県

創建／1984年（昭和59年） 住所／栃木県那須郡那須町大字高久丙 4-17-24 交通／JR「黒磯駅」から車で15分 参拝・御朱印授与時間／9:00～17:00 拝観料／1000円 URL www.shinmeigu.or.jp/contents/c_nasu

御神水で銭洗い

御神像の左手からひと筋の御神水が流れ出て池を形成しています。神様のパワーが集まったその水でお金を洗うと、金運がアップするそうです。

日本一の恵比寿さまが見守る金運パワスポ

大前神社《おおさきじんじゃ》

1200 年以上の歴史をもつ由緒ある古社です。御祭神は開運招福の願いをかなえてくれるだいこく様とえびす様。二福神とあって、縁結びから商売繁盛、家内安全、病気平癒など御利益は広大かつ強力。願いがかないお礼の参拝に訪れる人も多いといいます。地上 20m のえびす様の像が立つ、境内社の大前恵比寿神社にお参りすれば完璧！

上／宝永年間に造られた本殿の極彩色の彫刻が見事です　下／鯛ではなく鯉を持つえびす様。境内に御神水「鶴の泉」があり、御神水を頂けます

社殿が国の重要文化財に指定されたことを記念に作成された御朱印帳。本殿に施されている吉兆の象徴、鳳凰と鸞（らん）が刺繍で再現されています

1989 年（平成元年）に落成した「日本一えびす様」。
大谷石造りの台座の中には社殿が鎮座しています

118
栃木県

創建／不詳 ※ 767～770 年（神護景雲年間）に再建　本殿様式／権現造　住所／栃木県真岡市東郷 937 交通／JR「宇都宮駅」からバスで 53 分、「大前神社前」下車、徒歩 5 分　参拝時間／自由 御朱印授与時間／ 9:00～17:00　拝観料／無料（大前恵比寿神社お水取り拝観料は500円） URL oosakijinja.com

通常の御朱印です。このほか月替わりや季節、祭事の御朱印などがあります。

パワー最強の大フクロウ像

鷲子山上神社《とりのこさんしょうじんじゃ》

境内には数多くのフクロウの像や願掛けスポットがあります

栃木と茨城の県境が大鳥居の中央、本殿の中央を通る珍しい神社です。鳥の神様である天《アメノ》日鷲命《ヒワシノミコト》が主祭神で、古代から大神様の使いであり幸福を呼ぶ神鳥としてフクロウを崇拝。フクロウの神社（不苦労神社）として知られ、境内に日本一の大フクロウ像を造営。運気・金運上昇や厄除け祈願に多くの参拝者が訪れています。

拝殿までの96（くろう）の石段。往復すると2×96（ふくろう）となる幸福を招く石段

拝殿での参拝もしっかりと

緑深い木々に抱かれ、境内全域がパワースポット

種類豊富なお守り

縁起のよい金色の「福ふくろう金運錦守」

「福ふくろう厄除錦守」

カードタイプの金運・招福の「カード守」

境内の本宮神社にあるフクロウ像は高さ7m。像の下には金運不苦労御柱があり、3回たたき祈願すると願いがかなうとされています

通常の御朱印のほか、季節限定の御朱印があります。左は6、7月限定、右は2、3月限定の切り絵御朱印です。

119 栃木県

創建／807年（大同2年）
本殿様式／流造
住所／栃木県那須郡那珂川町矢又1948
交通／JR「烏山駅」から車で約20分
参拝時間／8:00～17:30　御朱印授与時間／9:00～16:00　拝観料／無料
URL www.torinokosan.com

霊符堂にはお焚き上げ供養を待つだるまが山積みに。お寺では縁起だるまに祈願をしてお札を張り授与しています。願いを込めて左目を書き入れ、願いがかなったときに感謝を込めて右目を入れるのが伝統

縁起だるま発祥のお寺

達磨寺《だるまじ》

本堂にあたる霊符堂。堂内には北極星を神格化した北辰鎮宅霊符尊と達磨大師をお祀りしています

中国禅宗の開祖、達磨大師の教えを受け継ぐ禅宗のお寺。眉毛はツル、鼻から口ひげはカメと、顔に吉祥を表現した縁起だるま発祥の地として有名。200年ほど前、天明の飢饉で苦しむ農民の副業にと、9代目和尚が「一筆達磨像」をもとに張り子だるまの作り方を考案し、伝授したのが最初です。全国のだるまを展示した達磨堂や、ドイツ出身の建築家、ブルーノ・タウトが暮らした洗心亭も見どころ。

中央の墨書は「達磨大師」、印は佛法僧寶の4字を刻んだ三宝印です。納経しない場合、その場で十文字写経をして御朱印を頂きます。

120 群馬県

創建／1697年（元禄10年）山号／少林山　宗旨／黄檗宗　住所／群馬県高崎市鼻高町296　交通／JR「群馬八幡駅」から徒歩20分、または車で5分。JR「高崎駅」からバスで約20分、「少林山入口」下車、徒歩3分　参拝時間／自由　御朱印授与時間／9:00～17:00　拝観料／無料　URL www.daruma.or.jp

ずらりと並ぶ福招きの猫

豪徳寺《ごうとくじ》

彦根藩主・井伊家の菩提寺。招き猫発祥の地とされる逸話が残ります。2代藩主の井伊直孝は、猫に手招きされて豪徳寺に立ち寄り、雷雨を避け和尚の法話も聞けたことを喜び、寺の再興を支援したとのこと。福を招いた猫は「招福猫児《まねきねこ》」と称して招福殿にお祀りされ、周りには祈願成就のお礼に奉納された招き猫がびっしりと並んでいます。

招福殿に奉納された招き猫。豪徳寺の招き猫は小判を持たず、右手を挙げた姿。招いた縁を生かせるかどうかはその人次第との教えです

秋はモミジの紅葉に映える三重塔。十二支の彫刻のほか、ネコの彫刻もあるので、探してみましょう

山門をくぐると、四季の草木が美しい境内が広がります

絵馬もかわいい

左は干支によって変わる「干支の絵馬」。右は招福観世音菩薩が描かれた「絵馬」

121
東京都

創建／1480年（文明12年）　山号／大谿山　宗旨／曹洞宗　住所／東京都世田谷区豪徳寺2-24-7　交通／世田谷線「宮の坂駅」から徒歩5分、小田急線「豪徳寺駅」から徒歩15分　参拝時間／6:00～18:00（秋彼岸中日～春彼岸中日前日は～17:00）　御朱印授与時間／8:00～17:00（秋彼岸中日～春彼岸中日前日は～16:30）　拝観料／無料　URL gotokuji.jp

御本尊は釈迦牟尼佛。印は、招福猫児発祥之寺、三宝印、井伊大老之墓所、寺印です。境内の墓所には井伊直弼が眠っています。

お寺のシンボル「吉ゾウくん」に祈願

長福寿寺《ちょうふくじゅじ》

798年、桓武天皇の勅願により最澄（伝教大師）によって創建。古くは関東の学問所、また房総三国の天台宗の大本山として高い格式を誇りました。境内の白いゾウの石像は「吉ゾウくん」と名づけられ、足をなでて健康や延命長寿、金運上昇などの祈願ができます。

上／本堂に向かって右側が金運、健康運の「吉ゾウくん」、左側が縁結び祈願のゾウ「結愛《ゆあ》ちゃん」
下／本尊はお元気あみだ様とも呼ばれ、心身の健康や人間関係改善の御利益があるとされます

各種の授与品

縁結びのハート形絵馬

「吉ゾウくん〈ちりめん 3D〉守り」

金色の「宝くじ入れ」

「吉ゾウくん」は室町時代末の伝説をもとに復活させた、幸せを呼ぶゾウだそうです

122
千葉県

創建／798年（延暦17年）　山号／太平埜山　宗旨／天台宗　住所／千葉県長生郡長南町長南969　交通／JR「茂原駅」からバスで約20分、「愛宕町」下車、徒歩3分　参拝時間／9:00～16:30　御朱印授与時間／9:00～16:00　拝観料／無料　URL choufukujuji.com

墨書に「福寿」と記された御本尊の福寿阿弥陀如来の御朱印。天皇の勅願寺の証である菊の御紋が押されます。通常の御朱印4種のほか、限定御朱印も。

Column

絶景も楽しめる

圧倒的存在感の大仏さま＆観音さま

驚きの大きさを外からも胎内からも体感してみましょう。展望台からの眺めも感動的です。

正式名は牛久阿弥陀大佛。四季の花々が彩ります。エレベーターで上る地上 85m の胸部展望台からは関東平野、霞ヶ浦が見渡せます

世界一の青銅製大仏

牛久大仏《うしくだいぶつ》

（浄土真宗《じょうどしんしゅう》 東本願寺派本山《ひがしほんがんじはほんざん》東本願寺本廟《ひがしほんがんじほんびょう》）

牛久大仏の高さは阿弥陀如来の 12 の光明にちなむ 120m。青銅製仏像としては世界最大で、ギネス世界記録にも登録。浄土真宗東本願寺派の本山である東本願寺が、同寺の霊園である牛久浄苑の敷地内に建立しました。大仏の足元には極楽浄土をイメージした庭園が広がり、胎内には約 3400 体の胎内佛、写経室、展望台など 5 つの空間があります。

上／1階の「光の世界」。煩悩の暗闇に阿弥陀如来の光が差し込むイメージ
下／3階の「蓮華蔵世界」。約3400体の胎内佛に囲まれた金色の世界。朝夕読経が行われます

2 色展開の「大仏御護」

中央の墨書は「光雲無碍」。印は、右上が牛久阿彌陀大佛、中央が東本願寺之印、左下が本廟。

123 茨城県

創建／1993年（平成5年）　宗旨／浄土真宗東本願寺派
住所／茨城県牛久市久野町2083　交通／JR「牛久駅」からバスで約20分、「牛久大仏」下車、徒歩1分　参拝・御朱印授与時間／9:30～17:00（土・日曜、祝日は～17:30。10～2月は～16:30。受付終了は閉園30分前）
拝観料／中学生以上800円、4歳～小学生400円　URL daibutu.net

平和を祈念する優美な観音像

東京湾観音《とうきょうわんかんのん》

東京湾を一望する富津市の大坪山山頂に立つ高さ 56m の救世観音。材木商を営んでいた宇佐美政衛《うさみまさえ》が戦没者慰霊と平和への願いを込めて建立。仏教彫刻家の長谷川昂《はせがわこう》が原型の制作にあたりました。各階に神仏像が祀られ、324 段のらせん階段を上った宝冠部分の展望スペースからは房総半島や東京湾、天気がよければ富士山も展望できます。

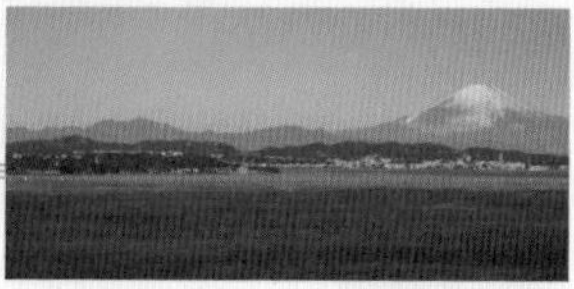

対岸の神奈川・横須賀と富士山の遠望。夕焼けもすばらしいです

お寺ではありませんが、御朱印を授与しており、チケット売り場で頂けます。中央の印は如意宝珠印です。

平和を祈願した珠を抱き、安らかなお顔。胎内拝観には約 30 分かかります

124 千葉県

創建／1961年（昭和36年）　住所／千葉県富津市小久保1588　交通／JR「佐貫町駅」から車で5分　参拝・御朱印授与時間／8:00～17:00（受付終了は16:00。季節により変更になることもあるので要確認）　拝観料／大人500円、中・高校生400円、5歳～小学生300円　URL www.t-kannon.jp

北陸・東海

富山県
石川県
福井県
岐阜県
三重県
愛知県
静岡県

北陸・東海
地図&インデックス

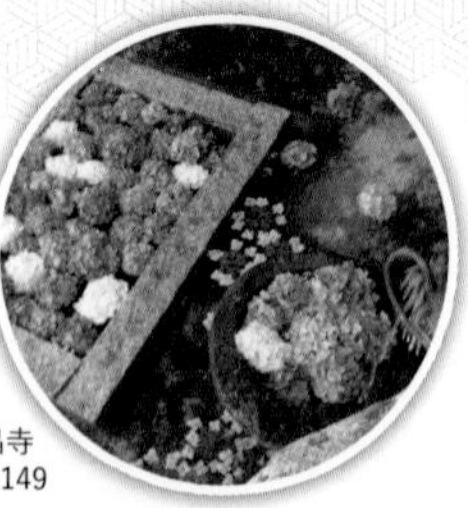

桂昌寺
→P.149

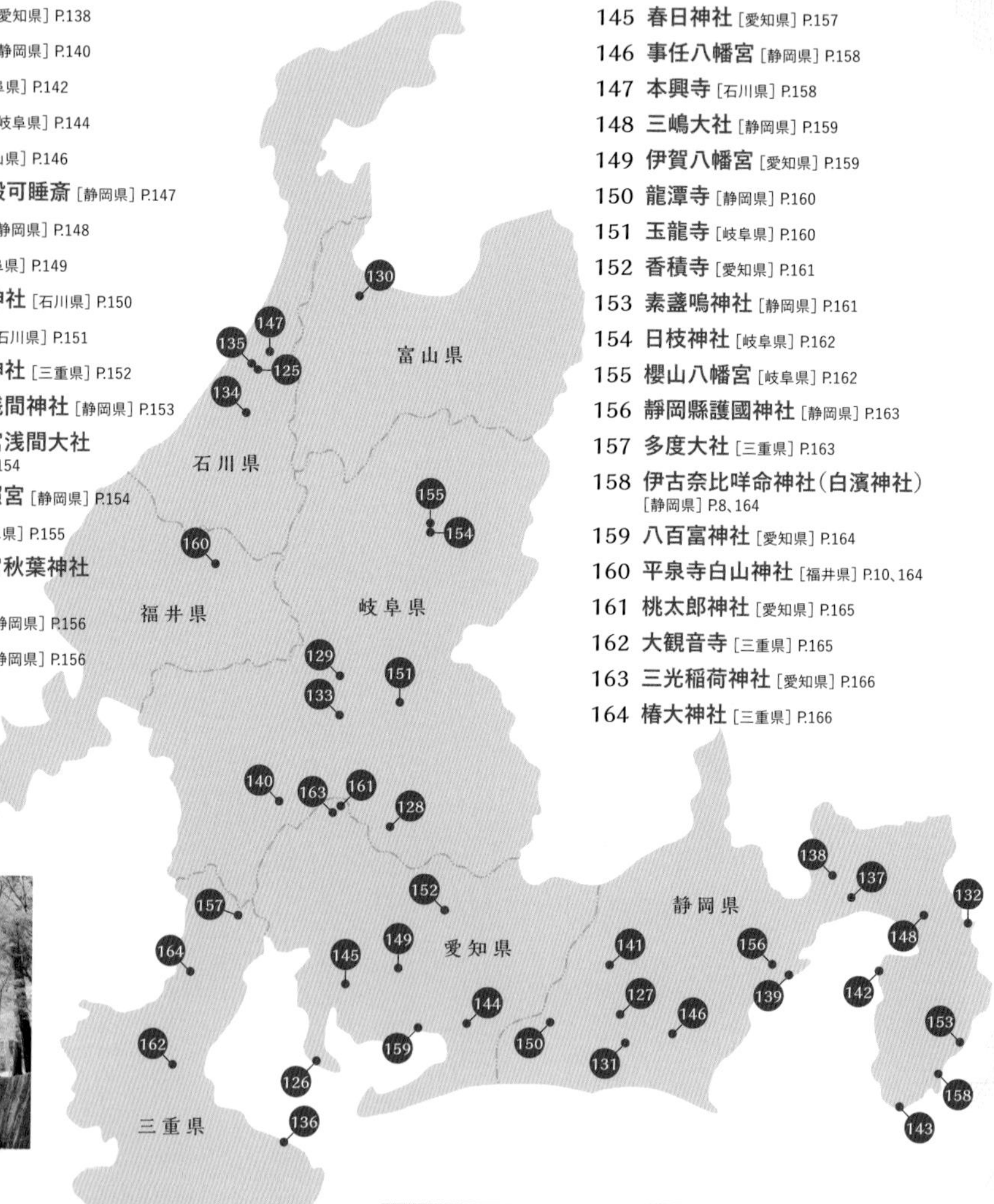

國神社→P.140

二見興玉神社→P.152

古墳時代から紡がれた
歴史ある宮に
101基の朱色の鳥居がお目見え

絶景ポイント
- 101基の朱色の鳥居
- 数多くの絵馬が結ばれた絵馬の小径

上／県産ケヤキで造られた鳥居は高さ約2.5m、幅約1.7mで、総延長は約50m。101という数は繁栄の意味が込められています

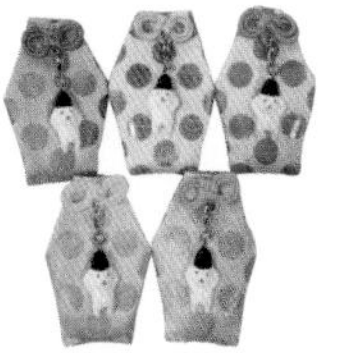

烏帽子をかぶった神社公認のゆるキャラ「きまちゃん」のチャーム付き水玉守

上／境内にある明治24年建立の「逆さ狛犬」。後ろ足で雲を蹴り上げる躍動感ある動きと緻密な彫刻が見事　右／拝殿を狛犬が見守ります

右上の日本三大長谷寺（第一番所）の印は、行基上人が彫った三体の長谷観音様のうち一体を、石浦神社に祀ったことに由来します。

125
石川県

石浦神社《いしうらじんじゃ》

2200年前に草創された金沢最古の神社。大物主大神をはじめ複数の神様を祀り、特に縁結びの地として有名です。「令和」への改元を記念して建てられた、101基の朱塗りの鳥居をはじめ、境内には多くの見どころが。何事も丸く収まるようにとの願いを込めた「水玉守」は女性に人気です。

御祭神

大物主大神《オオモノヌシノオオカミ》
大山咋大神《オオヤマクイノオオカミ》
菊理媛大神《ククリヒメノオオカミ》
天照皇大神《アマテラススメオオカミ》
天児屋根大神《アメノコヤネノオオカミ》
市杵島姫大神《イチキシマヒメノオオカミ》
誉田別大神《コンダワケノオオカミ》

寺社DATA

創建／2200年前
本殿様式／権現造
住所／石川県金沢市本多町3-1-30
交通／JR「金沢駅」からバスで10分、「香林坊（アトリオ前）」下車、徒歩5分
参拝・御朱印授与時間／9:00～17:00
拝観料／無料
URL www.ishiura.jp

海と鳥居

絶景ポイント
»鳥居を頭上に望む伊勢湾
»鳥居が立ち並ぶ参道

126
愛知県

荒熊神社《あらくまじんじゃ》

主祭神
荒熊大神《アラクマオオカミ》

伊勢湾を望む小高い丘の山頂に鎮座する神社です。大正時代に京都の伏見稲荷大社より御分霊され、1966年（昭和41年）に現在の場所へ。祭神は導きの御神徳で知られる猿《さる》田《た》彦大神《ひこのおおかみ》の長男。商売繁盛や縁結び、病気平癒にパワーを授けてくださいます。参道の170段以上の階段を上ると、伊勢湾を一望する絶景が待っています。

願いをかなえるといわれる拝殿内の「ふるべのお鈴」

寺社DATA

創建／1966年（昭和41年）　本殿様式／切妻造
住所／愛知県知多郡南知多町山海高座10
交通／名鉄知多新線「内海駅」から海っこバス9分、「山海」下車、徒歩5分　参拝時間／日の出から日没
御朱印授与時間／9:00～17:00
拝観料／無料　URL www.arakumajinja.jp

朱色の鳥居が並ぶ参道を抜けて 伊勢湾の絶景を一望する

伊勢湾の大パノラマを眺めながら、疲れた心をリセット

上／御朱印はお参りしたあとで、山を下りて駐車場近くにある「弘法大師　館」で頂きましょう　右／神社周辺は木々に包まれ神聖な雰囲気。参道には信者から奉納された赤い鳥居が連なっています

上は「ふるべのお鈴」の御朱印。祭りなどの行事の際は、金色書きの限定御朱印（左）を頂けます。

宮川に架かる赤い太鼓橋付近の紅葉が見事。毎年紅葉の時期はライトアップされます

絶景ポイント
»紅葉ライトアップ
»ショウブの花

127
静岡県

小《お》國《くに》神《じん》社《じゃ》

主祭神
大己貴命《オオナムチノミコト》

「神のすむ美しいところ」を意味する社名にふさわしい、豊かな自然に囲まれた小國神社。春は桜、初夏のハナショウブ、秋のモミジなど、境内が季節の色に染まり、訪れる人の心を潤します。「遠江国の守護神」として心願成就、厄除け、縁結びなど古くからあつい信仰を集め、願いごとが意のままにかなう「ことのままのかみやしろ」という別名もあります。

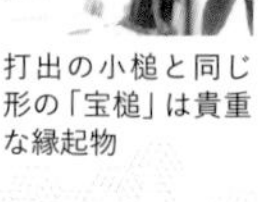

打出の小槌と同じ形の「宝槌」は貴重な縁起物

寺社DATA

創建／555年（欽明天皇16年） 本殿様式／大社造
住所／静岡県周智郡森町一宮3956-1
交通／天竜浜名湖鉄道「遠江一宮駅」下車、送迎マイクロバスで10分（要問い合わせ）
参拝時間／自由　御朱印授与時間／9:00～16:00
拝観料／無料　URL www.okunijinja.or.jp

神聖なる森に囲まれた境内で
春夏秋冬、四季折々の表情に触れる

「一宮花しょうぶ園」は800坪の園内に、江戸系・肥後系・伊勢系など80種類、約8万本のハナショウブが咲き競います

左／徳川家康が参拝の折、この石に腰かけて休息したと伝わる「家康公の立ち上がり石」。大願成就のご加護を受けるため、今も多くの参拝者が腰かけるそうです
右／社殿の屋根に用いられる日本唯一の伝統技法「檜皮葺」は2020年、ユネスコ無形文化遺産に登録されました

印の「遠江國一宮」とは、遠江の国で最も位が高い神社であることを意味します。

庭園

絶景ポイント
- 国指定名勝の永保寺庭園
- 檜皮葺の観音堂

永保寺《えいほうじ》

128
岐阜県

御本尊
聖観世音菩薩《しょうかんぜおんぼさつ》

鎌倉時代後期、夢窓国師《むそうこくし》の開創です。中国廬山《ろざん》の虎渓《こけい》を彷彿させる景観から、「虎渓山」という山号がつけられました。臥龍池と呼ばれる池を配し、自然の地形を巧みに利用して造られた庭園は夢窓国師の代表作のひとつとされ、国の名勝に指定されています。池畔や、屋形のある無際橋《むさいきょう》の上など、いずれからもすばらしい景観が望めます。

現在では珍しい屋形のある夢際橋

寺社DATA

創建／1313年（正和2年）　山号／虎渓山　宗旨／臨済宗南禅寺派　住所／岐阜県多治見市虎渓山町1-40
交通／JR「多治見駅」からバスで10分、「虎渓山」下車、徒歩7分　参拝時間／7:00～17:00
御朱印授与時間／9:00～16:00
拝観料／無料　URL kokeizan.or.jp

まるで一枚の絵画のような 名園と自然が織りなす絶景

面積約5万1300m² の庭園は紅葉の名所。
臥龍池越しに観音堂が見えます

上／本堂前の大イチョウは推定樹齢700年、樹高24m　右／檜皮葺の観音堂は鎌倉末期の唐様建築をよく残す建物として国宝に指定されています

墨書の「水月場」は国宝観音堂の正式名称。中央の印は菊紋と桐紋です。

庭園

風情豊かな名勝庭園とご祈祷のお寺

絶景ポイント

» 市指定名勝の庭園「荎草園」

慈恩禅寺《じおんぜんじ》

129
岐阜県

御本尊
釈迦如来《しゃかにょらい》

開創は江戸時代初期です。山門を入ると左手に鐘楼と本堂、右手には白壁の庫裏があります。受付を済ませ書院に入ると、目の前に庭園〝荎草園《てっそうえん》〟が広がります。岩山を背景に、池に流れ落ちる滝や多数のモミジを配したこの庭は、初代・半山禅師の作庭です。すがすがしい空気のなか、滝の流音と四季折々の風情をゆっくりと堪能しましょう。

自分好みに作れる「お薬師様のご祈祷・お念寿」は要予約（電話0575-65-2711）

寺社DATA

創建／1606年（慶長11年）　山号／鍾山　宗旨／臨済宗妙心寺派　住所／岐阜県郡上市八幡町島谷339　交通／長良川鉄道「郡上八幡駅」から車で5分　参拝・御朱印授与時間／10:00～16:00（火曜定休・拝観・御朱印ともに不可）　拝観料／大人500円、小・中学生300円　URL www.jionzenji.com

茎草園は室町様式の庭園で、新緑や紅葉、雪景色などさまざまな表情が楽しめます。池の中央には弁財天が祀られています

1606年（慶長11年）、八幡城主遠藤但馬守慶隆が開基。現在の本堂・書院は1896年（明治29年）に再建されました

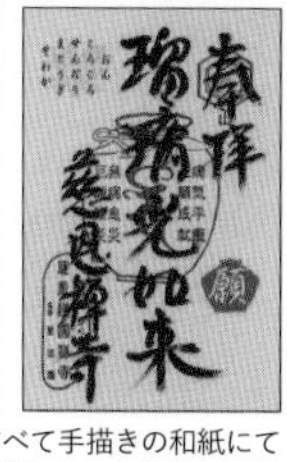

御朱印は5種あり、すべて手描きの和紙にて授与されます。いちばん右の本尊印には時節のあしらいが配されます。4色の色和紙は心身健康の守護神である瑠璃光如来、金運や芸能を司る弁財天、子宝地蔵菩薩、下半身を守護する烏枢沙摩明王の御朱印です。

禅の修行道場として多く
の禅僧を世に送り出した
いにしえを偲び、“古道
場”と記されています。

大仏

城下町の風情漂う町なかに 鎮座する 日本一美男の大仏さん

高岡大仏の特徴である「円光背」の頂点には、阿弥陀仏の仏徳を一字で表現する梵字「キリーク」が配されています

絶景ポイント
- 総高約16mの高岡大仏尊像
- ライトアップ

130
富山県

御本尊
阿弥陀如来《あみだにょらい》

大仏寺《だいぶつじ》

町のシンボルである高岡大仏は、総高約16mの巨大な青銅製の阿弥陀如来坐像。歌人与謝野晶子が来高の折、鎌倉大仏より一段と美男であると感嘆したことから「日本一美男の大仏さん」と称されています。高岡大仏の台座は回廊になっており、中には阿弥陀三尊像などが安置されています。

奈良、鎌倉と並び日本三大仏と称される高岡大仏。中央の印は「日本三大佛」の文字入り。

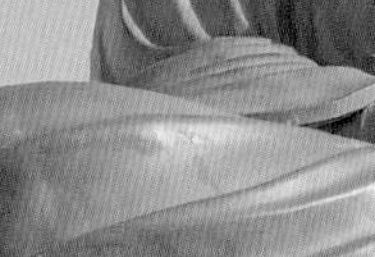

夜はライトアップされ、一段と神々しいお姿を拝むことができます

寺社DATA

創建／1221年（承久3年）
山号／鳳徳山
宗旨／浄土宗
住所／富山県高岡市大手町11-29
交通／JR「高岡駅」から徒歩10分
参拝・御朱印授与時間／9:00～17:00（不定休）
拝観料／志納
URL www.takaokadaibutsu.xyz

日本一とうたわれる大東司は、昭和12年に完成した男女兼用の水洗トイレで今も現役。中央には高村晴雲作の烏蒭沙摩明王像が立っています

トイレの仏様が見守る凛と張り詰めた空間

絶景ポイント
- 日本一の大東司（トイレ）
- 四季折々に開催されるお祭り

左／5～8月頃には「風鈴まつり」を開催。山門から本堂までの「風鈴の小道」に、約2000個の江戸風鈴がつるされ、涼しげな音色を奏でます　右／「可睡斎ひなまつり」の期間に飾られる日本最大級の32段1200体のお雛様は壮観

聖観世音菩薩の梵字や、「あなとうと　み手をあわせる　ひとみなを　もらさず救う　しょうかんぜおん」という御詠歌の印が配されます。

寺社DATA

創建／1401年（応永8年）
山号／萬松山　宗旨／曹洞宗
住所／静岡県袋井市久能2915-1
交通／JR「袋井駅」から秋葉バスで12分、「可睡斎入口」下車、徒歩5分
参拝・御朱印授与時間／8:00～17:00　拝観料／500円
URL www.kasuisai.or.jp

秋葉《あきは》総本殿《そうほんでん》可睡斎《かすいさい》

131
静岡県

御本尊
聖観《しょうかん》世音《ぜおん》菩薩《ぼさつ》

徳川家康との故事により「可睡斎」と称される600年の歴史を刻む名刹。全国の秋葉信仰の中心拠点や修行道場として信仰を守り続けています。東京ドーム10個分以上の境内には、日本一の大東司《だいとうす》（トイレ）など多くの拝観箇所を有し、新春のひなまつり、ボタン、風鈴、紅葉、火まつりと四季それぞれに見どころがあります。

御神木

樹齢2100年を超える
御神木に手を合わせ
悠久の時の流れを感じる

絶景ポイント
- 国指定天然記念物の大楠
- 境内と大楠周辺のライトアップ

來宮神社《きのみやじんじゃ》

132
静岡県

御祭神
大己貴命《オオナモチノミコト》
五十猛命《イタケルノミコト》
日本武尊《ヤマトタケルノミコト》

熱海郷の地主の神として古くから慕われ続ける來宮神社。樹木と自然保護の神様である五十猛命を祀る御神木の大楠は、生命力みなぎる日本屈指のパワースポットです。2100年の樹齢にあやかり、この大楠をひと回りすると1年寿命が延びると伝えられています。「大楠・五色の杜」から眺めるのがおすすめです。

上／大楠は幹回り約24mで、平成4年の調査で全国2位の巨樹の認定を受けました　左／本殿に向かって左奥に大楠があります

中央には鳳凰が神社名を囲む縁起のよい印と、日本三大大楠天然記念物の印が押されます。

寺社DATA

創建／不詳（710年以前）
本殿様式／権現造　住所／静岡県熱海市西山町43-1　交通／JR「来宮駅」から徒歩3分、またはJR「熱海駅」から伊豆箱根バスで20分、「来の宮神社前」下車すぐ
参拝時間／自由　御朱印授与時間／9:00～17:00　拝観料／無料
URL kinomiya.or.jp

珍しい「酒難除守」

花

四季折々の花が彩る郡上の名苑

絶景ポイント
- 約１万株のアジサイ
- 東海随一のボタンの名園

鐘堂には大正時代に京都画壇で活躍した地元出身の画家、小森松渓による天井画が描かれています

133
岐阜県

桂昌《けいしょう》寺《じ》

御本尊
釈迦如来《しゃかにょらい》

桜、ボタン、アジサイ、モミジ、梅、スイセン、サルスベリ、ハギなど1年を通して花が絶えない境内です。特に有名なのがボタンで、本堂の裏に広がるぼたん園には、約10000坪もの庭園に2000株150余種のボタンが咲き誇ります。本堂の天井には周辺に咲く花々を描いた色鮮やかな72枚の天井画も。

中央には「牡丹観音」と書かれています。三宝印には花びらのようなデザインが配されています。

ボタンの見頃である4月下旬から5月上旬にかけて「ぼたん祭り」が行われます

寺社DATA

創建／1577年（天正５年）
山号／弥勒山　宗旨／曹洞宗
住所／岐阜県郡上市美並町大原579
交通／長良川鉄道「大矢駅」から徒歩15分
参拝・御朱印授与時間／8:00～17:00
拝観料／200円（あじさい祭り開催中300円）
URL keishoji.jimdofree.com

命の水をもたらす
神々の座であり
白山信仰の聖地

奥宮へは石川県白山市白峰の別当出合登山口から登るルートが一般的です。2450m地点に立つ室堂が奥宮登拝の拠点になります

絶景ポイント
- 奥宮からの絶景
- 古木が生い茂る本宮の表参道

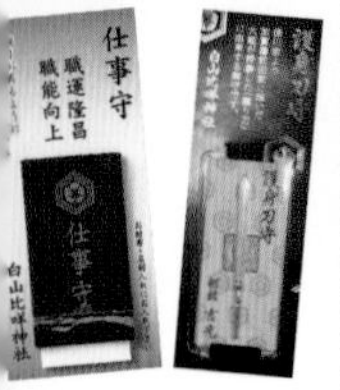

「仕事守」と「護身刀守」

左上／本宮の表参道にそびえる樹齢800年の老杉が御神木です　右上／切妻造、銅板葺き、檜造の優美な外拝殿は、もともと拝殿でしたが、1982年の増改築で外拝殿になりました

134
石川県

白山《しらやま》比《ひ》咩《め》神社《じんじゃ》

御祭神
白山《シラヤマ》比《ヒ》咩《メ》大神《オオカミ》
（菊理《ククリ》媛尊《ヒメノミコト》）
伊弉諾尊《イザナギノミコト》
伊弉冉尊《イザナミノミコト》

古くから霊山信仰の聖地として仰がれる白山を御神体とする全国白山神社の総本宮です。本宮と奥宮があり、奥宮は2702mの白山主峰の御前峰頂上にあり、登山口から3〜5時間かけて登拝します。古木に包まれた本宮には延命長寿の霊水として名高い白山水系の伏流水が湧き、豊かな自然の力に満ちた神聖な雰囲気が漂います。

本宮の御朱印。右上の印が白山神社の総本宮であり、加賀一ノ宮であることを示します。奥宮の御朱印もあります。

寺社DATA

創建／紀元前91年（崇神天皇7年）　本殿様式／流造　住所／石川県白山市三宮町二105-1　交通／北鉄石川線「鶴来駅」から車で5分　参拝時間／自由　御朱印授与時間／9:00～16:00　拝観料／無料　URL www.shirayama.or.jp

神門

伝統とモダンが融合する神門が放つ五彩の光

かつては御神灯が点灯され、灯台の役目も果たしていました。屋根に設置された避雷針は、現存する日本最古のもの

絶景ポイント
- 国指定重要文化財の神門
- 拝殿の天井絵

135
石川県

尾山神社《おやまじんじゃ》

主祭神
前田利家《マエダトシイエ》
芳春院《ホウシュンイン》（まつ）

加賀の繁栄を築いた戦国武将、前田利家公と正室であるお松の方を祀る尾山神社には、文武両道や必勝の御利益、夫婦円満、子宝安産を願い、多くの参拝者が訪れます。和漢洋の三様式を混用した神門は、最上部にギヤマン（ステンドグラス）をあしらった非常に珍しいもので、兼六園とともに金沢市のシンボルです。

入母屋造の拝殿。各間に岩絵具による極彩色の「優曇華（うどんげ）」の花が描かれています

右下の旧暦の月名入りの印は毎月変わります。1月は神門と御神紋である梅鉢がデザインされています。

寺社DATA

創建／1873年（明治6年）
本殿様式／三間社流造
住所／石川県金沢市尾山町11-1
交通／ JR「金沢駅」から車で5分
参拝・御朱印授与時間／8:30～18:00
拝観料／無料
URL www.oyama-jinja.or.jp

伊勢の清き渚に昇る
荘厳な朝日を拝む

岩

絶景ポイント
- 二見浦のシンボル夫婦岩
- 夫婦岩の中央から昇る朝日

「浜参宮」は伊勢神宮を参拝する前に二見浦で身を清めること。左下にはリアルな夫婦岩の印が。

上／高さ9mの大岩と4mの小岩が寄り添う夫婦岩。夏至を中心に5～7月は夫婦岩の間から昇る朝日が拝めます　右／いにしえの時代より霊域であった二見浦は、伊勢参宮を控えた参拝者が心身を清める禊場でもあります　下／「輪注連縄」で体の悪いところをさすり、中央に納めると穢れを祓ってくれます

昭和初期頃の御朱印の復刻版は、毎月23日（二見の日）に受けられます。印は境内に多く見られる蛙と輪注連縄です。

寺社DATA

創建／不詳
本殿様式／神明造
住所／三重県伊勢市二見町江575
交通／JR「二見浦駅」から徒歩15分
参拝時間／自由　御朱印授与時間／7:00～16:00 ※時間変更の場合あり。詳細は社務所まで（電話0596-43-2020）　拝観料／無料
URL futamiokitamajinja.or.jp

二《ふた》見《み》興《おき》玉《たま》神《じん》社《じゃ》

136
三重県

清き渚と呼ばれる二見浦の波が境内近くまでザバ～ンと打ち寄せます。潮風に触れながら参道を歩くと本殿があり、さらにその奥に進むと、シンボルの夫婦岩が目の前に。夫婦円満、良縁の象徴で有名な夫婦岩は、沖合の海中に鎮まる御祭神・猿田彦大神ゆかりの興玉神石を拝むための鳥居でもあります。

御祭神

猿《サル》田《タ》彦大神《ヒコノオオカミ》
宇《ウ》迦《ガ》乃《ノ》御《ミ》魂大神《タマノオオカミ》

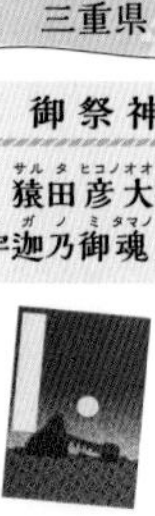

夫婦岩の御朱印帳

2000個以上の風鈴が奏でる涼やかな夏の音色

絶景ポイント
- 境内を彩る2000個以上の風鈴
- 樹齢1200年以上の大楠

上／七夕風鈴祭りでは、参道に設けられた櫓に風鈴が飾られ、涼しく爽やかな音色が奏でられます　左下／富士山南麓を守護する岳南鎮守として崇敬されてきました　右下／夜の風鈴飾りは幻想的　下／オリジナル御朱印帳

富知六所浅間神社《ふじろくしょせんげんじんじゃ》

137
静岡県

主祭神
大山祇命《オオヤマツミノミコト》

安産や子授けの御神徳で有名な富士市の大氏神様。通常浅間神社は、富士山を御神体とする木花之佐久夜毘《このはなのさくやび》売命《めのみこと》をお祀りしていますが、こちらの主祭神はその父である山の神様・大山祇命です。毎年7月上旬から8月下旬まで開催される七夕風鈴祭り。期間内は奉納された2000個以上の風鈴が境内を彩ります。

季節により富士山の色が変わる御朱印のほか、七夕限定など季節感あふれる特別御朱印も。

寺社DATA

創建／不詳（第5代孝昭天皇の時代と伝えられる）
本殿様式／流造
住所／静岡県富士市浅間本町5-1
交通／JR「富士駅」からバスで20分、「吉原中央駅」下車、徒歩10分
参拝・御朱印授与時間／9:00～17:00
拝観料／無料
twitter・instagram／@fuji6sho_lab

絶景ポイント
≫桜 ≫二重の楼閣造りの社殿

桜と富士山が美しい壮麗な神社

桜

138
静岡県

富《ふ》士《じ》山《さん》本《ほん》宮《ぐう》浅《せん》間《げん》大《たい》社《しゃ》

富士山を思わせる美しくシンプルな御朱印です。

2階建ての荘厳な楼門

拝殿右側のしだれ桜は、武田信玄の寄進とされる「信玄桜」

主祭神
木花之佐久夜毘売命《コノハナノサクヤヒメノミコト》
（別称：浅間大神《アサマノオオカミ》）

全国の浅間神社の総本宮。富士山を御神体として、富士山南麓の本宮と頂上の奥宮からなります。主祭神はたいへん美しい神様として知られ、その「木花」という御神名から神社の御神木は桜。春は500本以上の桜が見事に咲き誇ります。徳川家康公が造営した本殿・拝殿、富士山の雪解け水が湧出する湧玉池《わくたまいけ》など見応えのある神社です。

寺社DATA
創建／紀元前27年
本殿様式／浅間造
住所／静岡県富士宮市宮町1-1
交通／JR「富士宮駅」から徒歩10分
参拝時間／4～9月：5:00～20:00、11～2月：6:00～19:00、10・3月：5:30～19:30　御朱印授与時間／8:30～16:30
拝観料／無料
URL fuji-hongu.or.jp/sengen

絶景ポイント
≫夜間特別拝観 ≫国宝の御社殿

竹明かりが照らす幻想的な境内

ライトアップ

139
静岡県

久《く》能《のう》山《ざん》東《とう》照《しょう》宮《ぐう》

8月末まで頒布の「竹あかり特別御朱印」。竹の印が暗いところで光ります。

極彩色に輝く御社殿

特別拝観の詳細はホームページで要確認

主祭神
徳川家康公《トクガワイエヤスコウ》

久能山は山全体がいにしえからの聖域で、7世紀頃の推古天皇の時代から寺院が築かれ祭祀が行われていました。徳川家康公は生前から久能山を墓所とすることを望み、その言葉どおりに御遺骸は埋葬され、東照宮が建立されました。夜間特別拝観「天下泰平の竹あかり」開催中は、国宝の御社殿が竹明かりの光に照らされて幻想的。

寺社DATA
創建／1617年（元和3年）
本殿様式／権現造
住所／静岡県静岡市駿河区根古屋390　交通／JR「静岡駅」からバスで約45分、「日本平」下車、ロープウェイで5分　参拝時間／9:00～17:00
御朱印授与時間／9:00～17:00
拝観料／大人500円、子供200円
URL www.toshogu.or.jp

絶景ポイント
≫金色の鳥居　≫毎週金曜のライトアップ

金色《こがねいろ》に輝く金の鳥居

鳥居

140
岐阜県

金《こが》神《じん》社《じゃ》

毎月最終金曜は「Premium金（こがね）Day」として、社名が金文字で書かれた御朱印が頂けます。

鳥居は2015年の塗り替えによって美しく生まれ変わりました

主祭神
渟熨斗姫命《ヌノシヒメノミコト》

金色の切り絵御朱印

金大神と称される渟熨斗姫命を祀る金神社は、古くから財宝・金運招福や産業繁栄で信仰を集め、「こがねさん」の愛称で親しまれてきました。朱塗りの本殿が美しい境内で、特に目を引くのが金色に輝く鳥居。高さ8m、幅8mの巨大な鳥居は、くぐると幸せになるといわれ、金運も上がりそうです。金色のお守りや金色に輝く切り絵御朱印もあります。

寺社DATA

創建／135年以前
本殿様式／流造
住所／岐阜県岐阜市金町5-3
交通／JR・名鉄「岐阜駅」から徒歩15分
参拝時間／自由
御朱印授与時間／9:00～17:00
拝観料／無料
URL koganejinjya.com

絶景ポイント
≫幸福の鳥居　≫上社からの絶景

雲海に浮かぶ神聖なる上社

鳥居と眺望

141
静岡県

秋《あき》葉《は》山《さん》本《ほん》宮《ぐう》秋《あき》葉《は》神《じん》社《じゃ》

右上は毎年12月16日に行われる火まつりの印です。御朱印は上社と下社で異なります。

この鳥居をくぐると、幸せが訪れるといわれます

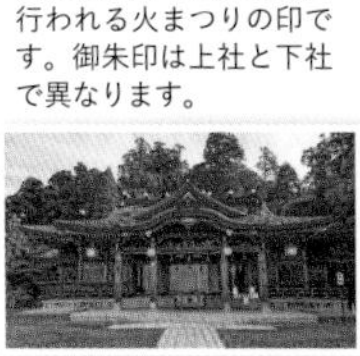

御祭神
火之迦具土大神《ヒノカグツチノオオカミ》

全国に800社以上ある秋葉神社の総本宮で、『古事記』に出てくる火の神様を祀っています。本殿がある上社が鎮座するのは標高866mの秋葉山の山頂。片道約1時間30分の登りはやや疲れますが、ハイキングコースとして人気です。人々の幸福を願って建てられた金色に輝く「幸福の鳥居」越しに、遠州灘や浜松市街が一望できます。

寺社DATA

創建／709年（和銅2年）
本殿様式／入母屋流造（権現造）
住所／静岡県浜松市天竜区春野町領家841　交通／遠州鉄道西鹿島線「西鹿島駅」からバスで約45分、「秋葉神社」下車、徒歩3分（下社）※上社まで徒歩約1時間30分（登山）　参拝時間／8:00～17:00　御朱印授与時間／8:00～16:00　拝観料／無料
URL www.akihasanhongu.jp

📷 絶景ポイント
≫鳥居と富士山　≫寺社周辺のイヌマキの群生林

富士山と鳥居

鳥居と富士山の共演

142
静岡県

諸口神社《もろぐちじんじゃ》

駿河湾、御浜岬の先端に立つ鳥居、富士山が描かれた鮮やかな御朱印です。

社殿の背後から海へ続く道があります

主祭神
弟橘姫命《オトタチバナヒメノミコト》

戸田《へだ》港から延びる御《み》浜岬《はまみさき》の先端に位置します。主祭神である弟橘姫命は豊漁をもたらす女神として古くから信仰を集め、今でも4月の大祭では港内の漁船が大漁旗を掲げ、お祭りを祝います。戸田港からは、駿河湾に向かって立つ朱色の鳥居と、エメラルドグリーンの海の向こうの富士山を一度に拝め、ビュースポットとしても人気です。

寺社DATA
創建／不詳 ※927年（延長5年）の『延喜式神名帳』に記載あり
本殿様式／流造
住所／静岡県沼津市戸田2710
交通／伊豆箱根鉄道駿豆線「修善寺駅」から車で40分　参拝時間／自由
御朱印授与時間／書き置き対応
拝観料／無料
URL なし

📷 絶景ポイント
≫断崖に立つ社殿　≫岬の先端からの絶景

伊豆の最南端・石廊崎に立つ神秘的な神社

断崖

143
静岡県

石室神社《いろうじんじゃ》

書き置き対応のみで、日によってデザインが変わります。

海面から30m以上の断崖絶壁の上に立つ

遊歩道の先端が熊野神社

主祭神
伊波例命《イワレノミコト》
物忌奈命《モノイミナノミコト》

その昔、江戸に向かう千石船が石廊崎沖で大嵐に遭遇しますが、大切な帆柱を奉納して祈ると海は静かになり無事に到着。このとき奉納された帆柱が現在の社殿の土台であるという伝説は、伊豆の七不思議のひとつです。また、石廊崎の南端の境内社、熊野神社は、伝説の恋話が由緒の縁結び祈願の神社です。

寺社DATA
創建／不詳 ※5世紀頃と伝わる。現在の場所に建立されたのは701年（大宝元年）　本殿様式／流造
住所／静岡県賀茂郡南伊豆町石廊崎125
交通／伊豆急行線「伊豆急下田駅」からバスで約45分、「石廊崎オーシャンパーク」下車、徒歩10分
参拝時間／自由　御朱印授与時間／9:00～16:00（天候・祭典などで不在の場合あり）
拝観料／無料　URL なし

絶景ポイント
≫狐の石像が並ぶ霊狐塚　≫総欅造の御本殿

1000体余りの狐の像は壮観

像

144
愛知県

妙《みょう》厳《ごん》寺《じ》（豊《とよ》川《かわ》稲《いな》荷《り》）

狐像は祈願成就のお礼に信者が奉納したもの

御本尊の千手観音菩薩の御朱印です。豊川吒枳尼眞天の御朱印も頂くことができます。

日本三大稲荷のひとつで、商売繁盛の御利益で有名な豊川稲荷は、正式名を妙厳寺という曹洞宗のお寺です。お寺の鎮守《ちんじゅ》としてお祀りしている豊《とよ》川《かわ》吒《だ》枳《き》尼《に》眞《しん》天《てん》が稲穂を背負い、宝珠を持ち、白狐にまたがった姿をしていることから「豊川稲荷」の通称で呼ばれるようになりました。霊《れい》狐《こ》塚《づか》には1000体余りの大小さまざまな狐像がびっしり並んでいます。

御本尊
千手観音菩薩《せんじゅかんのんぼさつ》

寺社DATA
創建／1441年（嘉吉元年）
山号／圓福山　宗旨／曹洞宗
住所／愛知県豊川市豊川町1
交通／JR「豊川駅」から徒歩5分
参拝時間／5:00～18:00（御本殿、奥の院、万堂は7:30～15:30）
御朱印授与時間／8:00～16:00
拝観料／無料
URL www.toyokawainari.jp

絶景ポイント
≫日本一の陶製大タヌキ　≫檜皮葺きの本殿や神門

焼き物の町を象徴する「大タヌキ」

像

145
愛知県

春《かす》日《が》神《じん》社《じゃ》

陶製では胴回り日本一の大きさを誇ります

右下は円形馬場を人馬一体となり駆け回る勇壮な例祭「高浜おまんと祭り」をイメージした印です。

病気平癒や交通安全といった個人のお願いごとから自然や社会、国家鎮護まで、七柱の神様による広く深い御神徳で、地域内外から信奉を集めます。御神威の強さは、かつて徳川家康公も武運を祈願したほど。参拝後は神社北側の大山緑地まで散策し、高さ5.2m、胴回り8mの陶製の「大タヌキ」にご対面を。福を思いきり呼び込んでくれそうです。

御祭神
天《アメ》児《ノコ》屋《ヤ》根《ネノ》命《ミコト》
武《タケ》甕《ミカヅ》槌《チノ》命《ミコト》
経《フツ》津《ヌ》主《シノ》命《ミコト》
姫《ヒメ》大《オオ》神《カミ》
天《アメノ》押《オシ》雲《クモノ》命《ミコト》
吉《キ》備《ビノ》臣《オミ》建《タケ》日《ヒ》子《コノ》命《ミコト》
保《ウケ》食《モチノ》命《カミ》

寺社DATA
創建／1520年（永正17年）以前
本殿様式／流造
住所／愛知県高浜市春日町2-1-8
交通／名鉄三河線「三河高浜駅」から徒歩10分　参拝時間／自由
御朱印授与時間／第1・3・4日曜の9:00～11:00
拝観料／無料
URL www.t-kasuga-jinja.jp

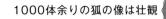

絶景ポイント
≫御神木の大クスノキ　≫徳川家康が造営した御本殿

御神木が見守ることだまの杜

御神木

146
静岡県

事任八幡宮《ことのままはちまんぐう》

右下の印は「ことのまち本宮」です。本宮は道路を渡った本宮山に鎮座しています。

高さ31m、幹回り6mの大クスノキ。耳のような穴で皆の言葉を聞いているようです

主祭神
己等乃麻知比売命《コトノマチヒメノミコト》

言葉で真実を伝えると、よい方向に導く女神。主祭神として祀っている神社はここだけです。平安時代、清少納言が『枕草子』に「ことのまま明神、いとたのもし」と書いているほど、その御利益は古くから広く伝わっています。境内の鳥居の近くには、掛川市の天然記念物で樹齢500年以上と推定される御神木の大クスノキが根を張ります。

寺社DATA

創建／不詳（190年頃）
本殿様式／三間社流造
住所／静岡県掛川市八坂642
交通／JR「掛川駅」からバスで20分、「ことのまま八幡宮」下車すぐ
参拝時間／自由
御朱印授与時間／9:00～17:00
URL kotonomama.org

絶景ポイント
≫参道のアジサイ　≫金沢市文化財17点

参道を鮮やかに彩るアジサイ

アジサイ

147
石川県

本興寺《ほんこうじ》

日像菩薩が加賀巡教の際に立ち寄ったことが墨書で記されています。

境内には本堂、庫裡、山門、鐘楼などがあります

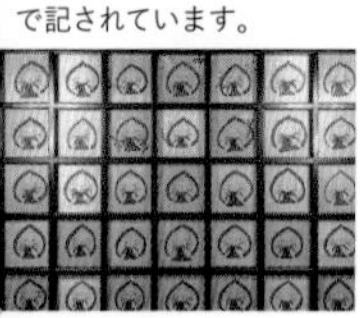

祖師堂の格天井

御本尊
大曼荼羅《だいまんだら》

のどかな田園風景にたたずむ本興寺は、日像菩薩を開山とする日蓮宗の寺院です。周囲参道を約3000株のアジサイに囲まれ、"あじさい寺"の通称で親しまれています。毎年6月下旬～7月頃が見頃となり、満開のアジサイを楽しみながらお参りすることができます。祖師堂には参道入口に立つ愛らしいお地蔵様を描いた格天井があります。

寺社DATA

創建／1294年（永仁2年）　山号／一乗山　宗旨／日蓮宗　住所／石川県金沢市薬師町ロ75　交通／JR「金沢駅」からバスで37分、「不動寺」下車、徒歩7分、または北陸自動車道「金沢森本IC」下車、3分　参拝・御朱印授与時間／日の出から日没まで　※事前連絡が望ましい（電話076-258-1541）　拝観料／無料　URL honko-ji.jimdofree.com

絶景ポイント
»幻想的な夜桜　»重要文化財の本殿

148 静岡県
三嶋大社《みしまたいしゃ》

桜

御神燈が照らす美しき夜桜

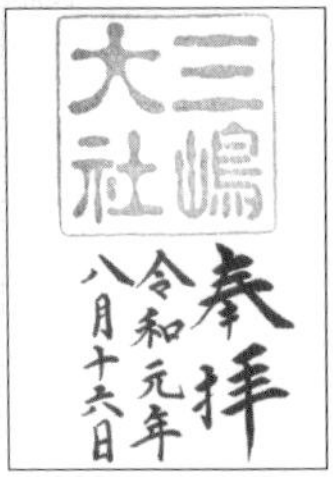

シンプルながらも堂々とした印、威厳を感じる御朱印です。

しだれ桜のトンネルを抜けて幻想的な世界へ誘います

1866年竣功の本殿

源頼朝が源氏再興を祈願して百日詣をしたという歴史ある神社。二柱の御祭神は、商・工・漁業者のあつい崇敬を受けます。境内は国指定重要文化財の本殿のほか、北条政子が奉納したと伝えられる国宝の「梅蒔絵手箱」など文化的価値の高い建造物や宝物があります。桜の名所としても有名で、毎年桜の時期は境内がライトアップされます。

御祭神

大山祇命《オオヤマツミノミコト》
積《ツミ》羽《ハ》八《ヤ》重《エ》事代主神《コトシロヌシノカミ》

寺社DATA

創建／奈良時代以前
本殿様式／総欅素木造
住所／静岡県三島市大宮町2-1-5
交通／JR「三島駅」から徒歩15分
参拝時間／自由
御朱印授与時間／8:30～16:30
拝観料／無料
URL mishimataisha.or.jp

絶景ポイント
»ハス池と随神門　»徳川家康公造営の本殿

149 愛知県
伊賀八幡宮《いがはちまんぐう》

ハス池

ハスと随神門の競演は必見

徳川幕府累代の祈願所であったため、徳川家の家紋である葵の御紋の印が押されています。

朱色の随神門は、神域の守り神である随神様が門の両側に配置されています

徳川家康公の5代前の先祖にあたる、松平親忠公が、武運長久と子孫繁栄を祈願して創建しました。家康公が戦のたびに必勝祈願をし、天下統一をかなえた神で、その家康公も御祭神として祀られています。鳥居をくぐった場所には寛永13年頃から残るハス池があり、毎年7月前後、随神門を背に咲き誇る光景は、言葉を失うほどの美しさです。

御祭神

応神天皇《オウジンテンノウ》
仲哀天皇《チュウアイテンノウ》
神功皇后《ジングウコウゴウ》
東照大権現《トウショウダイゴンゲン》
（徳川家康公《トクガワイエヤスコウ》）

寺社DATA

創建／1470年（文明2年）
本殿様式／権現造　住所／愛知県岡崎市伊賀町東郷中86　交通／愛知環状鉄道「北岡崎駅」から徒歩9分、または名鉄「東岡崎駅」からバスで10分、「八幡社前」下車すぐ
参拝時間／6:00～16:00　御朱印授与時間／9:30～15:30　拝観料／無料
URL www.igahachimanguu.com

絶景ポイント
» 国指定名勝庭園　» 方丈造の本堂

150
静岡県

庭園

東海一といわれる名園

龍潭寺《りょうたんじ》

右上は井伊家の旗印である井桁の印。女城主、直虎ゆかりの寺であることがわかります。

四季折々の美しい風景が楽しめます

御本尊
虚空蔵菩薩《こくうぞうぼさつ》

希代の女城主、井伊直虎が出家した寺として知られます。本堂は井伊家27代の直興公の寄進により再建されたもので、知恵と福徳の御利益があるとされる虚空蔵菩薩が祀られています。本堂北庭には、東海一といわれる国指定名勝庭園が。小堀遠州作の池泉鑑賞式庭園で、春はサツキ、秋にはドウダンツツジが鮮やかに色づきます。

寺社DATA

創建／733年（天平5年）
山号／萬松山　宗旨／臨済宗
住所／静岡県浜松市北区引佐町井伊谷1989　交通／JR「浜松駅」からバスで60分、「神宮寺」下車、徒歩10分
参拝・御朱印授与時間／9:00～16:30（休観日：毎年8月15日、12月22～27日）
拝観料／大人500円、小・中学生200円
URL www.ryotanji.com

絶景ポイント
» 境内を赤く染めるモミジ　» 日本で唯一の姿の御本尊

151
岐阜県

紅葉

紅葉が有名な別名もみじ寺

玉龍寺《ぎょくりゅうじ》

飛騨国の入口を表す益田西国三十三霊場の第一番札所の印が押されています。

日本画家、由里本出氏による龍の襖絵

境内にはモミジが100本以上植えられ、11月下旬には紅葉の見頃となります。奈良時代に行基菩薩によって開創された霊山で、江戸時代初期に飛騨国主の金森長近によって再興されました。御本尊の釈迦如来像（県文化財）は平安後期の作で、片脚を踏み下げた日本で唯一のお姿をしています。境内に湧く霊水は枯れることがなく、この地方の田んぼを潤したので「益田」と呼ばれるようになり、諸病にも霊験があると伝えられています。

御本尊
釈迦如来《しゃかにょらい》

寺社DATA

創建／奈良時代
山号／要仲山
宗旨／臨済宗妙心寺派
住所／岐阜県下呂市金山町中切1545
交通／JR「飛騨金山駅」から車で5分
参拝・御朱印授与時間／8:00～16:00
拝観料／無料
URL www.gyokuryuji.jp

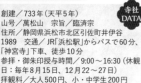

152
愛知県

香積寺《こうじゃくじ》

紅葉

数千本のモミジが境内を染める

絶景ポイント
»紅葉で真っ赤に染まる境内　»11月のライトアップ

紅葉の名所、香嵐渓《こうらんけい》の中心、飯盛山中腹に位置する古寺です。境内や参道に茂るモミジは、江戸時代初めに住職となった11世参栄禅師が巴川沿いの参道に植えたのが始まりとされます。近代になり、街の人々が熱心に植樹を広げ、今では東海随一の紅葉の名所となりました。巴川から本堂へ続く参道は特に見事です。

11月のライトアップの期間限定で、モミジをあしらった「香嵐渓」の御朱印を頂くことができます。

右／紅葉に包まれた山門
上／モミジの絵馬は春夏と秋冬で色味が変化します

御本尊
聖観世音菩薩《しょうかんぜおんぼさつ》

寺社DATA

創建／1427年（応永34年）
山号／飯盛山
宗旨／曹洞宗
住所／愛知県豊田市足助町飯盛39
交通／名鉄「豊田市駅」からバスで40分、「香嵐渓」下車、徒歩7分
参拝・御朱印授与時間／9:00～16:00
拝観料／無料
URL なし

153
静岡県

素盞嗚《すさのお》神社《じんじゃ》

ひな祭り

日本一の雛段飾りは壮観

絶景ポイント
»118段の雛段飾り　»本殿から見下ろす雛飾り

御祭神の素盞嗚命は祇園精舎の守り神である牛頭天王《ごずてんのう》と同一との信仰があり、地元・稲取の人はこの神社を「天王さま」と呼び、疫病除けの神様として崇拝してきました。毎年2月下旬～3月初旬には参道で雛段飾りが行われます。雛人形の展示段数としては、日本一の規模を誇る壮大なもので、多くの参拝者が訪れます。

素盞嗚神社の御朱印は1年のうちで「素盞嗚神社雛段飾り」中のみ頂くことができます。

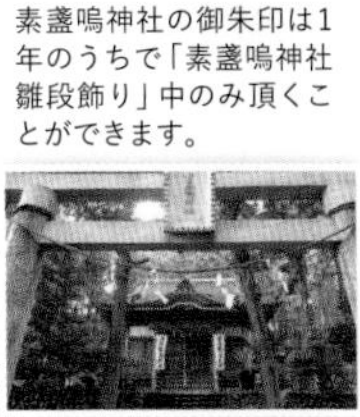

118の階段に雛人形とつるし飾りが展示されます

御祭神
素盞嗚命《スサノオノミコト》

寺社DATA

創建／1617年（元和3年）
本殿様式／入母屋造
住所／静岡県賀茂郡東伊豆町稲取15
交通／伊豆急行線「伊豆稲取駅」から徒歩10分　参拝時間／自由
御朱印授与時間／「素盞嗚神社雛段飾り」開催期間のみ稲取温泉旅館組合が頒布　拝観料／無料
URL なし

絶景ポイント
»春の例祭・山王祭　»推定樹齢1000年の大杉

伝統を受け継ぐ壮麗な例祭

祭り

154
岐阜県

日《ひ》枝《え》神社《じんじゃ》

中央に祭屋台の印が押された御朱印は、山王祭の時期限定で頂けるものです。

高山祭は国の無形民俗文化財に指定されています

拝殿前には御神木の大杉が

御祭神
大山咋神《オオヤマクイノカミ》

「日本三大美祭」に数えられる高山祭は、日枝神社の山王祭と、櫻山八幡宮（下記）の八幡祭というふたつの例祭の総称です。山王祭は毎年4月、桜が咲き誇るなか、絢爛豪華な12台の屋台の曳き揃えと、うち3台によるからくり奉納、祭行列「御巡幸」、夜祭が行われます。熟練の綱さばきによるからくり人形のリアルな動きは必見です。

山王祭の屋台が描かれたお守り

寺社DATA

創建／1141年（永治元年）
本殿様式／流造
住所／岐阜県高山市城山156
交通／JR「高山駅」から徒歩30分
参拝時間／自由
御朱印授与時間／8:00～16:00
拝観料／無料
URL hiejinja.com

絶景ポイント
»秋の例祭・八幡祭　»荘厳な総欅造の拝殿

飛騨の匠の技が生きた屋台が勢揃い

祭り

155
岐阜県

櫻《さくら》山《やま》八《はち》幡《まん》宮《ぐう》

用紙は櫻山八幡宮にちなみ、さくら色を使用しています。桜柄のオリジナル朱印帳もあります。

日枝神社（上記）のほぼ真北、「古い町並み」エリアの北端近くにある高山の北の鎮守、櫻山八幡宮。例大祭、八幡祭は秋の高山祭として毎年盛り上がりを見せます。町の北半分を中心に、屋台11台の曳き揃えやからくり奉納、祭行列「御神幸《ごしんこう》」、宵祭が行われます。屋台のスケールと、繊細で豪華な細工は圧巻のひと言。

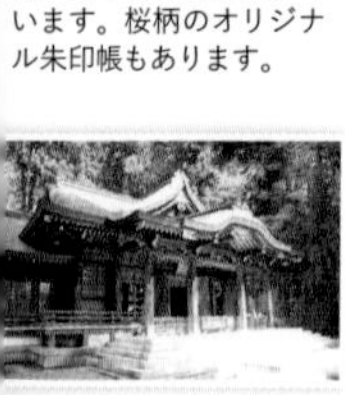

右／豪華絢爛な屋台の曳き揃え　左／宵祭は幻想的な美しさ

主祭神
応神天皇《オウジンテンノウ》

寺社DATA

創建／4世紀頃
本殿様式／流造
住所／岐阜県高山市桜町178
交通／JR「高山駅」から徒歩20分
参拝・御朱印授与時間／9:00～16:30
拝観料／無料
URL hidahachimangu.jp

絶景ポイント
≫万灯みたま祭　≫境内裏の森

英霊を祀る「みあかり」に平和を祈る　祭り

156
静岡県

静《しず》岡《おか》縣《けん》護《ご》國《こく》神《じん》社《じゃ》

明治維新以降の7万6千余柱もの英霊を祀る神社で、右上には英霊顕彰の印が押されています。

19:30と20:30には花火が打ち上げられます

静岡県出身者並びに縁故ある護国の英霊をお祀りする神社です。東京ドームふたつ分の敷地を誇る境内は、自然豊かで四季折々の花や植物に触れられます。毎年8月13～15日は、静岡県下の戦没者遺族らが奉納した提灯に明かりをともす、万灯みたま祭が行われます。盆踊りや夜店もあり、おごそかでありながらもにぎやかな夏祭です。

主祭神
護国《ゴコク》の《ノ》英霊《エイレイ》

お守り各種

寺社DATA

創建／1899年（明治32年）11月13日
本殿様式／流造
住所／静岡県静岡市葵区柚木366
交通／JR「東静岡駅」から徒歩6分
参拝時間／自由
御朱印授与時間／9:00～17:00
拝観料／無料
URL shizuokagokoku.jp

絶景ポイント
≫8月のちょうちん祭り　≫5月の多度祭

多度の夏の風物詩　祭り

157
三重県

多《た》度《ど》大《たい》社《しゃ》

シンプルな御朱印。多度という地名は多度大社にちなむ名称ともいわれます。

明治15年造営の神楽殿

夜店やショーなどの催し物が行われます

多度山は神がおわす山とされ、古くより北伊勢地方の総氏神として絶大な信仰を寄せられてきました。境内の神馬舎では『錦山』号が神様のお使いとして毎日ご奉仕しており、毎年5月4・5日の多度祭では「上げ馬神事」が行われます。8月11・12日に開催されるちょうちん祭りでは、境内に数千のちょうちんが飾られ、夜には明かりがともり、幻想的な雰囲気に包まれます。

御祭神
【本宮】
天津彦根命《アマツヒコネノミコト》
【別宮】
天目一箇命《アメノマヒトツノミコト》

寺社DATA

創建／5世紀後半（雄略天皇の御代）
本殿様式／神明造
住所／三重県桑名市多度町多度1681　交通／養老鉄道「多度駅」から徒歩20分　参拝時間／自由
御朱印授与時間／8:30～17:00
拝観料／無料
URL tadotaisya.or.jp

絶景ポイント
≫大明神岩に立つ鳥居と海

158 静岡県

伊古奈比咩命神社《いこなひめのみことじんじゃ》（白濱神社《しらはまじんじゃ》）

海と鳥居

真っ青な海に映える巨岩上の鳥居

御幣流し祭という神事が行われる大明神岩

主祭神
伊古奈比咩命《イコナヒメノミコト》

伊豆下田の白浜海岸に隣接し、大自然に心が洗われるようなすがすがしい神社です。主祭神は三島大明神の后神で、縁結び、夫婦円満、子授けの神様。神社裏の大明神岩と呼ばれる岩礁に立つ鳥居は、神々を出迎え、送る神聖な場所です。

御神木の「白龍のビャクシン」にちなんで、書き置きの御朱印には龍の墨絵が描かれています。

寺社DATA
創建／紀元前393年　本殿様式／三間社流造向拝付総檜造銅葺　住所／静岡県下田市白浜2740
交通／伊豆急行線「伊豆急下田駅」からバスで10分、「白浜神社」下車、徒歩すぐ
参拝・御朱印授与時間／9:00～16:00　拝観料／無料　URL ikonahime.jp

絶景ポイント
≫島の南端部にある龍神岬からの眺め

159 愛知県

八百富神社《やおとみじんじゃ》

島

三河湾に浮かぶ聖なる島

陸地から竹島へは400ｍほどの橋を歩いて渡ります

主祭神
市杵島姫命《イチキシマヒメノミコト》

日本七大弁天の1社で、古くから「竹島弁天」として親しまれてきました。風光明媚な蒲郡の小島「竹島」にあり、島には対岸にないタブノキやモチノキなど、２００種を超える高等植物が自生。この地の自然からもパワーをいただけます。

島へ渡る手前に遥拝所がありますが、御朱印が頂けるのは島の社務所です。

寺社DATA
創建／1181年（養和元年）　本殿様式／不詳　住所／愛知県蒲郡市竹島町3-15
交通／JR「蒲郡駅」から徒歩30分　参拝時間／自由　御朱印授与時間／9:00～16:30
拝観料／無料　URL yaotomi.net

絶景ポイント
≫境内一面の苔　≫石畳の参道

160 福井県

平泉寺白山神社《へいせんじはくさんじんじゃ》

苔

歴史が刻まれた苔の宮

推定樹齢1000年の老木と苔の絨毯に覆われた参道

主祭神
伊弉冉尊《イザナミノミコト》

白山信仰の越前の拠点として開かれ、戦国時代には当時の最大規模の宗教都市として繁栄。『平家物語』や『義経紀』にもその名が登場します。日本の道１００選に選ばれた杉木立と石畳の参道、苔むす境内に往時がしのばれます。

印は白山開闢之本源平泉湧出之霊地、越前國 平泉寺 白山神社。

寺社DATA
創建／717年（養老元年）　本殿様式／八棟造　住所／福井県勝山市平泉寺町平泉寺56-63
交通／えちぜん鉄道「勝山駅」から勝山市コミュニティバスで約20分、「平泉寺白山神社前」下車すぐ
参拝時間／自由　御朱印授与時間／7:00～18:00　拝観料／無料　URL なし

非日常の世界へ
ようこそ！

Column

ユニークな神仏像が集う寺社

世界最大の純金の御本尊に桃の形の鳥居、民話や神話の世界から飛び出してきたような像など、唯一無二の像に出合える寺社をご紹介。

桃太郎が結んでくれる子宝との縁

桃《もも》太《た》郎《ろう》神《じん》社《じゃ》

神社のある風光明媚な木曽川のほとりは、「桃の神様の力を世に示したのが桃太郎である」という伝説が伝わる地。御祭神は桃の神様であると同時に、子供の守り神であることから、子授けと安産の強力な御利益を求めて、全国から多くの参拝者が訪れます。安産祈願や成長祈願など、家族が増えるたび何度も訪れたくなる神社です。

超レアな、桃の形をした鳥居がお出迎え

鳥居と拝殿の大きなイラスト印がインパクト大！　毎月5日限定で、鎮座90年記念御朱印を頂けます。

境内には、桃太郎の誕生や鬼退治といった昔話の場面を再現した約20体のコンクリート像があります

161 愛知県　創建／1930年（昭和5年）　本殿様式／流造　住所／愛知県犬山市栗栖大平853　交通／名鉄「犬山遊園駅」から車5分　参拝時間／自由　御朱印授与時間／10:00～16:00　拝観料／無料　URL なし

桃型絵馬

ユニークな像が出迎える御利益スポット

大《だい》観《かん》音《のん》寺《じ》

昭和57年の元日に開山したお寺です。造営工事の監修は建築家、黒川紀章。御本尊である世界一の純金の御本尊をはじめ、鬼門を護る厄除不動尊、喝を入れてくれる「やるき達磨」、やわらかな表情で金運・商売繁盛を呼ぶ「にっこりお福」、世界で唯一のカラオケ観音、愛嬌のあるカエルのオーケストラなど、多彩な像に出合えます。

御本尊の高さは33m。観音様は33変化して人々を救済するといわれることからこの高さとなりました

上／歌がうまくなりたい、またはマイクを持つ職業の方やそれを目指している方の成就を願って建立されたカラオケ観音　下／御本尊に向かって右側に安置されている大きな仏手は、相手の願いを聞き入れようという深い慈悲心が表されています

無事かえるという縁起を込めたお宝蛙

162 三重県　創建／1982年（昭和57年）　山号／寶珠山　宗旨／真言宗　住所／三重県津市白山町佐田1957　交通／近鉄「榊原温泉口駅」から徒歩5分　参拝時間／9:30～17:00　御朱印授与時間／9:30～16:30　拝観料／高校生以上800円、小・中学生400円　URL www.daikannon.or.jp

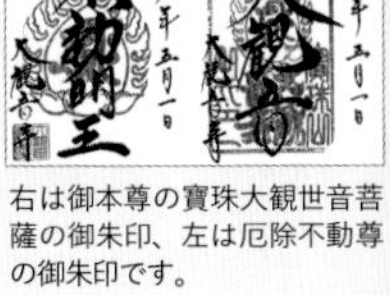

右は御本尊の寶珠大観世音菩薩の御朱印、左は厄除不動尊の御朱印です。

Column

ご縁を結ぶ

かわいい絵馬さがし

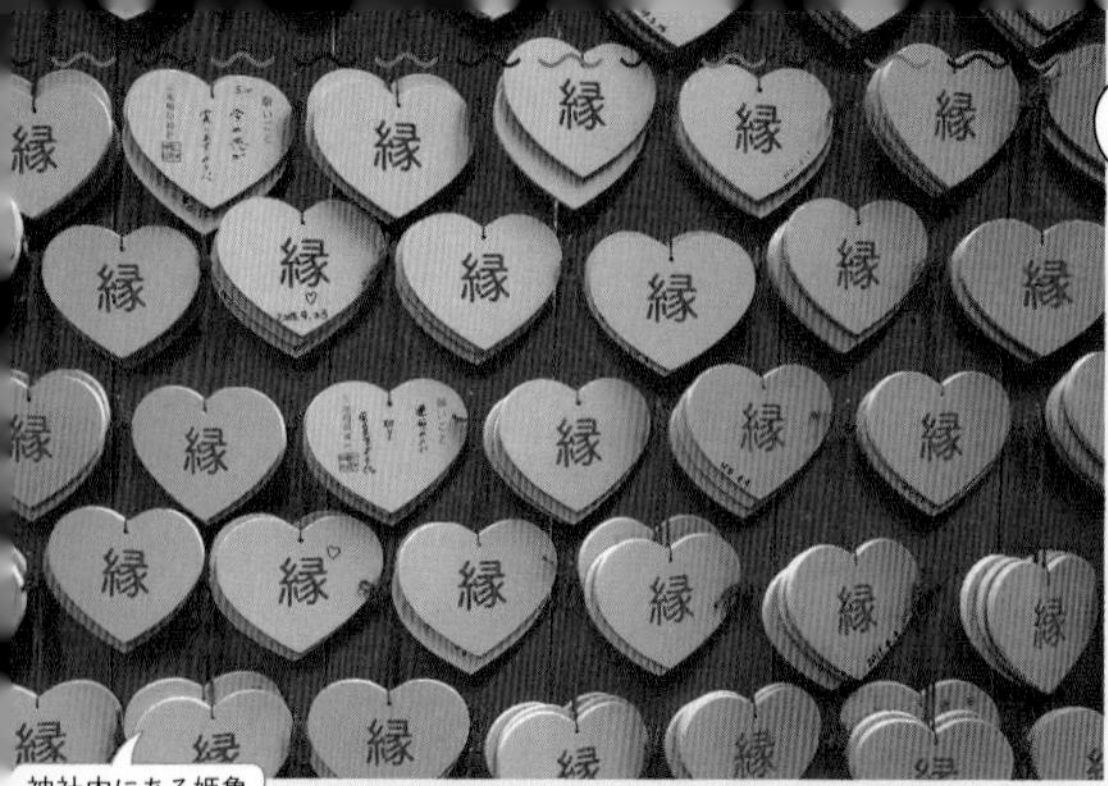

縁結びや夫婦円満の神様を祀る境内社には、御利益や社名にちなんだオリジナリティあふれる絵馬が。かわいい絵馬に願いを込めて、御利益をいただきましょう。

良縁を呼ぶハートの絵馬

三光《さんこう》稲荷《いなり》神社《じんじゃ》

「小京都」と呼ばれた国宝犬山城の城下町がSNS映えすると、若い女性を中心に人気の愛知県犬山市。犬山城の麓に鎮座する三光稲荷神社も、ピンクのハートの絵馬や朱色の千本鳥居などフォトジェニックなスポットがいっぱい。金運の御利益も評判で、境内の銭洗池でお金を洗うと、何倍にもなって返ってくるとか。

神社内にある姫亀神社は、男女良縁、家内円満、夫婦和合の御神徳があります。「縁」と描かれたハートの絵馬に願いを込めて

朱色の鳥居は撮影スポット

金運アップ!

金運を強力にしてくれる「金運御守」

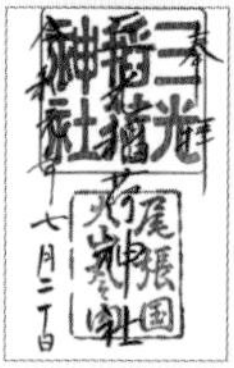

中央下には「尾張国犬山丸之内」の印が。ほかに「犬山三名所恋の縁むすび御朱印」なども頂けます。

163 愛知県

創建/不詳（1586年の説も） 本殿様式/流造 住所/愛知県犬山市犬山北古券65-18 交通/名鉄「犬山駅」から徒歩15分 参拝時間/自由 御朱印授与時間/8:30〜16:30 拝観料/無料 URL なし

「椿さん」の愛称で親しまれる

椿《つばき》大神《おおかみ》社《やしろ》

伊勢国一の宮である椿大神社は、2000年の歴史をもつ日本最古の神社です。主祭神の猿田彦大神は、生きとし生けるものの平安と幸福を招く「みちびきの祖神さま」として崇拝されてきました。特に「仕事を成功に導いてくれる」と評判で、有名な実業家も足しげく通ったそう。かわいらしい椿があしらわれたお守りや御朱印帳、絵馬なども要チェック。

夫婦円満や縁結びの神様である天之鈿女命（あまのうずめのみこと）を祀る境内社の椿岸神社で、椿が描かれた「かなえ絵馬」を奉納しましょう

椿岸神社の横を流れる「かなえ滝」は所願成就のパワースポット。写真を待ち受けにするとよいのだとか

八角形の開運お守り

御祭神が将来の展望を開いてくれるという「みちひらき守」

手塚治虫のマンガ「火の鳥」に出てくる、猿田彦大神と天之鈿女命の姿が表紙のオリジナル御朱印帳

印にある「地祇」とは、国土の神という意味です。猿田彦大神は、地祇の根本の神と呼ばれています。

164 三重県

創建/紀元前3年（垂仁天皇27年） 本殿様式/神明造 住所/三重県鈴鹿市山本町1871 交通/JR「四日市駅」からバスで約1時間、「椿大神社」下車すぐ 参拝時間/季節によって変動 御朱印授与時間/8:00〜17:00 拝観料/無料 URL tsubaki.or.jp

近畿

滋賀県
京都府
奈良県
大阪府
和歌山県
兵庫県

近畿
地図&インデックス

勝尾寺
→P.210

白鬚神社→P.190

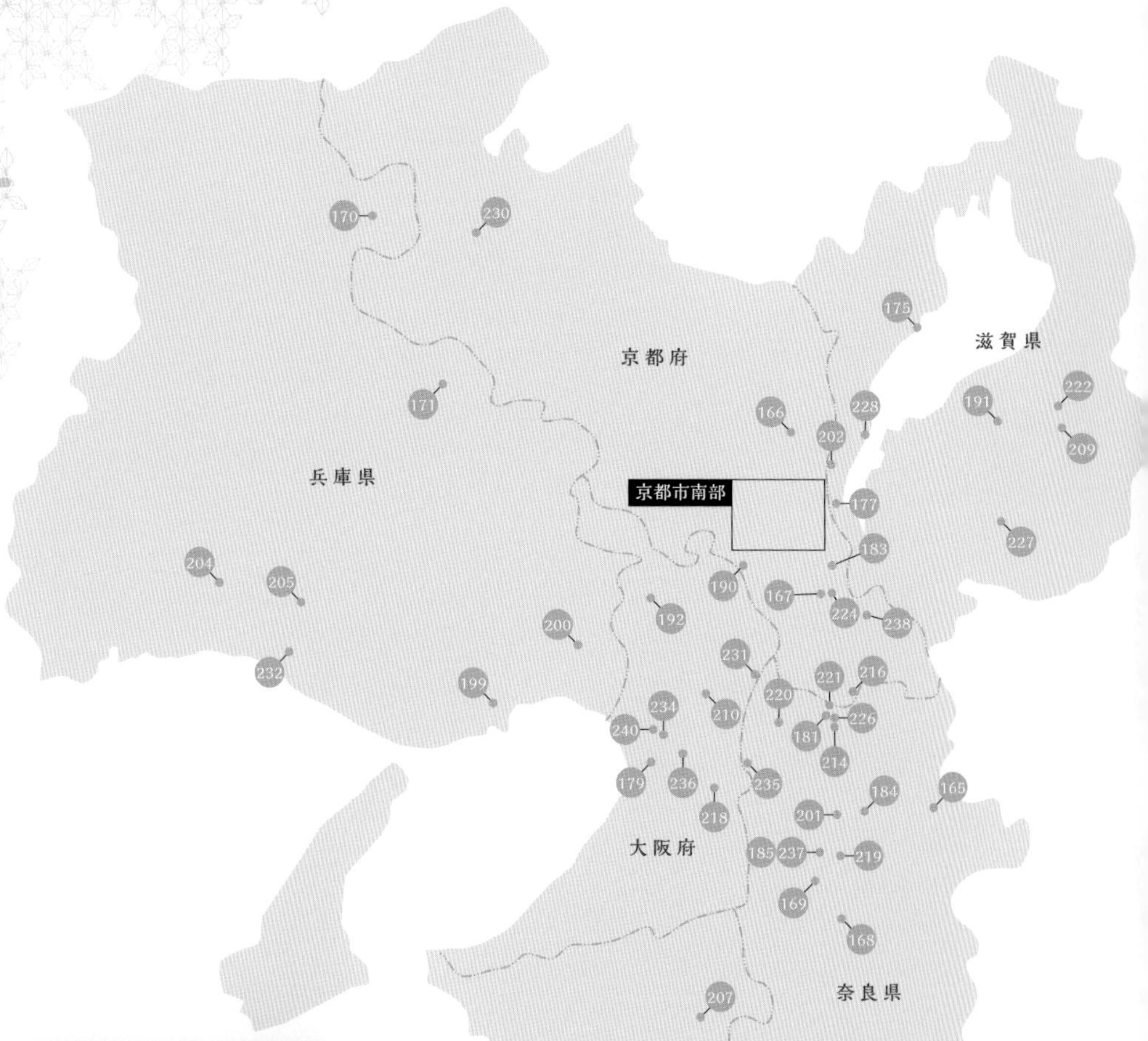

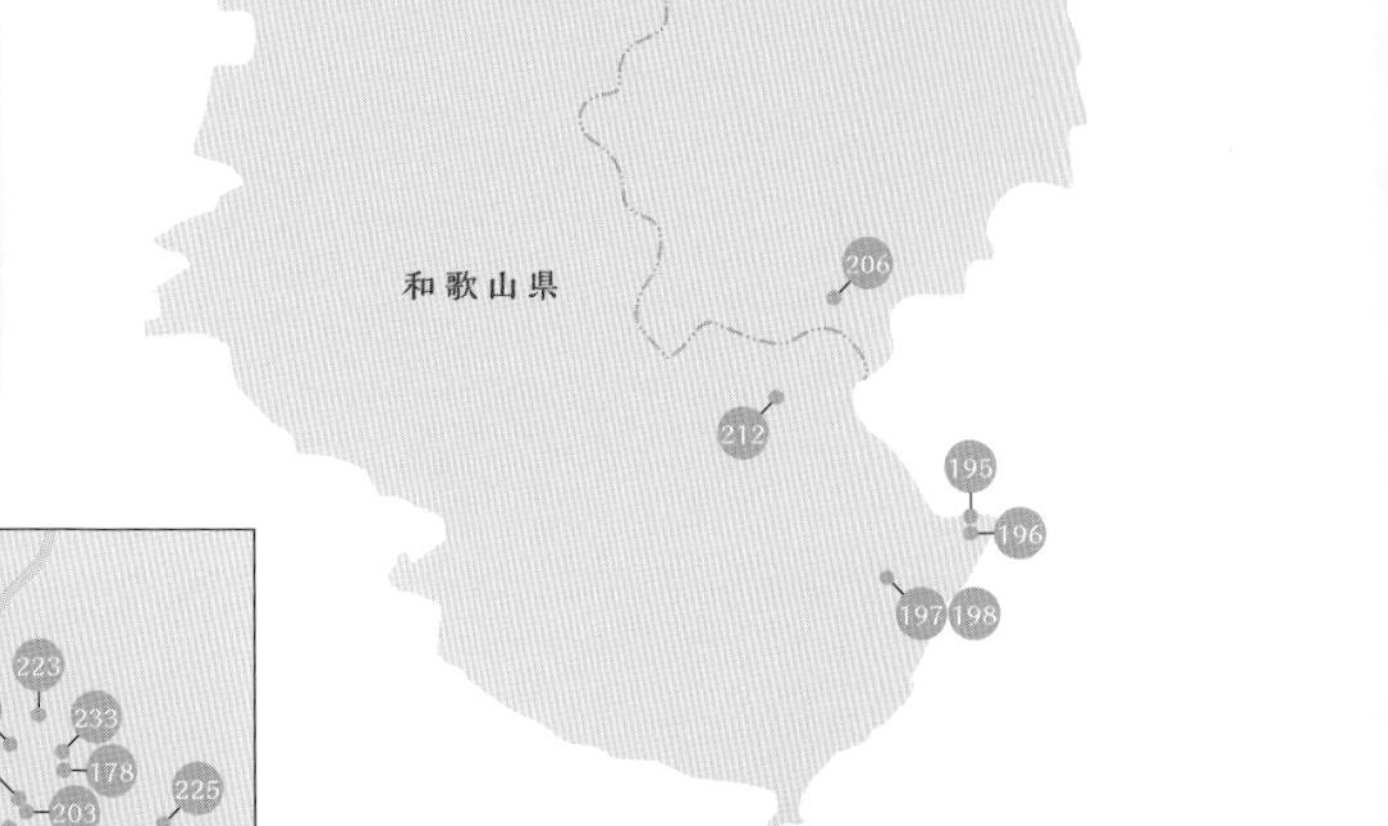

熊野本宮大社→P.221

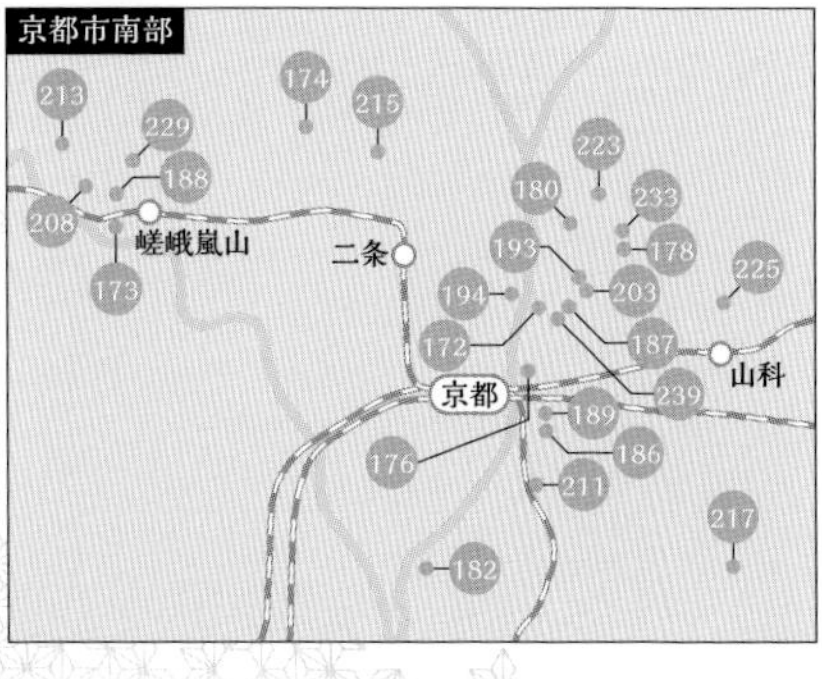

建仁寺→P.184

奥深い樹林とシャクナゲが
優美な五重塔に彩りを添える

絶景ポイント
- 五重塔とシャクナゲ
- 金堂

165
奈良県

室生寺《むろうじ》

御本尊
如意輪観世音菩薩《にょいりんかんぜおんぼさつ》

かつて女人禁制であった高野山に対して、同じ真言道場である室生寺が、江戸時代になり女性の参拝を許可したことから「女人高野」の別名があります。室生寺といえば五重塔とシャクナゲが有名です。その五重塔は総高約16m、わが国最小の五重塔です。4月末には塔周辺でシャクナゲの花が咲き誇り、たいへん美しい風景が見られます。

十一面観音の光背をイメージした、色鮮やかなオリジナル御朱印帳

寺社DATA

創建／宝亀年間（770～780年）　山号／宀一山（べんいちさん）　宗旨／真言宗　住所／奈良県宇陀市室生78
交通／近鉄大阪線「室生口大野駅」からバスで14分、「室生寺前」下車、徒歩5分　参拝・御朱印授与時間／8:30～17:00（12～3月は9:00～16:00）
拝観料／大人600円、子供400円　URL murouji.or.jp

上／五重塔は法隆寺に次ぐ古塔。1998年台風による被害を受け、2000年に修復が完了しました　左／平安初期に建立された金堂内には、釈迦如来立像が安置されています　右／朱色の太鼓橋を渡ると表門があり、「女人高野室生寺」の石柱が立ちます

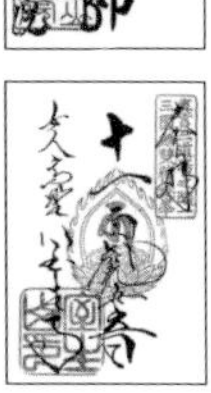

御朱印は全13種類。上は御本尊である如意輪観世音、左上は弘法大師、左下は十一面観世音の御朱印。

石段と灯籠

灯籠が並ぶ雪化粧の参道を上り お参り前の心を整える

絶景ポイント
≫参道の石段
≫夜間特別ライトアップ

166
京都府

貴船神社《きふねじんじゃ》

御祭神

【本宮／奥宮】
高龗神《タカオカミノカミ》
【結社】
磐長姫命《イワナガヒメノミコト》

命の源である水の神を祀る、全国に500社ある貴船神社の総本宮。気の生ずる根源として「気生根」とも記された緑豊かな境内は、清らかな空気に包まれています。朱塗りの灯籠が映える参道の石段を抜け、本宮・奥宮・結社の順番で3つの社殿を参拝する「三社詣」が古くからの習わしです。結社には良縁を授けてくれる磐長姫命が祀られています。

高龗神を祀る本宮
（写真提供：貴船神社）

寺社DATA

創建／不詳　本殿様式／流造　住所／京都府京都市左京区鞍馬貴船町180　交通／叡山電鉄鞍馬線「貴船口駅」からバスで4分、「貴船」下車、徒歩5分　参拝時間／5～11月6:00～20:00、12～4月6:00～18:00　御朱印授与時間／9:00～17:00 ※いずれもライトアップ期間中は時間延長　拝観料／無料　URL kifunejinja.jp

朱塗りの灯籠と雪のコントラストが美しい
冬の早朝の参道。新緑や紅葉の季節も見事

左／結社には、平安時代の女流歌人、和泉式部が切ない恋心を歌に託して祈願、見事復縁を果たしたという逸話も　右／奥宮は貴船神社創建の地。平安時代、洪水で社殿が流出するまで、御祭神の高龗神が鎮座していました

左下の印は貴船菊。貴船菊はこの近辺に自生する秋に咲くピンク色の花で、境内でも見られます。

167
京都府

平等院《びょうどういん》

御本尊
阿弥陀如来《あみだにょらい》

平安時代後期、時の関白藤原頼通が極楽浄土をこの世に表現しようと鳳凰堂を建立しました。池の中央の中島に立ち、水面にその美しい姿を映します。鳳凰堂の中心には、国宝である極楽浄土の教主・阿弥陀如来坐像が安置されています。周囲の壁には琴や琵琶などさまざまな楽器を持った雲中供養菩薩像が並び、会いたい人に似た像が必ずあるといわれています。

4月中旬～5月上旬は藤の花が見頃を迎えます

寺社DATA

創建／1052年（永承7年） 山号／朝日山 宗旨／単立 住所／京都府宇治市宇治蓮華116 交通／ JR・京阪「宇治駅」から徒歩8分 参拝時間／庭園8:30～17:30、鳳凰堂内部9:30～16:10（20分間隔で各回20名の定員制） 御集印授与時間／9:00～17:00 拝観料／600円、鳳凰堂内部拝観は別途300円 URL www.byodoin.or.jp

藤原摂関時代の栄華を偲ぶ
極楽の宝池に浮かぶ宮殿

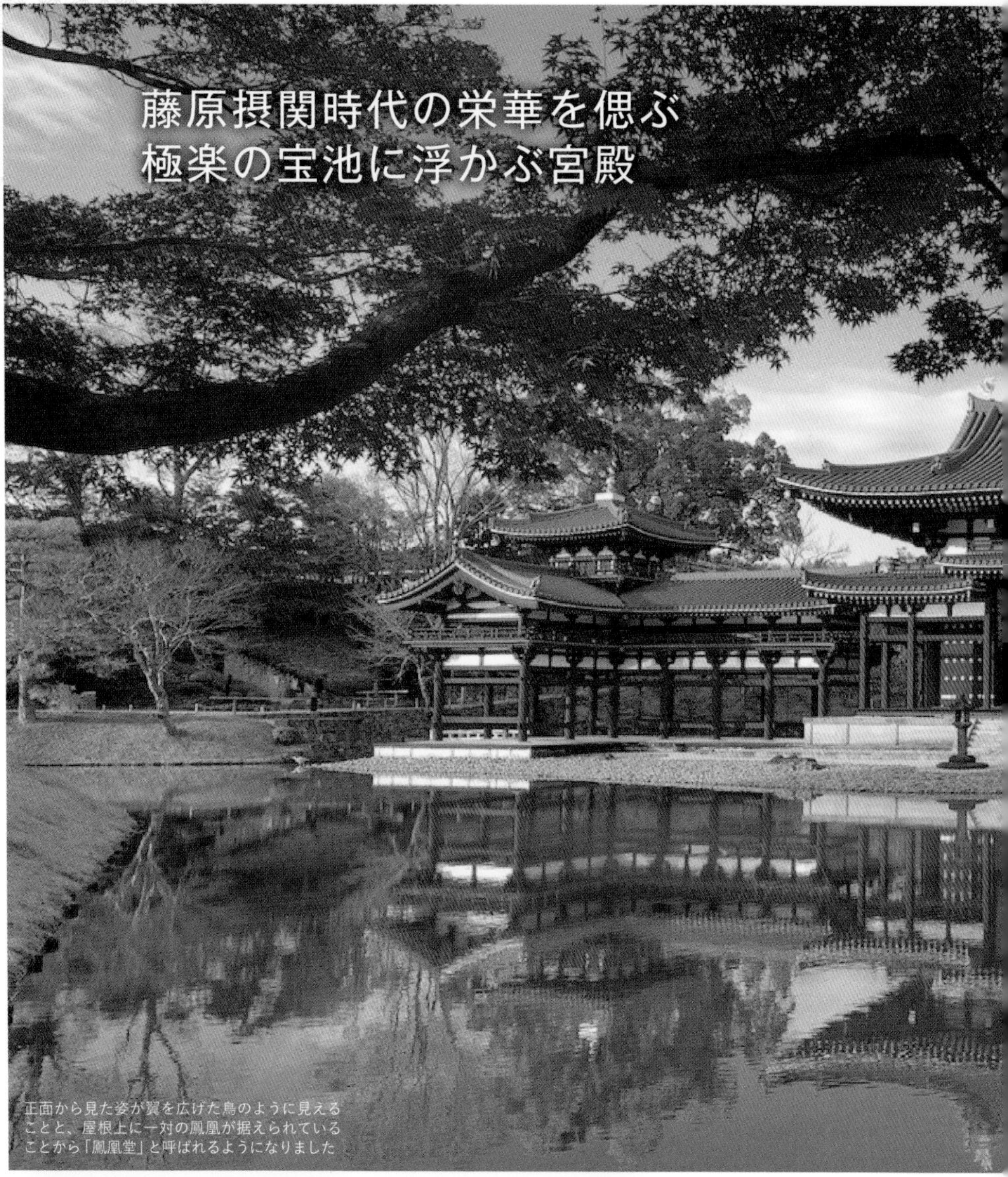

正面から見た姿が翼を広げた鳥のように見えることと、屋根上に一対の鳳凰が据えられていることから「鳳凰堂」と呼ばれるようになりました

左／鳳凰堂に安置された寄木造の阿弥陀如来坐像の像高は約277㎝。仏師定朝の作と確定できる唯一の像でもあります　右／白く雪化粧をした鳳凰堂（写真提供：平等院）

平等院では、拝観の証明として印を紡いでいくという意味を込めて、御朱印ではなく「御集印」として授与されます。鳳凰堂（右）と阿弥陀如来（左）の2種類あり、前者は一対の鳳凰の印、後者は阿弥陀如来を表す梵字「キリーク」の印が押されています。

絶景ポイント
» 吉野山の千本桜
» 世界遺産の書院建築

168
奈良県

吉水神社《よしみずじんじゃ》

御祭神
後醍醐天皇《ゴダイゴテンノウ》
楠木正成公《クスノキマサシゲコウ》
吉水宗信法印公《ヨシミズソウシンホウインコウ》

もとは吉水院という修験宗の僧坊でしたが、明治時代の神仏分離により吉水神社と改められました。後醍醐天皇の南朝の皇居、兄頼朝の追手から逃れた源義経と静御前が弁慶らとともに隠れ住んだ場所、豊臣秀吉が吉野で盛大な花見の宴をした際の本陣など、多くの逸話をもつ吉水神社は、関西屈指の桜の名所。「一《ひと》目《め》千本《せんぼん》」と称される山桜は必見です。

寺社DATA

創建／682年（天武天皇11年）　本殿様式／権現造
住所／奈良県吉野郡吉野町吉野山579　交通／ロープウェイ「吉野山駅」から徒歩20分　参拝・御朱印授与時間／9:00～17:00　書院拝観料／大人・大学生600円、中・高生400円、小学生300円
URL www.yoshimizu-shrine.com

約３万本の山桜が吉野山をピンク色に染める

吉野山の麓から山頂へかけて、下千本・中千本・上千本・奥千本といい、境内からは中千本・上千本の山桜を一望できます

左／後醍醐天皇玉座。延元元年、後醍醐天皇が京の花山院から行幸されたとき、吉水宗信法印が僧兵を従えて天皇をこのお部屋にお迎えし、天皇もここを南朝の皇居と定めました　右／現在の日本住宅の源流をなす、日本最古の書院建築

日本住宅建築史上最古の書院が世界遺産に登録されていることから、世界遺産の印が押されています

絶景ポイント
» 桜に彩られた境内の仏像
» 境内からの奈良盆地の眺め

169
奈良県

壷阪寺《つぼさかでら》

南に桜の名所・吉野山を控え、北に万葉のふるさと・大和三山奈良盆地を一望におさめる壷阪山に立ち、桜や紅葉といった四季折々の自然と、奈良盆地を見下ろす眺望が楽しめます。御本尊の十一面千手観世音菩薩は眼病に霊験あらたかな観音様として有名で、全国各地から参拝者が訪れます。境内には多くの重要文化財や巨大な仏像を有し、見どころたっぷりです。

御本尊
十一面千手《じゅういちめんせんじゅ》
観世音菩薩《かんぜおんぼさつ》

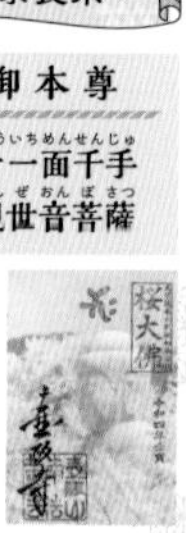

春限定の桜大仏の御朱印

寺社DATA

創建／703年（大宝3年）　山号／壷阪山　宗旨／真言宗　住所／奈良県高市郡高取町壷阪3　交通／近鉄吉野線「壺阪山駅」からバスで11分、「壷阪寺前」下車すぐ　参拝・御朱印授与時間／8:30～17:00　拝観料／大人600円、6～17歳100円
URL www.tsubosaka1300.or.jp

壷阪寺の春の風物詩は 300本の桜に包まれる“桜大仏”

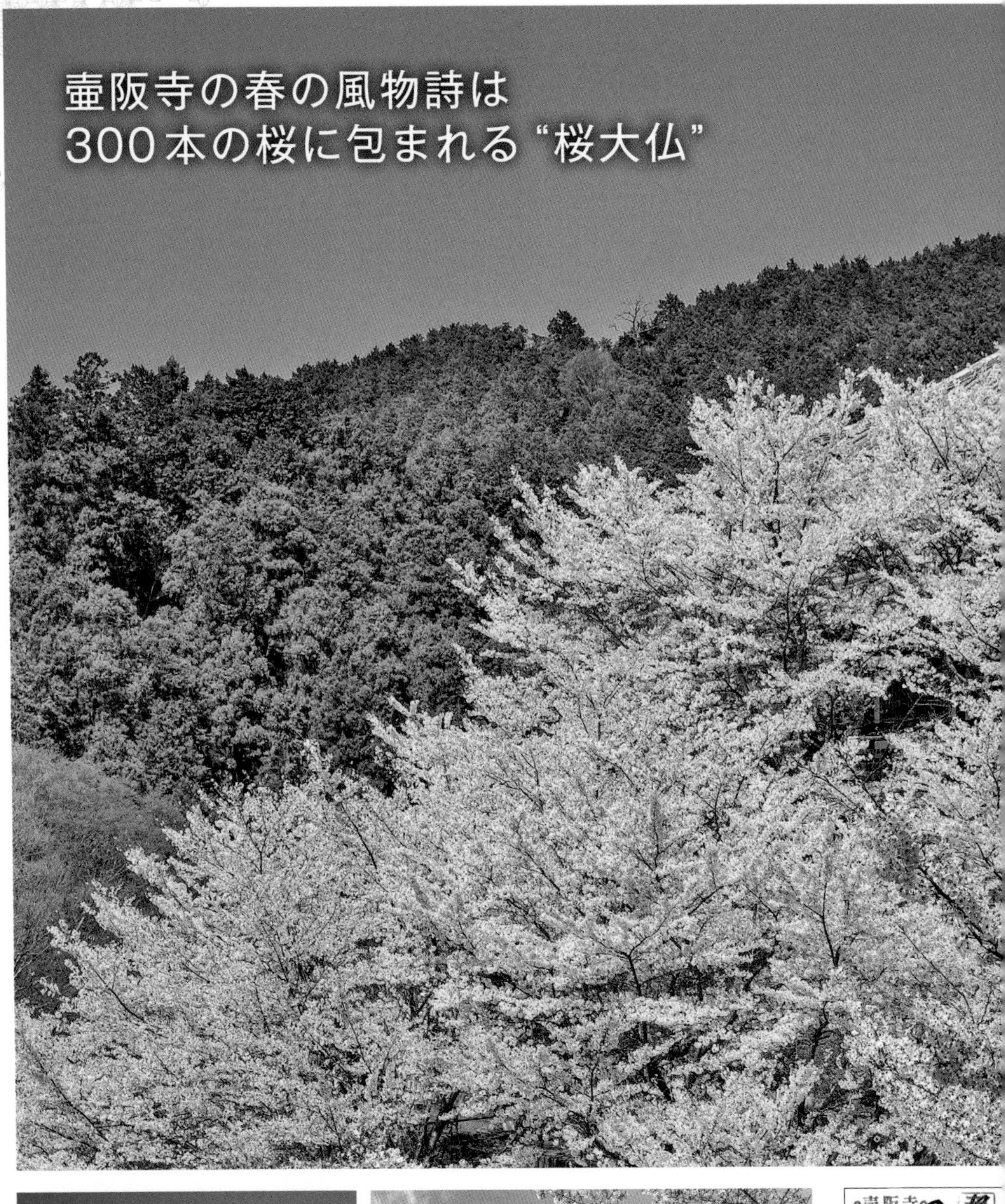

上／桜に包まれる身丈10ｍの天竺渡来大釈迦如来石像　左下／インドでの奉仕事業がご縁で制作された、全長8ｍの天竺渡来大涅槃石像と20ｍの天竺渡来大観音石像　右下／壷阪寺開創1300年を迎えるにあたり建立された多宝塔

御本尊である「眼の佛
にちなみ、左上には慈眼
と書かれた眼鏡の印が押
されています。

真っ赤に色づくドウダンツツジは額縁に飾られた絵画のよう

絶景ポイント
» ドウダンツツジの紅葉
» 一般公開中のライトアップ

170
兵庫県

安國寺《あんこくじ》

御本尊
釋迦牟尼佛《しゃかむにぶつ》

但馬守護であった太田氏の菩提寺を、足利尊氏が改称したお寺です。樹齢160年以上といわれるドウダンツツジの紅葉で有名です。毎年11月中旬に2週間ほど一般公開され、日没からライトアップも楽しめます。上下左右に枝を広げた裏庭のドウダンツツジを、障子を外した部屋から見ると、まるで額に入った絵のような光景で圧巻です。

寺社DATA

創建／室町時代初期　山号／大平山　宗旨／臨済宗大徳寺派　住所／兵庫県豊岡市但東町相田327　交通／JR「豊岡」、「八鹿」、「江原」各駅からバスで45分、「小谷」下車、徒歩10分　参拝・御朱印授与時間／8:00～18:30　ドウダンツツジ紅葉一般公開拝観料／300円（中学生以下無料）　URL なし

上／ドウダンツツジの見頃の11月中旬に2週間ほど一般公開が行われ、期間中は夕刻よりライトアップされます　左下／雪化粧の安國寺全景　右下／飼い猫のキンちゃんが紅葉をバックにポーズ（写真提供：安國寺）

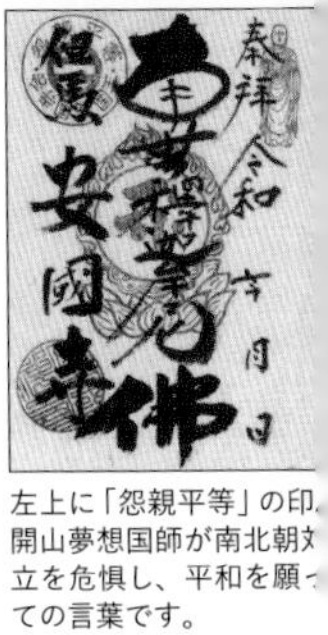

左上に「怨親平等」の印、開山夢想国師が南北朝対立を危惧し、平和を願っての言葉です。

藤棚と光が織りなす幻想美、夜空を彩る藤のオーロラ

絶景ポイント
- 九尺ふじのライトアップ
- 俗世と仏の世界を結ぶ太鼓橋

171
兵庫県

白毫寺《びゃくごうじ》

御本尊
薬師如来《やくしにょらい》

今から1300年以上昔、インドの僧・法道仙人により開基された古刹です。天竺から伝えられたという御本尊の薬師瑠璃光如来の白毫から神々しい瑞光が放たれていたことが寺名の由来です。四季を通じて花や紅葉を楽しめますが、全長120mの藤棚に咲き誇る九尺ふじは特に有名。5月初旬の開花時期にはライトアップされます。

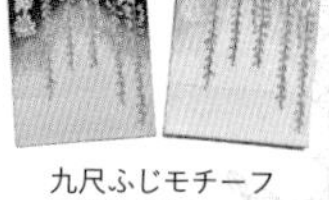

九尺ふじモチーフの御朱印帳

山門を入れば、本堂や石庭があります

寺社DATA

創建／705年（慶雲2年）　山号／五大山
宗旨／天台宗　住所／兵庫県丹波市市島町白毫寺709
交通／JR「市島駅」から車で8分　参拝時間／9:00～17:00（ライトアップ時は～21:00）　御朱印授与時間／9:00～17:00　拝観料／300円（高校生以下無料）
URL www.byakugouji.jp

上／ライトアップにはLEDライト、昼光色、オレンジ色、水銀灯、ハロゲンライトの5種類のライトを使用
左下／太鼓橋の手前が俗世界、反対側は悟りの世界を表し、急勾配は悟りの道の厳しさを表現しているそうです
右下／九尺ふじは最も長いもので180cmを記録しました

御朱印は医王尊、大悲殿布袋尊の3種類。丹波もみじめぐりの期間限定御朱印もあります。

庭園

錦に染まる紅葉と苔のコントラストが美しい

絶景ポイント

- 複数の方丈庭園
- 国宝の「風神雷神図屏風（展示は複製）」

172 京都府

建仁寺《けんにんじ》

御本尊

釈迦如来《しゃかにょらい》

法堂正面の須弥壇に祀られた御本尊

にぎやかな祇園の一角、花見小路の突き当たりに立つ建仁寺は、将軍源頼家が寺域を寄進し、宋から日本にお茶を伝えた栄西禅師が開山した京都最古の禅寺です。現在も修行僧が生活する禅の修行の場であると同時に、俵屋宗達の「風神雷神図屏風」をはじめとする貴重な文化財や、複数の見事な枯山水庭園を有する、日本の美が息づく場所でもあります。

1765年上棟の法堂「拈華堂（ねんげどう）」

寺社DATA

創建／1202年（建仁2年） 山号／東山 宗旨／臨済宗 住所／京都府京都市東山区大和大路通四条下る小松町584 交通／JR「京都駅」からバスで16分、「清水道」下車、徒歩4分 参拝時間／10:00～17:00 御朱印授与時間／10:00～16:30 拝観料／大人600円、中・高生300円、小学生200円 URL www.kenninji.jp

中央に三尊石、その東には坐禅石、周りに紅葉を配した潮音庭。四方正面に作られた庭園はどこから見ても美しく、お気に入りの角度を見つけて眺めるのがポイント

左／方丈前の枯山水庭園「大雄苑」は中国百丈山の景色を模して作庭されたといわれます　右／法堂の天井には日本画家小泉淳作筆「双龍図」が。龍は尾が雲中の図が多いのですが、この図は尾までリアルに表現されています

墨書の拈華堂は法堂のこと。右上の印「扶桑最初禅窟」は、日本で最初の禅道場を意味します。

📷 絶景ポイント

» 世界遺産の曹源池庭園

» 法堂の天井画

173

京都府

天龍寺《てんりゅうじ》

御本尊

釈迦如来《しゃかにょらい》

京都屈指の観光地・嵐山に立つ天龍寺は、後醍醐天皇の菩提を弔うため、夢《む》窓《そう》疎《そ》石《せき》が足利尊氏に進言し、開かれた寺です。当時の寺域は広大で、渡月橋、亀山公園も天龍寺の境内だったといいます。嵐山、亀山、小倉山を借景とした池泉回遊式庭園の曹《そう》源《げん》池《ち》庭園は、わが国最初の史跡・特別名勝であり、世界遺産にも登録されています。

梅の見頃は3月上旬～中旬頃

レースに繊細な刺繍が施された「幸守」

寺社DATA

創建／1339年（暦応2年）　山号／霊亀山　宗旨／臨済宗　住所／京都府京都市右京区嵯峨天龍寺芒ノ馬場町68　交通／京福電鉄「嵐山駅」から徒歩3分　参拝時間／8:30～17:00　御朱印授与時間／9:00～17:00（季節により変更）　参拝料／高校生以上500円、小・中学生300円　URL www.tenryuji.com/

紅葉が彩る曹源池庭園は日本庭園の最高傑作のひとつ

大方丈から見た曹源池。正面左には、鯉に見立てた石が滝を上り龍と化す姿を表現した滝石組が見られます

左／雪化粧の曹源池庭園。四季折々の表情に心が和みます　右／曹源池越しに見えるのは天龍寺最大の建物である大方丈（右）と、書院の小方丈（左）です。大方丈に安置される御本尊の釈迦如来坐像は重要文化財に指定されています

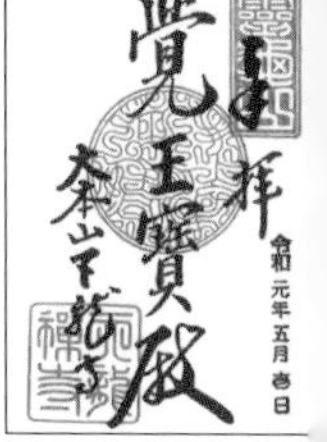

墨書の覚王寶殿は法堂のことです。法堂の天井には加山又造画伯による雲龍図が描かれています。

石庭

禅の美を極めた名庭園は まさに芸術作品

絶景ポイント
- 謎に満ちた石庭
- 四季の草花が楽しめる鏡容池

174
京都府

龍安寺《りょうあんじ》

御本尊
釈迦如来《しゃかにょらい》

「虎の子渡しの庭」「七五三の庭」と呼ばれる謎に満ちた庭園があまりにも有名。わずか75坪の空間に大小15個の石が配置され、掃きならされた白砂に、熊手で波紋のような紋様を描いています。石庭は一体何を意図しているのか？ 白砂は大海原、石は島を表すという説や、中国の五岳の象徴等々、諸説ありますが、答えは鑑賞者の自由な解釈に委ねられています。

「吾唯足知」を箔押しした御朱印帳と石庭の御朱印帳。下は病気平癒のお守り

寺社DATA

創建／1450年（宝徳2年）
山号／大雲山 宗旨／臨済宗妙心寺派 住所／京都府京都市右京区龍安寺御陵下町13 交通／京福電鉄「龍安寺駅」から徒歩7分 参拝時間／8:00～17:00（12～2月は8:30～16:30） 御朱印授与時間／9:00～16:00（都合により早く締め切る場合があります） 拝観料／高校生以上500円、小・中学生300円 URL www.ryoanji.jp

15個の石を東側から五・二・三・二・三と配置した代表的な枯山水の庭園で、正式には方丈庭園といいます。作庭は室町時代と伝えられていますが、作者は謎です

左／石庭の奥の方丈は1606年に織田信長の弟信包により建立されたもので、重要文化財に指定されています　右／昔時は石庭より有名だった鏡容池。平安時代には貴族が船を浮かべて歌舞音曲を楽しんでいたことが文献に残ります

左上の印の吾唯足知（われただたることをしる）は、蹲踞（手水鉢）に刻まれた釈迦の教えです。

鳥居

絶景ポイント
» 琵琶湖に浮かぶ大鳥居
» 大鳥居越しの日の出

175
滋賀県

白鬚神社《しらひげじんじゃ》

御祭神
猿《サル》田《タ》彦命《ヒコノミコト》

境内には松尾芭蕉の句碑が立ちます

近江最古の神社で、国内に300社以上ある白鬚神社の総本宮です。神社へ近づくにつれ見えてくる、琵琶湖に浮かぶ大鳥居がシンボル。昼はもちろん朝日の眺望もすばらしく、初日の出スポットとして人気です。神社前の国道は横断禁止のため国道を横断しての湖中大鳥居の撮影はできません。境内の展望フォトスポット「藍湖《おうみ》白鬚台」から撮影を。

本殿の立つ境内と、湖中の大鳥居の間に国道が走っています

寺社DATA

創建／不詳（垂仁天皇時代）　本殿様式／入母屋造
住所／滋賀県高島市鵜川215
交通／JR「近江高島駅」から徒歩40分、または車で約5分　参拝時間／自由
御朱印授与時間／9:00～17:00　拝観料／無料
URL shirahigejinja.com

壮大なパノラマに圧倒される 朝焼けに染まる湖上の大鳥居

上／古来波打ち際に鳥居が見え隠れしていたとも、天下異変の前兆として突然姿を現したともいわれる伝説の鳥居です　左／湖岸より沖約58m、高さ湖面より約10mの巨大な鳥居は、琵琶湖を代表する景観です　右／檜皮葺きの本殿は国の重要文化財です。豊臣秀吉の遺命を受け、秀頼公の寄進により慶長8年に建立されました

御祭神の猿田彦命は延命長寿の神として崇拝される長寿神。白髪で白い鬚を蓄えたお姿が社名の由来です。

三十三間堂《さんじゅうさんげんどう》

176
京都府

御本尊
千手観音《せんじゅかんのん》

平安後期、平清盛が後白河法皇の勅令により創建。正式名称は蓮華王院で、本堂の内陣の柱間が33あることから三十三間堂と通称されます。荘厳さに満ちた堂内には、「中尊」と呼ばれる千手観音坐像と、１０００体もの等身大の千手観音立像が、前後10列の壇上に整然と並びます。堂内の観音像１００１体はすべて国宝に指定されています。観音像には会いたい人に似た像が必ずあると伝えられています。

寺社DATA
創建／1164年（長寛2年）
山号／南叡山（妙法院）　宗旨／天台宗
住所／京都府京都市東山区三十三間堂廻り町657
交通／京阪本線「七条駅」から徒歩7分
参拝・御朱印授与時間／8:30～17:00
（11月16日～3月末は9:00～16:00）
※受付終了は閉堂30分前
拝観料／大人600円、中・高生400円、子供300円　URL www.sanjusangendo.jp

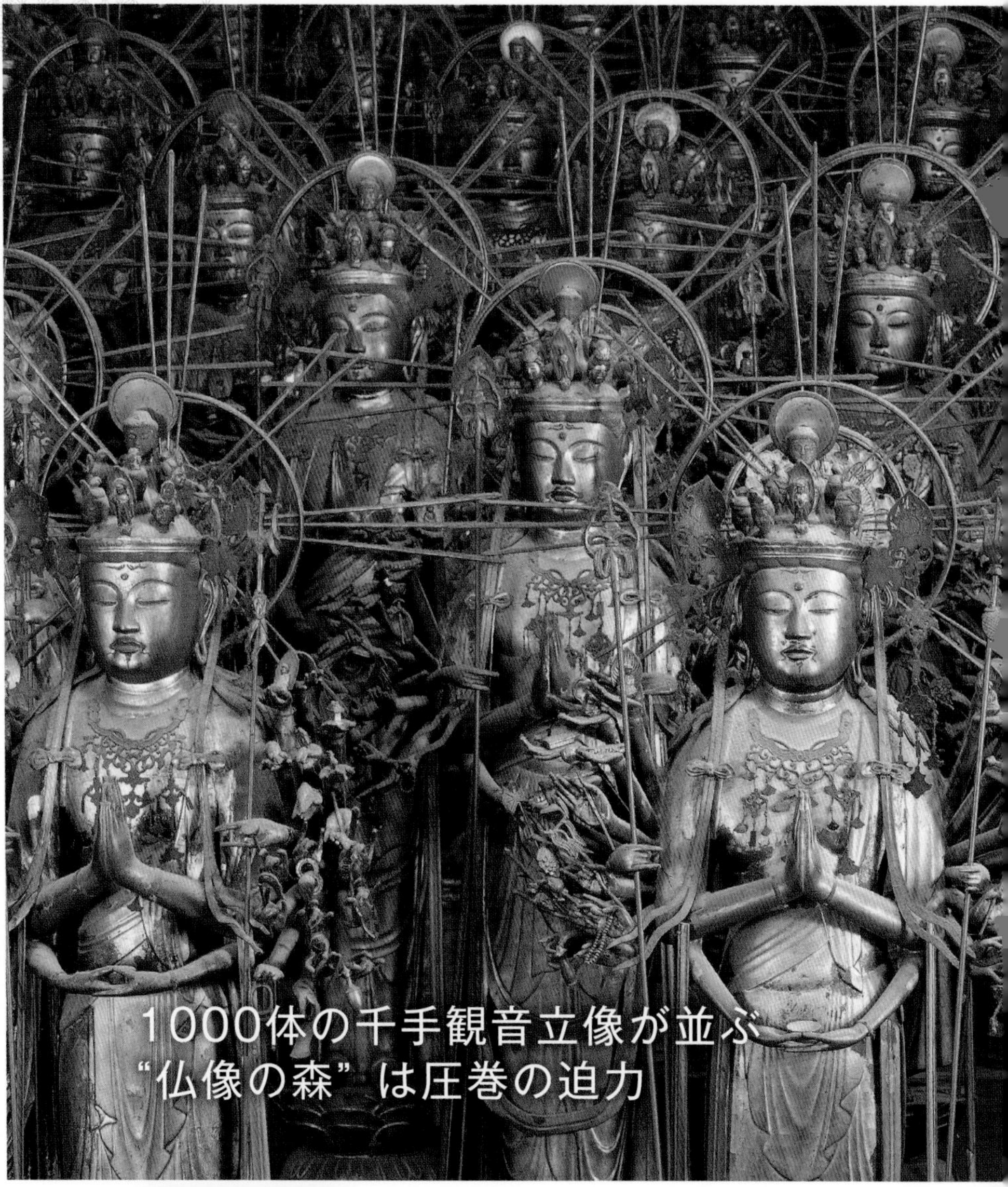

1000体の千手観音立像が並ぶ “仏像の森”は圧巻の迫力

上／堂内の仏像は湛慶をはじめ、多くの仏師が制作に関わっています
左／1000体の等身千手観音立像に囲まれて、お堂中央に安置される千手観音坐像（中尊）の像高は3m
右／南北120mの長大な本堂は1266年（文永3年）の再建です
（写真提供:妙法院）

中央の墨書「大悲殿」は観音様を安置する場所を意味します。
提供：妙法院

桜

桜と優美な建築が織りなす
圧倒的な美の世界

絶景ポイント
» 観月舞台貸切参拝(要予約)
» 夜桜ライトアップ

園城寺《おんじょうじ》(三井寺《みいでら》)

177
滋賀県

御本尊
如意輪観世音菩薩《にょいりんかんぜおんぼさつ》

鐘の音が有名な通称三井寺は、琵琶湖南西の長等山中腹に境内が広がる、天台寺門宗の総本山。1200年の歴史をもつ近江大津京ゆかりの古刹です。1300本の桜が咲き誇る桜の名所としても知られ、毎年桜の季節に合わせてライトアップや、通常は立ち入ることのできない観月舞台の貸切参拝が行われます。視界を覆いつくすほどの桜が観月舞台に反射する姿は息をのむ美しさです。

1689年(元禄2年)再建の観音堂

創建/686年(朱鳥元年) 山号/長等山 宗旨/天台寺門宗総本山 住所/滋賀県大津市園城寺町246 交通/京阪石山坂本線「三井寺駅」から徒歩10分 参拝・御朱印授与時間/8:00〜17:00(入山受付〜16:30) 拝観料/大人600円、中・高生300円、小学生200円 URL miidera1200.jp

上／長等山の斜面に沿って建てられた観月舞台は琵琶湖を見下ろす景勝地で、多くの文人も訪れました
左／門の左右に仁王像が鎮座する仁王門は徳川家康公から寄進されたものです
右／その音色の美しさから天下の三名鐘と呼ばれる三井の晩鐘。鐘をつくこともできます（冥加料800円）

近江八景のひとつ「三井の晩鐘」で知られる梵鐘の印は、2023年3月までの限定です。

「絶景かな、絶景かな」のセリフを生んだ圧倒的な量感と力強さをたたえた三門

三門

絶景ポイント
- 重要文化財の三門
- れんが造りの水路閣

上／三門の楼上には上ることができます　左下／国宝の方丈と枯山水の庭園。方丈には狩野派絵師の描いた障壁画が数多く残され、なかでも狩野探幽が描いたとされる「群虎図」は有名　右下／「水路閣」と呼ばれる現役の水路橋

178
京都府

南禅寺《なんぜんじ》

正応4年、亀山法皇が無関普門禅師(大明国師)を迎えて開創した臨済宗大本山です。南禅寺を代表する正門ともいえる存在が三門。三門とは、悟りにいたるまでの3つの関門「三解脱門」を略した呼称です。高さ22mの威風堂々とした姿は別名「天下竜門」とも呼ばれ、日本三大門のひとつに数えられます。

御本尊
釈迦牟尼仏《しゃかむにぶつ》

群虎図が表紙の御朱印帳

墨書は御本尊を祀る法堂を意味する金剛王宝殿。通常は書き置きですが、オリジナル御朱印帳には御朱印が手書きされています。

三門の前には森永湛堂老師の句「この門を入れば涼風おのづから」が刻まれた石碑が

寺社DATA

創建／1291年（正応４年）
山号／瑞龍山　宗旨／臨済宗
住所／京都府京都市左京区南禅寺福地町
交通／地下鉄東西線「蹴上駅」から徒歩11分　参拝・御朱印授与時間／8:40～17:00（12～2月は～16:30）
拝観料／境内無料、方丈600円、三門600円
URL nanzenji.or.jp

橋

神の国につながる反橋を渡り悠久の歴史を紡ぐ神社へ

上／反橋は長さ約20m、高さ約3.6m、幅約5.5mで、最大傾斜は約48度　左下／毎月最初の辰の日に住吉大社の4つの末社をお参りする「初辰（はったつ）まいり」が盛況　右下／神社建築史上最古の様式のひとつといわれる住吉造の本殿（写真提供：住吉大社）

179
大阪府

住吉大社《すみよしたいしゃ》

「すみよっさん」の愛称で大阪の人々から親しまれる住吉大社は、全国2300社を数える住吉神社の総本社。国宝の本殿や住吉の象徴として名高い反橋《そりはし》（通称太鼓橋）など多くの見どころと文化財があります。「祓《はらえ》」を司る神様をお祀りしており、毎年7月31日の住吉祭では夏越祓神事が行われています。

御祭神

底筒男命《ソコツツノオノミコト》
中筒男命《ナカツツノオノミコト》
表筒男命《ウワツツノオノミコト》
息長足姫命《オキナガタラシヒメノミコト》
（神功皇后《ジングウコウゴウ》）

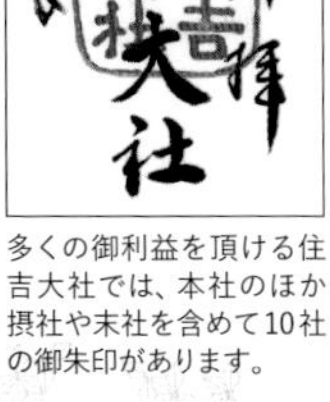

多くの御利益を頂ける住吉大社では、本社のほか摂社や末社を含めて10社の御朱印があります。

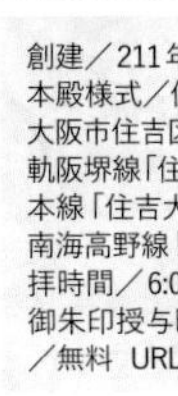

反橋と住吉造の本殿をデザインした御朱印帳

寺社DATA

創建／211年（神功皇后11年）　本殿様式／住吉造（国宝）　住所／大阪府大阪市住吉区住吉2-9-89　交通／阪堺電軌阪堺線「住吉鳥居前駅」からすぐ、南海本線「住吉大社駅」から徒歩3分、または南海高野線「住吉東駅」から徒歩5分　参拝時間／6:00〜17:00（10〜3月6:30〜）　御朱印授与時間／9:00〜16:00　拝観料／無料　URL www.sumiyoshitaisha.net

上／岡崎疏水越しに望む大鳥居。桜が彩りを添えます　左下／京都三大祭のひとつに数えられる時代祭。約2000人が参加する行列は全長約2㎞にわたる動く歴史風俗絵巻です　右下／約3万3000m^{2}の広さを誇る神苑は、4つの庭からなる池泉回遊式庭園

すっきりとした配置にやわらかな書体が引き立ちます。平安京の四方を守る四神獣の御朱印帳があります。

朱色が鮮やかな大極殿
(写真提供：平安神宮)

寺社DATA

創建／1895年(明治28年)
本殿様式／七間社流造　住所／京都府京都市左京区岡崎西天王町97　交通／地下鉄東西線「東山駅」、京阪本線「神宮丸太町駅」から徒歩15分　参拝時間／境内6:00～18:00、神苑受付8:30～17:30 ※季節により変動あり　御朱印授与時間／7:30～18:00　神苑入苑料／大人600円、子供300円　URL www.heianjingu.or.jp

平安神宮《へいあんじんぐう》

180
京都府

平安遷都1100年を記念して創建された神宮で、御祭神はこの地への遷都を決め、以後1000年続く平安京の基礎を作り上げた桓武天皇。日本有数の朱色の大鳥居や四季折々の花が咲く神苑が有名です。毎年10月22日に行われる時代祭は、京都が誇る伝統工芸技術の粋を集結した大祭です。

御祭神

桓武天皇《カンムテンノウ》
孝明天皇

スタイリッシュな
「厄除御守」

塔

新たな歴史を刻み続ける古都奈良を象徴する五重塔

絶景ポイント
» 五重塔
» 阿修羅像

上／五重塔は1426年の再建。高さ約50m、本瓦葺きの塔です。2023年より120年ぶりの大規模修理が実施される予定で、約10年間その姿を見ることができなくなります　左下／五重塔はランドマークであり、奈良で一番高い建物です　右下／南円堂は西国三十三所観音霊場の第九番札所。1789年頃の再建

181
奈良県

興福寺《こうふくじ》

御本尊
釈迦如来《しゃかにょらい》

藤原鎌足の夫人、鏡大王《かがみのおおきみ》が山背国に建立した山階寺が始まりです。710年の平城遷都で現在地に遷るとともに寺名も興福寺と変え、中金堂、五重塔といった伽藍を次々と造営。寺勢は盛大を極め、宗教に留まらず、能や、豆腐・味噌など現代まで受け継がれる日本文化の数々を生み出しました。

世界文化遺産の印が押されています。墨書の令興福力は寺号の由来で経典『維摩経』の一節です。

寺社DATA

創建／710年（和銅3年）
山号／なし　宗旨／法相宗
住所／奈良県奈良市登大路町48
交通／近鉄「奈良駅」から徒歩5分
参拝時間／国宝館・東金堂は9:00～17:00、境内自由　御朱印授与時間／9:00～17:00　拝観料／国宝館700円、東金堂300円、中金堂500円、境内無料
URL www.kohfukuji.com

花

薄紅色や紅白の花を装い
春の訪れを告げるしだれ梅

絶景ポイント
≫神苑を彩る 150 本のしだれ梅
≫苔の上に落ちた “落ち椿”

上／しだれ梅は2月中旬から3月初旬が見頃　左下／豊かな水と四季折々の花や紅葉に包まれた神苑には、『源氏物語』に描かれた80種余りの草木が植栽されています　右下／平安時代後期の建築様式で造営された本殿

城南宮《じょうなんぐう》

182
京都府

都の守護と国の安泰を願い、平安遷都の際に創建されました。工事や転宅、旅行の災難など、方位からくる災いを除いてくれる方除《ほうよけ》の御神徳で有名です。「源氏物語花の庭」と称される神苑には、しだれ梅、桜、ツツジやモミジなど、季節ごとに美しい風景が広がり、心を和ませてくれます。

御祭神

国常立尊《クニノトコタチノミコト》
八千矛神《ヤチホコノカミ》
息長帯日売尊《オキナガタラシヒメノミコト》

方位盤をかたどった八角形の「方除御守」

太陽と月と星を組み合わせた「三光の御神紋」は日夜、皆を導く城南宮の方除の御神徳を表しています。

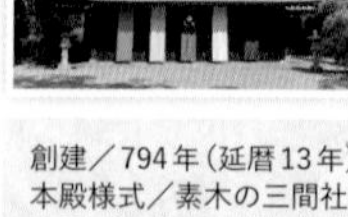

寺社DATA

創建／794年（延暦13年）
本殿様式／素木の三間社流造
住所／京都府京都市伏見区中島鳥羽離宮町7　交通／地下鉄烏丸線・近鉄京都線「竹田駅」から徒歩15分
神苑拝観受付時間／9:00～16:00
御朱印授与時間／9:00～17:00
神苑入苑料／大人800円、子供500円
URL www.jonangu.com

花

闇夜に浮かび上がる 幻想的な２万株のアジサイ

絶景ポイント
»「あじさい園」ライトアップ
»近畿随一の規模の「つつじ園」

上／アジサイ開花期の土・日曜の夜はライトアップされます
左下／7月上旬～8月中旬にはハスが見頃を迎えます
右下／「あじさい園」には西洋アジサイ、ガクアジサイ、幻のアジサイと称されるシチダンカなどが咲き誇ります

183 京都府

三室戸寺《みむろとじ》

御本尊
千手観世音菩薩《せんじゅかんぜおんぼさつ》

境内には5000坪もの大庭園が広がり、50種2万株のアジサイ、2万株のツツジが栽培されています。夏には本堂前の「蓮園」にハスが咲き、秋になれば鮮やかな紅葉が境内を彩ります。本堂前には御影石造りの福徳兎像や、なでると金運に恵まれるという宇賀神像があります。

墨書は御本尊を祀る大悲殿、中央の印は、千手観音を表す梵字キリークです。

寺社DATA

創建／770年（宝亀元年）
山号／明星山　宗旨／本山修験宗
住所／京都府宇治市莵道滋賀谷21
交通／京阪宇治線「三室戸駅」から徒歩15分　参拝時間／8:30～16:00（11～3月は～15:30）　御朱印授与時間／拝観終了の30分前まで
拝観料／500円（アジサイ開花期1000円）
URL www.mimurotoji.com

アジサイ御守

花

磨かれた床に映り込む「花の御寺」の季節の便り

絶景ポイント
» 新緑の季節の「床みどり」
» 約7000株のボタン

上／床板に新緑が映り込む「床みどり」とびんずる尊者像のシルエットが美しい礼堂　左下／国宝の本堂は断崖絶壁に造られた南向きの大殿堂　右下／仁王門から本堂まで延びる399段の登廊。両脇にはボタンが咲き誇ります。四季折々のすばらしい景色が見渡せ、「花の御寺」の別名も

184
奈良県

長谷寺《はせでら》

御本尊
十一面観世音菩薩《じゅういちめんかんぜおんぼさつ》

花の御寺《みてら》として1年中参拝客が絶えない長谷寺は、『枕草子』『源氏物語』『蜻蛉日記』等の古典作品にたびたび登場する古刹です。古来ボタンの栽培が行われ、4月下旬から5月上旬の開花時期は150種7000株の花が艶やかな花を咲かせます。懸崖造の本堂には舞台があります。

千年来の桜の名所

左上の西国三十三所草創1300年の印には、長谷寺の代名詞、ボタンと登廊がデザインされています。

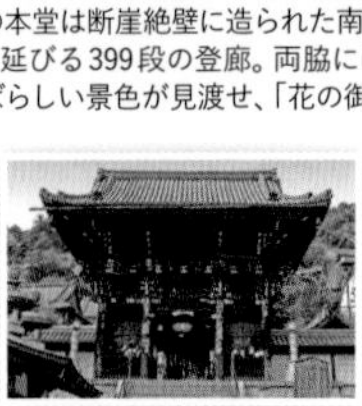

仁王門には仁王像、十六羅漢像が安置されています

寺社DATA

創建／686年（朱鳥元年）
山号／豊山　宗旨／真言宗豊山派総本山
住所／奈良県桜井市初瀬731-1
交通／近鉄大阪線「長谷寺駅」から徒歩15分　参拝・御朱印授与時間／4～9月8:30～17:00、10・11・3月9:00～17:00、12～2月9:00～16:30　拝観料／中学生以上500円、小学生250円
URL www.hasedera.or.jp

天竺牡丹を浮かべた春の境内を彩る「華の池」

絶景ポイント
- 境内を彩るシャクナゲやボタン
- 紅葉で赤く染まる境内

上／春には仁王門を入ってすぐの池や手水舎に天竺牡丹を浮かべるイベントが行われます　左下／日本最大の塑像、本尊如意輪観音坐像。奈良時代末期のものとされます　右下／朱色が鮮やかな重要文化財の仁王門は、慶長17年の再建

185
奈良県

岡寺《おかでら》（龍蓋寺《りゅうがいじ》）

御本尊
如意輪観音《にょいりんかんのん》

日本最初の厄除け霊場であるといわれる岡寺。緑深い境内は霊場というにふさわしい雰囲気です。本堂には、高さ4・85mの如意輪観音坐像が安置されています。境内には約3000株ものシャクナゲやボタンが植えられていて、毎年4月の中旬から5月にかけて一面をピンク色に染め上げます。

左下の印の龍蓋寺が正式名称です。岡山の中腹にあるため親しみを込めて岡寺と呼ばれてきました。

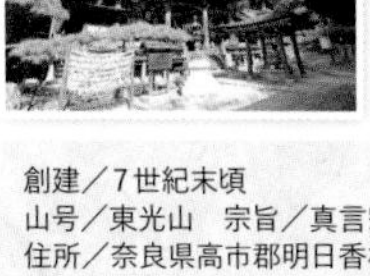

江戸後期に再建された本堂

寺社DATA

創建／7世紀末頃
山号／東光山　宗旨／真言宗
住所／奈良県高市郡明日香村岡806
交通／近鉄「橿原神宮前駅」からバスで14分、「岡寺前」下車、徒歩11分　参拝・御朱印授与時間／8:30～17:00（12～2月は～16:30）　拝観料／大人400円、高校生300円、中学生200円
URL okadera3307.com

境内を真っ赤に染める
美しきモミジの海を渡る

絶景ポイント
» 通天橋から眺める紅葉
» 近代アートを取り入れた庭園

上／秋には2000本ものカエデが色づき、京都屈指の紅葉が楽しめます
左下／日本文化の伝統的な意匠である市松模様を取り入れた方丈庭園の北庭
右下／本堂と開山堂を結ぶ橋廊「通天橋」から眺める紅葉は見事

九條家の氏寺であることを示す九條家の家紋と、仏法僧寶の三宝印が押されています。

186
京都府

東福寺《とうふくじ》

御本尊
釈迦如来《しゃかにょらい》

摂政九條道家が、奈良の東大寺、興福寺に匹敵する大寺を創建しようと「東」と「福」の字を取り、京都最大の大伽藍を造営したのが東福寺です。嘉禎2年より19年を費やして建立されました。作庭家・重森三玲が手がけた庭園は、現代アートを取り入れた近代禅宗庭園として国の名勝に指定されています。

寺社DATA

創建／1255年（建長7年）
山号／慧日山
宗旨／臨済宗東福寺派
住所／京都府京都市東山区本町15-778
交通／ JR「東福寺駅」から徒歩7分
参拝時間／9:00～16:00（季節により変更あり）
御朱印授与時間／9:30～15:30
拝観料／通天橋・開山堂600円（11月10日～30日は1000円）、本坊庭園500円
URL tofukuji.jp

紅葉

桃山時代を代表する庭園で四季折々の自然を楽しむ

絶景ポイント
» 風情あふれる紅葉の庭園
» 夜間特別拝観

上／紅葉の臥龍池。ライトアップ時には景色が映り込み、その見事な鏡池は必見です　左下／国の史跡・名勝、小堀遠州作の高台寺庭園には伏見城遺構の観月台やねねの墓所、霊屋に続く臥龍廊などがあります　右下／境内南の利生堂には釈迦仏の涅槃図が描かれています

187
京都府

高台寺《こうだいじ》

御本尊
釈迦如来《しゃかにょらい》

豊臣秀吉公の菩提と自身の墓所として、正室・ねねが開創しました。ふたりの霊廟、霊屋の厨子や須弥壇には、金と黒漆の繊細な意匠の高台寺蒔絵が施され、華麗な桃山文化を彷彿させます。臥龍池を中心とした庭園は、常緑樹の緑、桜、紅葉、静寂の雪景色と趣深い表情を見せてくれる名園です。

慈悲の心を指す「佛心」のほか、「夢」、「安心」の3種類の御朱印を頂くことができます。

寺社DATA

創建／1606年（慶長11年）　山号／鷲峰山　宗旨／臨済宗建仁寺派　住所／京都府京都市東山区高台寺下河原町526　交通／JR「京都駅」からバスで18分、「東山安井」下車、徒歩6分　参拝時間／9:00～17:00（夜間特別拝観期～21:30）　御朱印授与時間／9:00～16:30　拝観料／大人600円、中・高生250円　URL www.kodaiji.com

晩秋の京を真っ赤に染める 庭を埋め尽くすモミジの絨毯

絶景ポイント
» 紅葉シーズンの庭園
» 雪景色や新緑の庭園

上／紅葉の名所としてテレビ、雑誌などで紹介されることが多い庭園は、四季折々の美しい表情を見せてくれます　左下／ひっそりとした冬の雪景色も風情があります　右下／石畳の道の両脇をモミジが彩り、まるでモミジのトンネルのよう

188
京都府

宝筐院《ほうきょういん》

自然に包まれた庭園が有名な宝筐院は、平安時代に白河天皇の勅願寺として建立されました。室町時代には足利義詮《あしかがよしあきら》の菩提寺として栄えますが、応仁の乱後は衰退。明治には廃寺となりますが、境内に楠木正行（小楠公）の首塚があることから、楠木正行ゆかりの寺として大正期に復興を遂げました。

御本尊
千手観世音菩薩《せんじゅかんぜおんぼさつ》

小楠公と義詮公の菩提寺であることから、両者の紋の印が押されています。

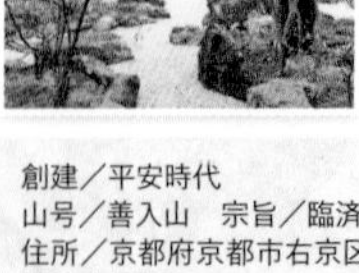

寺社DATA

創建／平安時代
山号／善入山　宗旨／臨済宗
住所／京都府京都市右京区嵯峨釈迦堂門前南中院町9-1
交通／JR「嵯峨嵐山駅」から徒歩15分
参拝・御朱印授与時間／9:00～16:00（11月～16:30）　拝観料／高校生以上500円、小・中学生200円
URL www.houkyouin.jp

あたたかな光に照らされた 吉祥天が宿る「吉祥紅葉」

上／秋の拝観期間中の11月13日～30日は境内がライトアップされます
左下／花手水をイメージした花手水弁当（2500円）は、春の期間限定で予約することができます
右下／新春参拝や灌仏会の際に花手水が楽しめます

秋の拝観期間限定の吉祥紅葉の御朱印です。御朱印のデザインは毎年変わります。

座禅体験・写経体験・写仏体験なども行っています

189
京都府

勝林寺《しょうりんじ》

御本尊
毘沙門天《びしゃもんてん》

勝林寺は東福寺（↓P.204）の塔頭寺院のひとつで、天文19年に東福寺第205世住持であった高岳令松禅師によって創建されました。本山東福寺の鬼門（北方）に位置し、仏法と北方を守護するところから「東福寺の毘沙門天」と呼ばれます。吉祥天が宿ると伝わる紅葉の美しさは必見です。

寺社DATA

創建／1550年（天文19年）
山号／梅室羅山
宗旨／臨済宗東福寺派
住所／京都府京都市東山区本町15-795
交通／JR・京阪「東福寺駅」から徒歩8分
参拝・御朱印授与時間／10:00～16:00
拝観料／無料（特別拝観時のみ700円）
URL shourin-ji.org

歴史と四季を五感で感じる
フォトジェニックな花手水
絶景ポイント
季節感あふれる花手水
新緑、アジサイ、モミジ

上／「不安な現代に御利益と心の平安を」との思いから、数年前より手水舎に定期的にお花を入れるようになったそうです　左下／11月中旬から12月上旬は山全体が紅葉で赤く染まります　右下／花手水は3日から2週間ほどで変わります

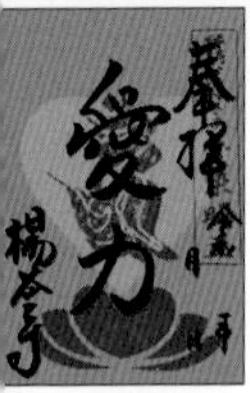

上は愛染明王のLOVE御朱印。よく見るとLOVEのアルファベット文字が入っているのがわかります。下は眼力稲荷社の御朱印。どちらも17日限定頒布です。

柳谷観音楊谷寺《やなぎだにかんのんようこくじ》

190
京都府

平安時代から天皇家・公家をはじめ、眼病に悩む人々に眼病平癒の祈願所として信仰されてきました。境内には弘法大師が祈祷した眼病に効く霊水「独鈷水《おこうずい》」も。手水舎・手水鉢に色とりどりの季節の草花を浮かべた「花手水」や、「押し花朱印つくり」など、四季を感じる趣向が女性を中心に評判です。

御本尊
十一面千手千眼《じゅういちめんせんじゅせんげん》
観世音菩薩《かんぜおんぼさつ》

眼病平癒祈願所であり花手水発祥の寺です

寺社DATA

創建／806年（大同元年）
山号／立願山　宗旨／西山浄土宗
住所／京都府長岡京市浄土谷堂ノ谷2
交通／阪急京都線「長岡天神駅」から車で10分、または徒歩1時間 ※毎月17日はシャトルバスあり（詳細はホームページ参照）
参拝・御朱印授与時間／9:00～16:30
拝観料／500円、ウイーク期間（ホームページ参照）700円　URL yanagidani.jp

ライトアップ

モミジの古木が真っ赤に染まる 侘びさびの隠れ寺

絶景ポイント
» 紅葉のライトアップ
» 小堀遠州作名勝庭園

上／枯れ滝や巨石を用いた名勝庭園は小堀遠州作と伝えられます　左下／本堂に祀られた十一面観世音菩薩。両脇に仁王像を従えています　右下／11月15日～12月5日のライトアップ期間は、300本を超えるモミジの大木を150基のライトが幽玄に照らします

右上には「太子説法処」の印。境内には「太子の説法岩」と呼ばれる大きな岩が残ります。

ライトアップされた参道は幻想的な雰囲気

191
滋賀県

教林坊《きょうりんぼう》

御本尊
十一面観世音菩《じゅういちめんかんぜおんぼさ》

開基は聖徳太子と伝わり、太子が林の中で教えを説かれたことが寺名の由来です。1年のうち緑と紅葉の時期のみ拝観が許される境内は、数千本の竹林の中、名勝庭園や茅葺きの書院がたたずむ別世界。夜間ライトアップでは、数千本の竹の青さとモミジの赤のコントラストが人々を魅了します。

寺社DATA

創建／605年（推古天皇13年）
山号／繖山　宗旨／天台宗　住所／滋賀県近江八幡市安土町石寺1145　交通／JR「安土駅」から車で10分　参拝時間／4～6、10月の土・日曜、祝日9:30～16:30、11月1日～12月15日9:30～16:30　御朱印授与時間／9:30～16:30　拝観料／大人600～700円、小・中学生200円　URL kyourinbo.jimdofree.com

ライト アップ

ダルマが並ぶ勝運の寺が光のベールに包まれる

絶景ポイント
» 紅葉時期のライトアップ
» ダルマが並ぶ境内

／1603年（慶長8年）に豊臣秀頼によって再建された山門は、紅葉ーズンにライトアップされます　左下／境内には願いが成就した勝ちダルマ」が所狭しと並びます　右下／山門とダルマみくじ。境のいたるところでダルマみくじを目にします

勝尾寺《かつおうじ》

192
大阪府

勝尾寺の勝運信仰は古く平安時代まで遡ります。6代座主・行巡が清和帝の病を祈祷で治し、たいそうお喜びになられた天皇が「王に勝った寺、勝王寺」と命名しましたが、寺側はあまりに恐れ多いと「王」を「尾」に控え「勝尾寺」と称するように。以来、「勝運の寺」として広く信仰されています。

御本尊
十一面千手《じゅういちめんせんじゅ》観世音菩薩《かんぜおんぼさつ》

ダルマみくじ

上の印には「己に打ちつ」という意味が込めれた勝ちダルマがデザンされています。

寺社DATA
創建／727年（神亀4年）
山号／応頂山　宗旨／真言宗
住所／大阪府箕面市粟生間谷2914-1
交通／阪急箕面線「箕面駅」から車で10分　参拝時間／平日8:00～17:00、土曜～17:30、日曜、祝日～18:00　御朱印授与時間／閉門30分前まで　拝観料／高校生以上400円、小・中学生300円、未就学児100円、2歳以下無料
URL katsuo-ji-temple.or.jp

ライトアップ
苔庭の海に浮かぶ
青い星が
幻想的な世界へ誘う
絶景ポイント
青い光でライトアップ
された庭園や竹林

上／青い光で境内をライトアップする夜の特別参拝では、大小1000の照明器具で芸術的な景観を演出します　左下／室町時代の相阿弥の作と伝えられる池泉回遊式庭園が広がる境内　右下／夜の特別拝観では諸堂の内部を拝観し、その後庭園を散策できます

193
京都府

青蓮院門跡《しょうれんいんもんぜき》

最澄が比叡山延暦寺を開いたとき、僧坊のひとつとして青蓮坊を置いたのが始まりです。平安末期、鳥羽法皇の第7王子が寺に入って以来、門跡寺院になりました。光そのものである熾盛光如来を御本尊とし、炎の光を背負う、その化身の青不動明王を祀るなど、光と縁が深い門跡寺院です。

御本尊
熾盛光如来《しじょうこうにょらい》

宸殿の「濱松図襖」は重要文化財

寺内で最も大きな建物である宸殿（しんでん）は門跡寺院特有のもの

寺社DATA

創建／785年（延暦4年）
山号／なし　宗旨／天台宗
住所／京都府京都市東山区粟田口三条坊町69-1　交通／地下鉄東西線「東山駅」から徒歩5分　参拝時間／9:00〜17:00（16:30受付終了）　御朱印授与時間／9:00〜16:00　拝観料／大人500円、中・高生400円、小学生200円
URL www.shorenin.com

奉拝
熾盛光如来
青蓮院

熾盛光如来を御本尊とするのは日本で青蓮院だけです。国宝の青不動明王の御朱印も頂くことができます。

お寺とホテルが一体化。美術館のような本堂は壮観

絶景ポイント

- ホテルの宿泊客のみが参拝できる本堂
- 館内に配された歴史的保管物

上／寺宝と現代建築が見事に融合した荘厳な本堂。通常非公開ですが宿泊客のみ参拝できます　左下／本堂で毎朝行われる浄土宗の朝のお勤めは宿泊客限定で体験参加可能（有料・先着順）。参加者は住職より御朱印を記帳していただけます　右下／御本尊の阿彌陀如来

鐙籠堂浄教寺《とうろうどうじょうきょうじ》

194
京都府

平清盛の長男・平重盛が開基し、500年以上の歴史を誇る古刹とホテルが一体となった「三井ガーデンホテル京都河原町浄教寺」。伝統の匠の技に最先端技術を加え、約190年前の旧本堂が生まれ変わりました。美術館のような館内を鑑賞し、朝のお勤めに参加するなど、唯一無二の滞在ができます。

御本尊
阿彌陀如来《あみだにょらい》

浄教寺の柱の一部「木鼻」をロビーのモニュメントとして再利用

墨書の「無量功徳」は、仏様が備えている計り知れないほど大きな功徳を表します。

2020年にオープンしたホテルです

寺社DATA

創建／1449年（宝徳元年）
山号／多聞山　宗旨／浄土宗
住所／京都府京都市下京区寺町通四条下る貞安前之町620　交通／阪急京都線「京都河原町駅」から徒歩1分　参拝・御朱印授与時間／宿泊客限定。詳細はホテルへ問い合わせを（都合により中止になる場合あり）　URL www.gardenhotels.co.jp/kyoto-kawaramachi-jokyoji

上／拝殿の真正面に鎮まる熊野速玉大神、その左側に鎮まる熊野夫須美大神をはじめ十八柱の神々をお祀りしています
下／熊野大神が初めて鎮まり、日本書紀には天磐盾（あまのいわたて）と記されるゴトビキ岩を御神体とする元宮（神倉神社本殿）

上の２体は通常の御朱印。下は令和４年の特別御朱印。熊野速玉大社と神倉神社のセットで授与。神倉神社の御朱印も含め、すべて熊野速玉大社の社務所で頂けます。

熊野《くまの》速玉《はやたま》大社《たいしゃ》

195
和歌山県

196
（神倉神社）
和歌山県

主祭神
熊野《クマノ》速玉大神《ハヤタマノオオカミ》
熊野《クマノ》夫須美大神《フスミノオオカミ》
（神倉神社は
天照大神《アマテラスオオカミ》
高倉下命《タカクラジノミコト》）

熊野三山の一社で、朱塗りの社殿が後ろの木々の緑に映え、美しく印象的。熊野の大神様が降臨された神倉山のゴトビキ岩の自然信仰を起源とし、現在の社地に初めて真新しいお宮を造ってお祀りしたことにより、この地域を新宮といわれます。御夫婦の主祭神が寄り添うように鎮まる熊野速玉大社は、令和10年に創建1900年を迎えます。

寺社DATA

創建／128年（景行天皇58年）
本殿様式／熊野造
住所／和歌山県新宮市新宮１（神倉神社：和歌山県新宮市神倉1-13-8）　交通／JR「新宮駅」から徒歩15分。※神倉神社のゴトビキ岩へは熊野速玉大社から徒歩約30分。急峻な石段あり
参拝時間／5:00～17:00（神倉神社：参拝自由）
御朱印授与時間／8:00～17:00　拝観料／無料
URL kumanohayatama.jp

絶景ポイント
≫朱塗りの社殿　≫別宮「飛瀧神社」の那智滝

鮮やかな朱塗りの社殿と聖なる滝

社殿

197
和歌山県

熊《くま》野《の》那《な》智《ち》大《たい》社《しゃ》

日本第一霊験所は、日本で最も霊験があらたかであることを意味します。

熊野三山の参拝道「熊野古道」

緑が朱色の社殿に映え、フォトジェニック

写真提供：熊野那智大社

御祭神

熊野《クマノ》夫《フ》須《ス》美《ミ》大神《ノオオカミ》

落差日本一の那智滝

寺社DATA

創建／317年（仁徳5年）
本殿様式／熊野権現造
住所／和歌山県東牟婁郡那智勝浦町那智山1　交通／JR「紀伊勝浦駅」からバスで約30分、「那智山」下車、徒歩5分　参拝時間／7:30〜16:30　御朱印授与時間／8:00〜16:30　拝観料／無料（宝物殿は大人300円、小・中学生200円）　URL kumanonachitaisha.or.jp

熊野古道の長い石段を上り鳥居をくぐると、鮮やかな朱塗りの社殿が目に飛び込んできます。祭神名の「夫須美」は「結《むすび》」という意味をもつことから、「結宮《むすびのみや》」とも称され、人の縁や願いを結ぶ社として信仰されてきました。参拝後は、境内右側から続く石段を下り、別宮の飛瀧《ひろう》神社へ参拝しましょう。御神体である那智滝の全景が眺められます。

絶景ポイント
≫三重塔と那智滝　≫三重塔上層からの眺め

絵画のような那智滝《なちのたき》と三重塔

塔

198
和歌山県

青《せい》岸《がん》渡《と》寺《じ》

観音信仰の霊場めぐり「西国三十三所」の第一番札所です。中央の印は如意輪観音を表す梵字「キリーク」。

本堂（左写真）から三重塔へは徒歩10分。塔の上から雄大な眺めが望めます

御本尊

如《にょ》意《い》輪《りん》観《かん》世《ぜ》音《おん》菩《ぼ》薩《さつ》

寺社DATA

創建／4世紀（仁徳天皇治世）
山号／那智山　宗旨／天台宗
住所／和歌山県東牟婁郡那智勝浦町那智山8　交通／JR「紀伊勝浦駅」からバスで約30分、「那智山」下車、徒歩15分　参拝時間／7:00〜16:30（三重塔9:00〜15:30）　御朱印授与時間／7:30〜16:30　拝観料／無料（三重塔200円）　URL なし

青岸渡寺は熊野那智大社（上）とともに熊野信仰の中心地としてあつい信仰を集めています。伝承では4世紀、インドから渡来した裸形上人《らぎょうしょうにん》が那智滝で得た如意輪観音を草庵に安置したのが起源。神仏習合の修験道場として繁栄を極めました。現在の本堂は豊臣秀吉が再建したもの。本堂後方から眺める三重塔と那智滝は心に響く美景です。

絶景ポイント
≫境内からの眺め

港の見える丘から神戸の街を一望

眺望

199
兵庫県

神戸《こうべ》北野《きたの》天満《てんまん》神社《じんじゃ》

中央上の印は梅鉢紋。毎月25日は日付の横に「天神さまの日」の押印を頂けます。

神戸の港と街を眺望できる天空の神社

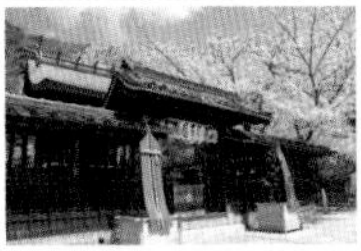

御祭神
菅原道真公《スガワラノミチザネコウ》

1180年、平清盛によって創建された歴史ある神社です。急な石段を上った丘の上に鎮座しており、創建以来、神戸の街を見守り続けてきました。拝殿前からは神戸北野異人館のシンボルである風見鶏の館や港が一望でき、すがすがしい気持ちで参拝することができます。境内の鯉の像「叶い鯉」は恋愛成就のパワースポットとしても知られています。

寺社DATA

創建／1180年（治承4年）
本殿様式／不詳
住所／兵庫県神戸市中央区北野町3-12-1
交通／JR「三ノ宮駅」から徒歩15分
参拝時間／7:30～17:00
御朱印授与時間／9:00～17:00
拝観料／無料
URL www.kobe-kitano.net

絶景ポイント
≫宝塚市内を一望　≫初日の出

初日の出を拝める高台の神社

眺望

200
兵庫県

宝塚《たからづか》神社《じんじゃ》

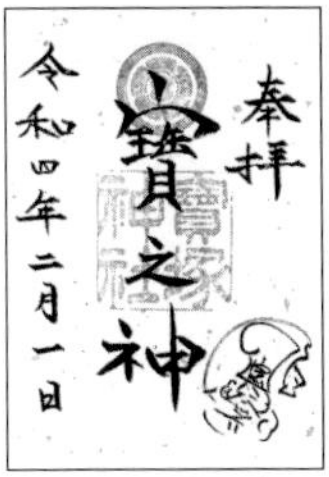

えびす様の絵（右下）入り御朱印は宮司さんがいらっしゃるときのみ頂けます。

境内から見える初日の出

四季折々の自然も楽しめます

御祭神
大山祇神《オオヤマツミノカミ》
素盞嗚尊《スサノオノミコト》

左から「えびす札」「えびす願かけ守」「金運守」

「幸福をもたらす土地」に由来する「宝塚」の地名を冠した神社で、金運の御神徳があると伝わります。坂道を上りきった小高い丘の上に立ち、すばらしい眺望でも有名。宝塚市内はもちろん、天気のいい日は遠く生駒山まで望めるのです。また初日の出が見える神社としても人気で、三が日は御来光を拝もうと訪れる参拝者でにぎわいます。

寺社DATA

創建／承和年間（834～848年）以前
本殿様式／権現造
住所／兵庫県宝塚市社町4-8
交通／阪急今津線「逆瀬川駅」または「小林駅」から徒歩10分
参拝時間／自由
御朱印授与時間／9:00～16:00
拝観料／無料
URL takarazuka-jinja.org

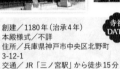

201
奈良県

大神神社《おおみわじんじゃ》

眺望

西は奈良盆地を、東は三輪山を望む

絶景ポイント
≫展望台からの眺望

奈良盆地が一望できる展望台。
桜の季節もおすすめです

『古事記』『日本書紀』にも登場する日本最古の社。後方にそびえる秀麗な三輪山そのものを御神体としているため、境内に本殿はなく、拝殿奥の三ツ鳥居を通して三輪山を拝する形態をとっています。境内には桜の木々が植えられた大美和の杜展望台があり、西側からは奈良盆地を一望でき、東側からは三輪山を拝むことができます。

御祭神
大物主大神《オオモノヌシノオオカミ》

大和国一之宮、大神神社の墨書。上の印には御神体である三輪山の文字が入ります。

寺社DATA
創建／神代
住所／奈良県桜井市三輪1422
交通／JR「三輪駅」から徒歩5分、JR「桜井駅」からシャトルバスで20分（土・日曜、祝日のみ）
参拝時間／自由
御朱印授与時間／8:30～16:30
拝観料／無料
URL https://oomiwa.or.jp

202
滋賀県

延暦寺《えんりゃくじ》

紅葉

比叡山を赤く染める圧巻の秋景色

絶景ポイント
≫横川の紅葉

真っ赤に染まる横川中堂（御本尊：聖観音）。
各エリアの移動はシャトルバスを利用

伝教大師最澄が開いた天台宗の総本山。延暦寺は比叡山に点在する堂宇の総称で、東塔、西塔、横川とエリア分けされ、それぞれに本堂があります。紅葉の名所としても有名で、特に横川は、深山ならではの見事な秋の景色を存分に楽しめます。

御本尊
薬師如来《やくしにょらい》

中央の印は薬師如来を表す梵字のベイ、左下の印は比叡山根本中堂の印です。

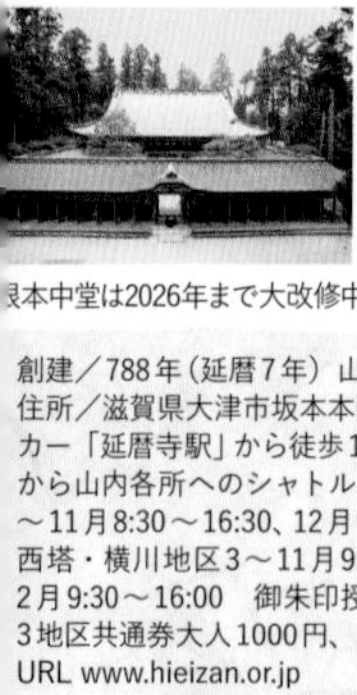
根本中堂は2026年まで大改修中

寺社DATA
創建／788年（延暦7年） 山号／比叡山 宗旨／天台宗
住所／滋賀県大津市坂本本町4220 交通／ケーブルカー「延暦寺駅」から徒歩10分の「延暦寺バスセンター」から山内各所へのシャトルバスが運行 参拝時間／東塔地区3～11月8:30～16:30、12月9:00～16:00、1～2月9:00～16:30。西塔・横川地区3～11月9:00～16:00、12月9:30～15:30、1～2月9:30～16:00 御朱印授与時間／10:00～15:00 拝観料／3地区共通券大人1000円、中・高生600円、小学生300円
URL www.hieizan.or.jp

絶景ポイント
»国宝の三門

203 京都府

知恩院《ちおんいん》

三門

二階二重門の荘厳な三門

中央の墨書は法然上人。御詠歌の御朱印、勢至菩薩の御朱印も頂けます。

威風堂々としたたたずまいの三門。国宝に指定されています

国宝の御影堂

御本尊
法然上人《ほうねんしょうにん》

三門を箔押しした御朱印帳

開祖・法然上人が入滅した地に建つ浄土宗の総本山。約7万枚もの屋根瓦を使用し、高さ24m、幅50mと日本最大級の木造門である三門は、徳川2代将軍秀忠によって建てられました。楼上内部は宝冠釈迦牟尼仏像などが安置された仏堂（非公開）となっており、三門は悟りに通じる3つの解脱の境地を表す門「三解脱門」を意味しています。

寺社DATA

創建／1175年（承安5年）
山号／華頂山　宗旨／浄土宗
住所／京都府京都市東山区林下町400　交通／阪急京都線「河原町駅」から徒歩15分　参拝・御朱印授与時間／9:00～16:00（方丈庭園9:00～15:50）
拝観料／境内は無料。友禅苑300円、方丈庭園400円
URL www.chion-in.or.jp

絶景ポイント
»摩尼殿　»大講堂

204 兵庫県

圓教寺《えんぎょうじ》

お堂

岩山の中腹に構える壮大な摩尼殿《まにでん》

左上は西国三十三所草創1300年の印、中央の印は如意輪観音を表す梵字のタラークです。

摩尼殿をはじめ大講堂、食堂などの建物は重要文化財

御本尊
六臂如意輪《ろっぴにょいりん》
観世音菩薩《かんぜおんぼさつ》

平安中期の高僧・性空上人が開いた書写山山上に広がる古刹。天台宗の別格本山で西の比叡山と呼ばれます。ロープウェイ山上駅から参道を進むと仁王門が立ち、その先には堂々たるたたずまいの摩尼殿が見えます。根があるままの木で御本尊の観音像を彫ったため、摩尼殿は岩山中腹に立つ舞台造になったといいます。

寺社DATA

創建／966年（康保3年）
山号／書写山　宗旨／天台宗
住所／兵庫県姫路市書写2968
交通／JR「姫路駅」からバスで30分、終点下車。ロープウェイ「書写山麓駅」から4分、「山上駅」下車、摩尼殿まで徒歩20分
参拝・御朱印授与時間／ロープウェイの運行時間内　拝観料／500円
URL www.shosha.or.jp

絶景ポイント
≫国宝三重塔

平安末期の優美な古塔がそびえる　塔

205
兵庫県

一乗寺《いちじょうじ》

墨書は大悲閣、左上は西国三十三所草創千三百年の印。中央印は千手観音を表す梵字「キリーク」。

立派な三重塔。桜や紅葉の名所としても知られています

御本尊
聖観《しょうかん》世《ぜ》音《おん》菩《ぼ》薩《さつ》

法華山の斜面に堂宇が並ぶ天台宗の古刹です。天竺から紫雲に乗って飛来したという伝説の僧、法道仙人が孝徳天皇の勅願によって創建したと伝わります。本堂へ向かう途中に立つ三重塔は、平安末期の１１７１年に建造された日本最古の塔のひとつで国宝に指定されています。本堂からは重厚な堂宇が見渡せ、情緒あふれる景色を楽しめます。

寺社DATA
創建／649年（大化5年）
山号／法華山
宗旨／天台宗
住所／兵庫県加西市坂本町821-17
交通／JR「姫路駅」からバスで37分、「法華山一乗寺」下車、徒歩6分
参拝・御朱印授与時間／8:00～17:00
拝観料／500円
URL なし

絶景ポイント
≫社殿　≫神代杉

霧に包まれた神秘の社殿　社殿

206
奈良県

玉置神社《たまきじんじゃ》

御朱印の中央上には玉置神社にある摂社・三柱明神を表す三光の印が。

冬の山頂から望む熊野灘

神代杉の幹周は約8.5m

霧に包まれた神々しい社殿

御祭神
国常立尊《クニトコタチノミコト》
伊弉諾尊《イザナギノミコト》
伊弉冊尊《イザナミノミコト》
天照《アマテラス》大《オオ》御《ミ》神《カミ》
神日本磐余彦尊《カムヤマトイワレヒコノミコト》

「呼ばれた人しか行けない」といわれる玉置神社は、太古より熊野と吉野を結ぶ大峯修験道の最終目的地だった霊峰・玉置山の山頂近くに鎮座。熊野三山の奥宮とも呼ばれる聖地で、世界遺産「紀伊山地の霊場と参詣道」の一部でもあります。境内は樹齢３０００年を超す巨木「神代杉《じんだいすぎ》」をはじめ夫婦杉、大杉などがうっそうと生い茂る神秘の世界です。

寺社DATA
創建／紀元前37年
本殿様式／入母屋造
住所／奈良県吉野郡十津川村玉置川1　交通／JR「五条駅」からバスで3時間、「十津川温泉」下車、車で15分、玉置山駐車場から徒歩15分
参拝・御朱印授与時間／9:00～16:00
※修復中のため社務所の拝観中止
URL www.tamakijinja.or.jp

207
和歌山県

高野山金剛峯寺《こうやさんこんごうぶじ》

真言密教の聖地に立つ立体曼荼羅

塔

絶景ポイント
≫根本大塔

根本大塔の御朱印です。中央の印は大日如来を表す梵字のア。左の墨書は大伽藍、根本大塔です。

迫力ある立体曼荼羅の根本大塔。中央に大日如来が鎮座

弘法大師空海が真言密教の道場として開いた聖地。金剛峯寺は高野山真言宗約3600ヵ寺の総本山で、金剛峯寺の境内は高野山全域としています。これを「一山境内地」といい、山内には117の寺院が建ち並びます。本堂である金堂をはじめ参拝したい堂宇のなかでも圧倒的な存在感を放つのが根本大塔。弘法大師が真言密教の象徴として造立し、仏のすむ世界を立体的に表しています。

御本尊
薬師如来《やくしにょらい》

寺社DATA

創建／816年（弘仁7年）　山号／高野山
宗旨／真言宗　住所／和歌山県伊都郡高野町高野山132　交通／南海電鉄高野線「極楽橋駅」から高野山ケーブルで5分、「高野山駅」下車。高野山山内は南海りんかんバスを利用。金剛峯寺は同バス「金剛峯寺前」下車すぐ、根本大塔は同バスで「金堂前」下車すぐ　参拝・御朱印授与時間／8:30～17:00（16:30拝観受付終了）　拝観料／金剛峯寺1000円、根本大塔500円
URL www.koyasan.or.jp

208
京都府

祇王寺《ぎおうじ》

青々と苔むした見事な庭園

庭園

絶景ポイント
≫苔に覆われた苔庭

中央の墨書は大日如来。中央の印は伎芸天のシンボルで白拍子を表すもの。

手入れが行き届いた見事な苔庭。苔の種類は約30種類。新緑の季節はもちろん、11月下旬から12月初旬は紅葉の散りモミジも楽しめます

平清盛の寵愛を受けた白拍子《しらびょうし》の祇王が出家した悲恋の尼寺として『平家物語』に登場する草庵です。奥嵯峨にひっそりたたずむ小さなお寺ですが、竹林や青モミジに囲まれた美しい苔庭があり、ゆったりと心落ち着く時間を過ごすことができます。仏間には御本尊とともに、祇王の木像が安置されています。

御本尊
大日如来《だいにちにょらい》

寺社DATA

創建／不詳
山号／高松山　宗旨／真言宗
住所／京都府京都市右京区嵯峨鳥居本小坂町32
交通／京福電鉄嵐山本線「嵐山駅」またはJR「嵯峨嵐山駅」から徒歩25分。阪急嵐山線「嵐山駅」からバスで10分、「嵯峨釈迦堂前」下車、徒歩15分
参拝・御朱印授与時間／9:00～16:30（受付終了）
拝観料／300円
URL www.giouji.or.jp

絶景ポイント
»苔むした参道 »本坊庭園

豊かな自然と歴史が育む景観

209
滋賀県

百《ひゃく》済《さい》寺《じ》

植木観音は御本尊である十一面観世音菩薩の別名。聖徳太子の御朱印も。

秋色に染まる参道。石段を覆う苔とモミジのコントラストが美しい

本坊庭園のライトアップ

御本尊
十一面観世音菩薩《じゅういちめんかんぜおんぼさつ》

聖徳太子が朝鮮半島の百済の寺を模して創建。織田信長、井伊直孝など名だたる歴史上の人物と関わりがある由緒ある名刹です。重厚な石垣の参道、池の周りを散策できる本坊庭園など風光明媚なスポットがたくさん。宣教師ルイス・フロイスに「地上の天国」といわしめた境内を彩る豊かな自然は、訪れる人々を魅了し続けています。

寺社DATA
創建／606年（推古天皇14年）
山号／釈迦山　宗旨／天台宗
住所／滋賀県東近江市百済寺町323
交通／近江鉄道八日市線「八日市駅」からちょこっとバスで30分、「百済寺本坊前」下車すぐ　参拝・御朱印授与時間／8:30～17:00　拝観料／大人600円、中学生300円、小学生200円
URL www.hyakusaiji.jp

絶景ポイント
»御神木のクスノキ、薫蓋樟

境内をすっぽり包み込む巨樹

210
大阪府

三島神社《みつしまじんじゃ》

緑色の大きな印は薫蓋樟と国指定天然記念物の文字が入った印で、御神木の薫蓋樟が描かれています。

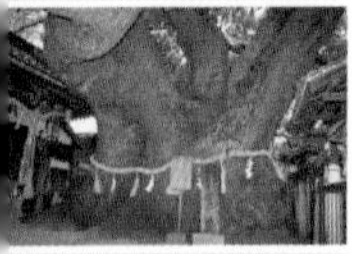

大阪・門真市の静かな住宅街に鎮座しています。境内には薫《くん》蓋樟《がいしょう》と呼ばれる樹齢1000年を超す巨大なクスノキがどっしりと構え、太い枝をうねらせて四方に広げたその姿はまるで神社をお守りしているかのよう。太い幹の根元には江戸時代後期の公家・千種有文が詠んだ歌碑が建てられています（左下写真）。

ダイナミックで圧倒的な存在感の薫蓋樟は国指定の天然記念物。御祭神の御神徳とともに神秘のパワーを授けていただけます。薫蓋樟は周囲約13.1m、高さ約30m、枝振りは東西に約40m

御祭神
天照皇大神《アマテラススメオオミカミ》
素戔嗚尊《スサノオノミコト》
大己貴命《オオナムチノミコト》

寺社DATA
創建／不詳
本殿様式／一間社流造
住所／大阪府門真市三ツ島1-15-20
交通／地下鉄長堀鶴見緑地線「門真南駅」から徒歩12分
参拝時間／自由
御朱印授与時間／9:00～17:00（呼び鈴対応）　拝観料／無料
URL なし

絶景ポイント
≫千本鳥居　≫朱塗りの社殿

祈願と感謝のあつい思い「千本鳥居」

鳥居

211
京都府

伏見《ふしみ》稲荷《いなり》大社《たいしゃ》

美麗な墨書に印というシンプルな構成の御朱印です。本殿近くの授与所で頂けます。

隙間なく並ぶ鳥居の数はあつく崇敬されてきたことを物語っています

唐破風屋根の華やかな内拝殿

京都東山三十六峰の南端、稲荷山の麓に本殿、山全体を神域とする広大な神社。全国に約3万社ある稲荷神社の総本宮です。重厚で美しい社殿、数々の摂末社があり、商売繁昌、五穀豊穣、学業成就、病気平癒など幅広い御神徳が頂けます。願いが「通る」ように、または「通った」お礼から奉納された千本鳥居は圧巻の光景です。

御祭神

宇迦之御魂大神《ウカノミタマノオオカミ》
佐田彦大神《サタヒコノオオカミ》
大宮能売大神《オオミヤノメノオオカミ》
田中大神《タナカノオオカミ》
四大神《シノオオカミ》

寺社DATA

創建／711年（和銅4年）
本殿様式／五間社流造
住所／京都府京都市伏見区深草藪之内町68
交通／JR「稲荷駅」から徒歩すぐ。京阪本線「伏見稲荷駅」下車、徒歩5分
参拝時間／自由
御朱印授与時間／8:30～16:30
拝観料／無料　URL inari.jp

絶景ポイント
≫大斎原の大鳥居　≫山深く美しい境内

神が舞い降りた場所に立つ大鳥居

鳥居

212
和歌山県

熊野《くまの》本宮《ほんぐう》大社《たいしゃ》

中央上には熊野三山の神様の使いであるヤタガラスの印が。3本の足は天・地・人を表します。

大鳥居は毎年大晦日～1月7日の間ライトアップされます

本宮大社の社殿

深い山々に囲まれた境内には、熊野三山のなかで最も古式ゆかしい3つの社殿が鎮座します。お参りは中央の本宮、結宮、若宮の順番で。参拝後は歩いて10分の「大《おお》斎原《ゆのはら》」へ。高さ約34mの日本一の大鳥居がそびえるこの場所は、本宮大社の神様が最初に降りたとされ、かつて熊野本宮大社がありました。今も多くの神々が祀られています。

主祭神

家都美御子大神《ケツミミコノオオカミ》
素戔嗚尊《スサノオノミコト》

寺社DATA

創建／紀元前33年（崇神天皇65年）　本殿様式／結宮は入母屋造、本宮・若宮は切妻造
住所／和歌山県田辺市本宮町本宮
交通／JR「新宮駅」からバスで1時間20分、「本宮大社前」下車すぐ　参拝時間／7:00～17:00　御朱印授与時間／8:00～17:00　拝観料／無料
URL www.hongutaisha.jp

絶景ポイント
≫1200体の羅漢像

穏やかな表情の羅漢さんに癒やされる

石仏

213
京都府

愛宕念仏寺《おたぎねんぶつじ》

御朱印授与の際、羅漢さんのかわいらしいイラストシール（上写真）がおまけで頂けます。

境内に並ぶ羅漢像。紅葉や新緑の季節はすばらしい景観を楽しめます

御本尊
厄除千手観音《やくよけせんじゅかんのん》

1200体もの羅漢像が出迎えてくれる厄除けの寺です。奈良時代の創建後、興廃を繰り返した歴史をもつ古刹で、この羅漢像は昭和に入り復興活動のなか、参拝者たちによって彫られたもの。一体一体表情が異なり、なかにはお酒を酌み交わし楽しそうに笑っている姿も。参拝者の心を和ませてくれることから癒やしの寺として親しまれています。

寺社DATA

創建／766年（天平神護2年）
山号／等覚山　宗旨／天台宗
住所／京都府京都市右京区嵯峨鳥居本深谷町2-5　交通／阪急嵐山線「嵐山駅」からバスで25分、「愛宕寺前」下車すぐ。またはJR「嵯峨嵐山駅」から車で5分　参拝・御朱印授与時間／8:00～16:30　拝観料／300円
URL www.otagiji.com

絶景ポイント
≫十二神将　≫薬師如来像

わが国最古最大の神将像

仏像

214
奈良県

新薬師寺《しんやくしじ》

中央の印は薬師如来を表す梵字のバイ。左下には新薬師寺の墨書と印。

堂々たる天平建築の本堂

十二神将はどれも160cmほどで12の方角を向いて立っています

御本尊
薬師如来《やくしにょらい》

光明皇后が聖武天皇の病気平癒を願って七仏薬師像を造ったのが始まりとされる古寺です。御本尊は薬師如来。堂内には奈良時代後期から平安時代初期の作とされる薬師如来像が鎮座し、その周りを厳しい憤怒の表情で立つ十二神将がお守りしています。十二神将は波夷羅《ハイラ》大将を除いて奈良時代の作で日本最古最大の神将像です。

寺社DATA

創建／747年（天平19年）
山号／日輪山　宗旨／華厳宗
住所／奈良県奈良市高畑町1352
交通／近鉄「奈良駅」から市内循環バスで8分、「破石町」下車、徒歩10分
参拝・御朱印授与時間／9:00～17:00
拝観料／大人600円、中・高生350円、小学生150円
URL www.shinyakushiji.or.jp

絶景ポイント
»紅葉のライトアップ

光と紅葉が織りなす幻想的な世界

紅葉

215
京都府

北野天満宮《きたのてんまんぐう》

御朱印帳に直接記帳する御朱印のほか、書き置きで頂けるものや期間限定の御朱印もあります。

「もみじ苑」のライトアップは11月中旬から12月上旬

御祭神
菅原道真公《スガワラノミチザネコウ》

学業成就の御守り「学業御守」

約50種類、およそ1500本の梅の木が境内を彩る天神信仰発祥の地。全国約1万2000社の天満宮・天神社の総本社です。道真公といえば梅を愛されていたことで有名ですが、実はモミジについても歌を詠まれるなど深いご縁があります。境内に残る史跡・御土居《おどい》に造られた「もみじ苑」では約350本のモミジが色づき、秋はライトアップされ、光に紅葉が浮かび上がる幻想的な世界が見られます。

寺社DATA

創建／947年（天暦元年）　本殿様式／八棟造　住所／京都府京都市上京区馬喰町　交通／嵐電北野線「北野白梅町駅」から徒歩5分　参拝時間／6:30～17:00　御朱印授与時間／9:00～16:30　拝観料／無料
URL kitanotenmangu.or.jp

絶景ポイント
»花と三重塔

美しい花景色に心奪われる古寺

アジサイ

216
京都府

岩船寺《がんせんじ》

中央の梵字の印は阿弥陀如来を表すキリーク、普賢菩薩を表すアン、薬師如来を表すベイです。

重要文化財でもある三重塔とアジサイ。紅葉も見事です

御本尊
阿弥陀如来《あみだにょらい》

“丈六”と呼ばれる阿弥陀如来坐像

静かな山里にたたずむ古寺で、奈良時代、聖武天皇によって阿弥陀堂が建てられたのが始まりと伝わります。手入れが行き届いた緑豊かな境内は、アジサイを筆頭に季節ごとの美しい花々が咲き「花の寺」としても知られています。室町時代の作とされる三重塔や鎌倉時代の石塔が花々に囲まれて立ち、風情あふれる景色を楽しむことができます。

寺社DATA

創建／729年（天平元年）
山号／高雄山　宗旨／真言律宗
住所／京都府木津川市加茂町岩船上ノ門43　交通／JR「加茂駅」から木津川コミュニティバスで16分、「岩船寺」下車すぐ　参拝・御朱印授与時間／3～11月8:30～17:00、12～2月9:00～16:00（受付は15分前まで）
拝観料／500円　URL gansenji.or.jp

217 京都府

醍醐寺《だいごじ》

京都屈指の桜の名所

桜

絶景ポイント
≫桜 ≫三宝院

951年建立の国宝・五重塔

中央の印は薬師如来を表す梵字のバイ。観音堂で頂けます。

1600年に移築された国宝・金堂

御本尊
薬師如来《やくしにょらい》

1598年に豊臣秀吉が行った盛大な春の宴「醍醐の花見」の舞台となった日本を代表する桜の名所。春はしだれ桜、山桜など700本もの桜が次々と花開き、見事な景観を造り出しています。秀吉が設計した三宝院庭園や数々の国宝・重要文化財を有し、世界文化遺産にも登録されています。

寺社DATA
創建／874年（貞観16年） 山号／深雪山 宗旨／真言宗 住所／京都府京都市伏見区醍醐東大路町22 交通／地下鉄東西線「醍醐駅」から徒歩12分 参拝・御朱印授与時間／3～12月第1日曜9:00～17:00、12月第1月曜～2月末9:00～16:30 ※閉門30分前受付終了 拝観料／三宝院庭園＆伽藍1000円（3月20日～GW最終日は霊宝館庭園を加えた3ヵ所で1500円）、上醍醐600円 URL www.daigoji.or.jp

---

218 大阪府

道明寺天満宮《どうみょうじてんまんぐう》

紅白ピンクに咲き乱れる800本の梅花

花

絶景ポイント
≫梅花祭（例祭）

当社が道明寺だった頃、道真公のおば、覚寿尼公が住んでいました

中央の墨字は菅原大神。この神社は土師寺、道明寺、土師神社と変遷の歴史をもちます。

御祭神
菅原道真公《スガワラノミチザネコウ》

約1万坪の広々とした境内には約80種類800本もの梅の木が植えられ、梅の名所として知られています。毎年梅の花が満開となる2月25日には梅花祭（例祭）が行われ、数多くの参拝者が訪れます。神社の歴史は古墳時代と古く、野見宿祢《のみのすくね》がはにわを創って殉死に代えた功績で、土師《はじ》の姓と土地を賜ったことに起源をもつとされます。

寺社DATA
創建／古墳時代
本殿様式／権現造
住所／大阪府藤井寺市道明寺1-16-40 交通／近鉄南大阪線「道明寺駅」から徒歩3分
参拝時間／9:00～17:00
御朱印授与時間／9:00～16:30
拝観料／無料
URL www.domyojitenmangu.com

絶景ポイント
≫桜と十三重塔

世界唯一の木造十三重塔に桜が彩りを添える

花

219
奈良県

談山神社《たんざんじんじゃ》

通常御朱印のほか手漉き和紙を利用した鎌足公の御朱印など5種類の季節限定御朱印もあります。

飛鳥時代に建てられた木造の十三重塔は貴重な建造物

御祭神
藤原鎌足公《フジワラノカマタリコウ》

藤原鎌足公が御祭神。中臣鎌足（後の藤原鎌足）と中大兄皇子（後の天智天皇）が談山神社のある多武峰の山中で計画を練ったことから、「大化の改新談合の地」といわれています。桜や紅葉が美しい神社としても知られており、鎌足公の供養のために建てられた十三重塔などの重要文化財とともに四季折々のすばらしい景観を楽しめます。

寺社DATA

創建／701年（大宝元年）
本殿様式／三間社隅木入春日造
住所／奈良県桜井市多武峰319
交通／近鉄大阪線「桜井駅」からバスで27分、「談山神社」下車、徒歩3分
参拝・御朱印授与時間／8:30～17:00（16:30最終受付）
拝観料／大人600円、小学生300円
URL www.tanzan.or.jp

絶景ポイント
≫バラ庭園　≫国宝の本堂

平和への祈りを込めたバラが咲き誇る

花

220
奈良県

霊山寺《りょうせんじ》

中央は本尊薬師如来の墨書、右上は聖武天皇 勅願所の印、中央の印は薬師如来を表す梵字のバイ。

バラ庭園の見頃は春と秋。薬膳ランチを出すカフェや薬草風呂もあります

御本尊
薬師如来《やくしにょらい》

世界平和への祈りの象徴のバラ「ピース

聖武天皇の勅願で建立した古寺で、当時来日したインドのバラモン僧がインド霊《りょう》鷲山《じゅせん》にそっくりと言ったことから霊山寺と名づけられました。国宝の本堂、三重塔や仏像など数多くの重要文化財のほか、世界平和を願って200種類2000株ものバラが植えられた見事なバラ庭園があります。時間を忘れてゆっくり訪れたいお寺です。

寺社DATA

創建／736年（天平8年）
山号／登美山鼻高　宗旨／霊山寺真言宗　住所／奈良県奈良市中町3879　交通／近鉄奈良線「富雄駅」からバスで8分、「霊山寺」下車すぐ
参拝時間／8:00～17:00（本堂10:00～16:00）御朱印授与時間／9:00～17:00
拝観料／500円（5、6、10、11月は600円）
URL www.ryosenji.jp

絶景ポイント
≫15万本のコスモス　≫重要文化財の本堂

陽だまりにコスモス揺れる　花

221
奈良県

般《はん》若《にゃ》寺《じ》

墨書の妙吉祥とは御本尊の文殊菩薩の略称です。文殊菩薩を表す梵字マンの印が押されています。

コスモスの彩りと古い堂宇が花浄土のよう

御本尊
文殊《もんじゅ》菩《ぼ》薩《さつ》

飛鳥時代に高句麗から渡来した僧・慧灌《えかん》が「盤若台」と号する精舎を建てたのが始まりです。コスモスの寺として有名で、約15万株30種類の可憐な花々は江戸期の本堂や石仏によく映え、澄んだ秋空のもと古寺らしい優しい光景を造り上げます。まるで宝石のようなコスモスのグラスキューブ（左下写真）やコスモスをかたどったお守りに心がときめきます。

寺社DATA
創建／735年（天平7年）
山号／法性山　宗旨／真言律宗
住所／奈良県奈良市般若寺町221
交通／近鉄「奈良駅」からバスで6分、「般若寺」下車、徒歩3分　参拝時間／9:00～17:00（1、2、7、8、12月は～16:00）
御朱印授与時間／9:00～16:00　拝観料／大人500円、中・高生200円、小学生100円　URL www.hannyaji.com

絶景ポイント
≫名勝庭園の紅葉　≫本堂や三重塔

「血染めのもみじ」で有名な紅葉の名所　紅葉

222
滋賀県

金《こん》剛《ごう》輪《りん》寺《じ》

御本尊のほか、金剛界八十一尊曼荼羅など期間限定御朱印も。

三重塔は重要文化財に指定されています

参道沿いに並ぶ千体地蔵

御本尊
聖観《しょうかん》世《ぜ》音《おん》菩《ぼ》薩《さつ》

聖武天皇の勅願により奈良時代中期に創建されました。開山の行基菩薩が観音像を彫っていると、木肌から一筋の血が流れたとの寺伝から「生身《なまみ》の観音」と呼ばれる秘仏が祀られています。鎌倉時代建立の本堂や三重塔、湖東三山一の名園古庭と称される庭園などがあり、晩秋の深紅に染まる色鮮やかな紅葉は「血染めのもみじ」と広く知られています。

寺社DATA
創建／741年（天平13年）
山号／松峰山　宗旨／天台宗
住所／滋賀県愛知郡愛荘町松尾寺874
交通／JR「稲枝駅」から車で15分
参拝時間／8:30～17:00
御朱印授与時間／9:00～16:30
拝観料／600円
URL kongourinji.jp

223
京都府

真如堂《しんにょどう》

紅葉

散りモミジの絨毯が美しい

絶景ポイント
≫紅葉に染まる境内　≫ふたつの枯山水庭園

御本尊の阿弥陀如来に女人の救済を願うとうなずかれたとの伝承から「うなずきの弥陀」と呼ばれます。

モミジが色づくのは11月中旬～12月初旬

正式名は「正真正銘の極楽の霊地」という意味が込められた真正極楽寺ですが、本堂を表す「真如堂」が通称として定着しました。その名のとおり、自然豊かな境内は四季折々の美景にあふれ、本堂からは「涅槃の庭」「随縁の庭」という異なるふたつの枯山水庭園が拝観できます。特に紅葉の時期は美しく、たいへんなにぎわいとなります。

御本尊
阿弥陀如来《あみだにょらい》

御本尊の阿弥陀如来

寺社DATA
創建／984年（永観2年）　山号／鈴聲山　宗旨／天台宗　住所／京都府京都市左京区浄土寺真如町82　交通／JR「京都駅」からバスで40分、「錦林車庫前」下車、徒歩8分
参拝・御朱印授与時間／9:00～16:00
拝観料／高校生以上500円、中学生400円 ※特別参拝期間（11・3月）1000円
URL shin-nyo-do.jp

224
京都府

興聖寺《こうしょうじ》

紅葉

静かに紅葉が楽しめる

絶景ポイント
≫紅葉の名所琴坂　≫御本尊の釈迦牟尼仏

墨書の承陽大師とは、曹洞宗の開祖である道元禅師の諡名（おくりな）です。

赤や黄色に色づいた琴坂の紅葉

僧侶の教育・育成を目指して、宋から帰国した道元禅師によって開創された、曹洞宗初開道場です。毎日のお勤めや法事などを行う法堂は伏見城の遺構で、鶯張りの廊下、血天井があります。境内に続く坂道は、細長い坂の形状と横を流れる谷川のせせらぎが琴の音のように響くことから琴坂と呼ばれ、紅葉の名所として有名です。

御本尊
釈迦牟尼仏《しゃかむにぶつ》

御本尊の釈迦牟尼仏

寺社DATA
創建／1233年（天福元年）
山号／佛徳山　宗旨／曹洞宗
住所／京都府宇治市宇治山田27-1
交通／京阪「宇治駅」から徒歩15分、JR「宇治駅」から徒歩25分
参拝・御朱印授与時間／夜明けから日没まで（おおよそ5:00～17:00）※行事により入山規制あり
拝観料／500円（特別期間あり）
URL www.uji-koushouji.jp

毘沙門堂《びしゃもんどう》

紅葉

モミジが積もる「敷もみじ」の参道

絶景ポイント
»参道の紅葉 »しだれ桜 »庭園

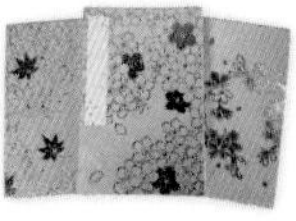

上／モミジや桜の華やかな御朱印帳　右／勅使門に続く紅葉が見事な石段

門跡寺院の格式とひなびた山寺の風情を伝える古刹です。飛鳥時代、文武天皇の勅願で僧の行基によって開かれました。御本尊の毘沙門天は、天台宗の宗祖の伝教大師最澄の自作と伝わり、商売繁盛、家内安全、必勝祈願に御利益があるとされます。参道の石段は、頭上も足元も真っ赤に染まる紅葉の名所。

御本尊
毘沙門天《びしゃもんてん》

御本尊の御朱印。中央の印は菊の寺紋。門跡寺院とは皇族や公家が出家して住職を務めるお寺のこと。

朱塗りの唐門

寺社DATA

創建／703年（大宝3年）
山号／護法山　宗旨／天台宗
住所／京都府京都市山科区安朱稲荷山町18　交通／JR･地下鉄「山科駅」、「京阪山科駅」から徒歩約20分
参拝時間／8:30～16:30（冬期～16:00）
御朱印授与時間／9:00～16:00
拝観料／境内無料、本殿・宸殿・霊殿は500円　URL bishamon.or.jp

春日大社《かすがたいしゃ》

社殿

燈籠の明かりで浮かび上がる朱色の社殿

絶景ポイント
»鮮やかな朱色の本殿 »万燈籠の特別参拝

約3000基の燈籠に火がともされる「万燈籠」

全国に約３０００社ある春日神社の総本社である春日大社は、奈良の都ができた頃に創建され、約１３００年もの歴史があります。鮮やかな朱色の本殿や回廊を歩くと、神社としての格式の高さがうかがえると同時に、平安時代にタイムスリップしたかのような気分に。毎年8月14・15日と2月の節分には境内の燈籠に火がともされ、幻想的な明かりに包まれます。

御祭神
武甕槌命《タケミカヅチノミコト》
経津主命《フツヌシノミコト》
天児屋根命《アメノコヤネノミコト》
比売神《ヒメガミ》

神域にある摂社・末社の数は62。春日若宮などで御朱印を頂けます。

中門・御廊／撮影：桑原英文

寺社DATA

創建／768年（神護景雲2年）
本殿様式／春日造
住所／奈良県奈良市春日野町160
交通／近鉄「奈良駅」から徒歩25分
参拝時間／3～10月6:30～17:30、11～2月7:00～17:00（特別参拝9:00～16:00）
御朱印授与時間／9:00～16:00
回廊内特別参拝初穂料／500円
URL www.kasugataisha.or.jp

絶景ポイント
≫蓬莱庭園　≫水琴窟が奏でる癒やしの水音

四季折々の表情を見せる蓬莱庭園

庭園

227
滋賀県

大《だい》池《ち》寺《じ》

御本尊は行基菩薩が一彫りごとに三礼したと伝えられる「一刀三礼の釈迦如来坐像」です。

蓬莱庭園のサツキは5月下旬から6月上旬が見頃です

御本尊
釈迦如来《しゃかにょらい》

今から約１２５０年前、行基菩薩が日照りに悩む農民のため灌漑用水として「心」という字の形に４つの池を掘り、その中央に寺を建立したのが始まりと伝承されています。江戸初期寛永年間に小堀遠州により作庭されたと伝えられる蓬莱庭園は、サツキの刈り込みにより大波小波に浮かぶ宝船と七福神を象徴する、禅味豊かな名勝庭園です。

寺社DATA
創建／729～749年（天平年間）
山号／龍護山　宗旨／臨済宗
住所／滋賀県甲賀市水口町名坂1168　交通／JR「貴生川駅」から甲賀市コミュニティバス広野台線で27分、「大池寺」下車、徒歩3分　参拝・御朱印授与時間／9:00～17:00（12月は～16:00）　拝観料／400円
URL www.sunalix.co.jp/daichiji

絶景ポイント
≫琵琶湖に浮かぶ浮御堂　≫浮御堂からの眺望

多くの俳句に詠まれた絶景

湖

228
滋賀県

満《まん》月《げつ》寺《じ》浮《うき》御《み》堂《どう》

墨書の「千体佛」は、湖上交通の安全や衆生済度、魚類供養を願って浮御堂に安置されています。

琵琶湖最狭部に突き出した浮御堂
〈写真提供：（公社）びわこビジターズビューロー〉

御本尊
観音菩薩《かんのんぼさつ》

浮御堂は琵琶湖に突き出た仏堂で、満月寺の堂宇です。浮御堂が湖に浮かぶ風景が絶景とされ、江戸時代には浮世絵師歌川広重が近江八景「堅《かた》田《た》の落雁《らくがん》」に描くほど。松尾芭蕉、小林一茶ら俳人も訪れ、名句を残しています。浮御堂からの眺めもすばらしく、東に伊吹山、近江富士（三上山《みかみやま》）、西に比良山系、比叡山などが見渡せます。

寺社DATA
創建／不詳
（平安中期と思われる）
山号／海門山　宗旨／臨済宗
住所／滋賀県大津市本堅田1-16-18
交通／JR「堅田駅」からバスで10分、「堅田出町」下車、徒歩5分
参拝・御朱印授与時間／8:00～17:00（12月のみ～16:30）　拝観料／中学生以上300円、小学生100円　URL なし

絶景ポイント
≫大沢池の春夏秋冬　≫重要文化財の宸殿

日本最古の林泉式庭園　池

229
京都府

大覚寺《だいかくじ》

大沢池は時代劇のロケによく使われます

御本尊の五大明王のほか、季節によってさまざまな御朱印を頂けます。

御本尊の五大明王

御本尊
五大明王《ごだいみょうおう》

平安時代初期、嵯峨天皇の離宮として建立され、貞観18年（876年）、大覚寺と改められました。大覚寺の東に位置する風光明媚な大沢池は、周囲約1㎞の人工池で、嵯峨天皇が唐の洞庭湖を模して造ったとされます。池に浮かぶ菊ヶ島に咲く菊を嵯峨天皇が手折り、花瓶に挿したのが華道「いけばな嵯峨御流」の発祥と伝わります。

寺社DATA
創建／876年（貞観18年）
山号／嵯峨山　宗旨／真言宗
住所／京都府京都市右京区嵯峨大沢町4　交通／JR「嵯峨嵐山駅」から徒歩20分　参拝・御朱印授与時間／9:00～17:00（16:30最終受付）　拝観料／お堂エリア：大人500円、小・中・高生300円、大沢池エリア：大人300円、小・中・高生100円　URL www.daikakuji.or.jp

---

絶景ポイント
≫神聖な遥拝所　≫いにしえのたたずまいが残る境内

ピラミッドに似た神体山に祈る　山

230
京都府

日室ヶ嶽遥拝所《ひむろがたけようはいじょ》

夏至には太陽が日室ヶ嶽の頂上に沈みます

皇祖神を祀ることから、皇室ゆかりの菊紋が用いられています。

天の岩戸神社へは約10分

御祭神
天照皇大神《アマテラススメオオカミ》

元伊勢内宮皇大神社から天の岩戸神社に向かう道中に、日室ヶ嶽遥拝所があります。ピラミッドのような稜線を描く日室ヶ嶽（岩戸山）は、神霊が降臨されたという禁足の聖地で、皇大神社はもともとこの山頂にあったとの伝承もあります。遥拝所は「一願さん」と呼ばれ、ひとつだけ願いごとをすればかなうという一願成就が伝えられています。

心願成就のお守りは珍しい三角形です

寺社DATA
元伊勢内宮皇大神社
創建／紀元前59年（崇徳天皇39年）　本殿様式／茅葺神明造
住所／京都府福知山市大江町内宮217
交通／京都丹後鉄道「大江山口内宮駅」から徒歩15分　参拝時間／自由
御朱印授与時間／8:00～16:00
拝観料／無料
URL motoise-naiku.com

231
大阪府

磐船神社《いわふねじんじゃ》

天降りの地で古代ロマンに触れる

岩

絶景ポイント
≫御神体「天の磐船」 ≫磨崖仏や岩窟

天孫降臨の聖地とされる「哮ヶ峯」の印が。

天照大神がおこもりになったとされる天の岩戸

「天の磐船」の迫力に圧倒されます

御祭神
饒速日命《ニギハヤヒノミコト》

磐船神社は御祭神である饒速日命が、天照大御神の詔により天孫降臨された記念の地であり、古典によると「河内国河上哮《いかる》ヶ《が》峯《みね》」と呼ばれているところです。饒速日命が乗ってこられた「天の磐船」といわれる高さ12m、幅12mの船の形をした巨大な磐座が御神体として祀られています。神聖な気に包まれて、磐座や岩窟をめぐりましょう。

寺社DATA
創建／不詳　本殿様式／なし
住所／大阪府交野市私市9-19-1
交通／近鉄奈良線「生駒駅」からバスで23分、「北田原バスターミナル」下車、徒歩10分　参拝時間／10:00～15:00
※岩窟拝観は2名以上で　御朱印授与時間／10:00～16:00　岩窟拝観料／高校生以上500円、小・中学生300円　URL www.osk.3web.ne.jp/~iw082125/index-j.html

232
兵庫県

石寶殿《いしのほうでん》 生石神社《おうしこじんじゃ》

日本三奇の巨岩に活力を頂く

岩

絶景ポイント
≫御神体の石宝殿 ≫御神体の足元の池

神社名がメインではない珍しい御朱印。「日本三奇」の文字が目を引きます。オリジナルの御朱印帳もあります。

二神が宿る石宝殿の重さは約500トン

御祭神
大穴牟遅命《オオアナムチノミコト》
少毘古那命《スクナヒコナノミコト》

勉学・医学・医療の神様として知られています。御神体の「石《いしの》宝《ほう》殿《でん》」は、現代人の常識・科学では仕組みが解明できない古来の建造物、「日本三奇」のひとつとして知られる神秘の巨岩。周囲のどこから見てもまるで浮いているように見えて不思議です。御神体の足元の池（左下写真）は、今まで枯れたことがないという御神水をたたえています。

寺社DATA
創建／崇徳天皇時代（前97～前30年）　本殿様式／なし
住所／兵庫県高砂市阿弥陀町生石171　交通／JR「宝殿駅」から徒歩20分
参拝時間／日の出～日の入り
御朱印授与時間／9:30～16:30
拝観料／100円
URL www.ishinohouden.jp

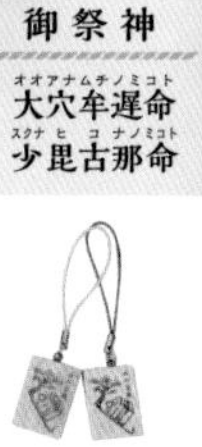

石宝殿と同じ竜山石
を祈祷した「願い石

絶景ポイント
»紅葉のライトアップ　»新緑の時期のモミジ

文人が愛した秋の絶景　ライトアップ

233
京都府

永観堂《えいかんどう》（禅林寺《ぜんりんじ》）

浄土宗西山禅林寺派の総本山です。左下には総本山永観堂禅林寺の印が。

11～12月初め頃に紅葉ライトアップが行われます。放生池に映り込む紅葉と多宝塔が幻想的。5月の新緑の青モミジもきれいで、ちょっと早めのもみじ狩りもおすすめです

御本尊
みかえり
阿弥陀如来《あみだにょらい》

御本尊のみかえり阿弥陀如来

平安時代初期、弘法大師の弟子である真《しん》紹僧都《じょうそうず》により創建されました。〝秋はもみじの永観堂〟といわれる紅葉の名所で、その美しさが『古今和歌集』に詠まれたのは有名ですが、歌人大田垣蓮月寄進の弁天社や、歌人与謝野晶子が訪れた後に詠んだ歌碑など知られざる見どころも。多くの文人に思いをはせながら参拝するのもいいでしょう。

寺社DATA
創建／863年（貞観5年）　山号／聖衆来迎山　宗旨／浄土宗西山禅林寺派　住所／京都府京都市左京区永観堂町48　交通／JR「京都駅」からバスで30分、「南禅寺・永観堂道」下車、徒歩3分　参拝時間／9:00～17:00　御朱印授与時間／9:00～16:00　拝観料／大人600円、小・中・高生400円
URL eikando.or.jp

絶景ポイント
»境内のライトアップ　»聖霊会

闇夜に浮かび上がる幻想的な五重塔　ライトアップ

234
大阪府

四天王寺《してんのうじ》

右上の「大日本佛法最初」は、日本仏法最初の官寺であることを示しています。

大都会の街なかに建つ古寺

中心伽藍のほか、境内全域をライトアップ

御本尊
救世観世音菩薩《くぜかんぜおんぼさつ》

587年、物部氏と崇仏派である蘇我氏の争い（丁未の乱）の際、聖徳太子が四天王に蘇我氏の勝利と衆生救済を祈願し、それを受けて593年に四天王寺が建立されました。南北一直線上に並ぶ金堂等の伽藍を回廊が囲む四天王寺式伽藍は、創建当時の伽藍配置を伝える最も古い建築様式のひとつです。毎年、太子の命日である4月22日に聖霊会が厳修されます。

聖徳太子キューピーストラップ

寺社DATA
創建／593年（推古天皇元年）　山号／荒陵山　宗旨／和宗　住所／大阪府大阪市天王寺区四天王寺1-11-18　交通／地下鉄谷町線「四天王寺前夕陽ケ丘駅」から徒歩5分　参拝・御朱印授与時間／8:30～16:30（10～3月は～16:00）　拝観料／中心伽藍300円、庭園300円、宝物館500円
URL www.shitennoji.or.jp

ファミリーで訪れたい

Column

楽しく参拝できるお寺

たくさんの寅に出合えるお寺など、
心躍るとっておきのパワースポットを
ご紹介。

巨大な張り子の寅「世界一福寅」。奥には舞台造の本堂が見えます

広い境内は寅がいっぱい

朝護孫子寺《ちょうごそんしじ》

「信貴山《しぎさん》」と呼ばれ親しまれる真言宗の名刹。この地で毘沙門天王が聖徳太子に必勝の秘法を授けたのが寅年寅日寅の刻であったことから、寅の縁日にお参りするとよい御利益を授かると信仰を集めてきました。全長６ｍの張り子の寅や寅の狛犬、寅のお守りや絵馬など、随所で寅たちと出合うことができます。

深い谷に張り出した本堂からは大和平野が一望のもと

世界一福寅はインパクト抜群。この寅とともに記念撮影を

御本尊の毘沙門天の御朱印。信貴山は毘沙門天王が日本で最初にご出現になった霊地です。

235 奈良県

創建／587年（用明天皇２年） 宗旨／真言宗　山号／信貴山 住所／奈良県生駒郡平群町信貴山2280-1 交通／近鉄生駒線「信貴山下駅」からバスで10分、「信貴大橋」下車、徒歩5分　参拝時間／自由　御朱印授与時間／9:00～17:00 拝観料／無料　URL www.sigisan.or.jp

---

ゲーム感覚で参拝できる

全興寺《せんこうじ》

本堂で御本尊にごあいさつしたあとは、地獄堂で閻魔大王の裁きを受けて、賽の河原の石積み体験、仏様と赤い糸で結ばれた写真を撮り、ほとけのくにで瞑想という、地獄から極楽への体験ができるテーマパークのようなお寺です。閻魔大王のお裁きが書かれた、凶しか出ない地獄みくじや厄除け鬼まんじゅうなど、鬼にちなんだおみやげも豊富。

赤い糸で仏様とのご縁を結ぶフォトスポット

本堂は1661年に再建されたもので、大阪府下では古い木造建築のひとつです

地獄堂の中には10人の裁判官が並んでいます。閻魔大王の横には犯した罪が映し出される「浄玻璃（じょうはり）の鏡」が

ステンドグラスの曼陀羅（まんだら）に座って瞑想できる「ほとけのくに」

おおさか十三仏霊場の第七番札所で、「おおさか十三仏めぐり」のスマホサイトからも御朱印を頂くことができます。

236 大阪府

創建／飛鳥時代に聖徳太子により創建　山号／野中山 宗旨／高野山真言宗　住所／大阪府大阪市平野区平野本町4-12-21　交通／JR大和路線、地下鉄谷町線「平野駅」から徒歩13分　参拝時間／8:30～17:30（17:00受付終了）御朱印授与時間／8:30～17:00　拝観料／地獄堂　一生パス100円　URL senkouji.net

思わず写真に収めたくなる!

Column

フォトジェニックなお寺

華やかな天井画、ハート窓、カラフルなくくり猿など、SNSで話題のお寺をご紹介。御本尊にお参りしたあとは、天井画のなかからお気に入りの花を探したり、季節ごとに姿を変える猪目窓《いのめまど》からの風景を楽しみましょう。

往生院の天井画は撮影OK。人が少なければ寝転んで天井を見上げ、撮影するのもおすすめです。往生院では、事前申し込みをすれば写経体験もできます

飛鳥時代から続く古刹

橘寺《たちばなでら》

聖徳太子の生誕の地とされ、本堂（太子殿）の御本尊は、聖徳太子が35歳の時の姿を刻んだ「聖徳太子勝鬘経講讃像」です。春は桜、初夏にはタチバナの花、秋は芙蓉《ふよう》、彼岸花、イチョウの紅葉と、四季折々の美しさに触れることができます。また、現代画家たちから奉納された260点の花の絵で彩られた往生院の天井画も有名です。

御本尊が鎮座する太子殿の前には、聖徳太子の愛馬「黒駒」が控えています

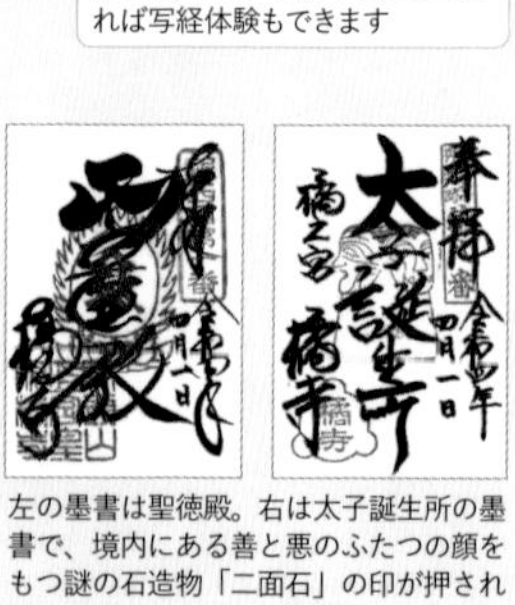

左の墨書は聖徳殿。右は太子誕生所の墨書で、境内にある善と悪のふたつの顔をもつ謎の石造物「二面石」の印が押されています。

237 奈良県

創建／606年（推古天皇14年）　宗旨／天台宗　山号／佛頭山　住所／奈良県高市郡明日香村橘532　交通／近鉄橿原線「橿原神宮前駅」からバスで10分、「川原」下車、徒歩3分　参拝時間／9:00～16:30（受付終了）　御朱印授与時間／9:00～16:30　拝観料／大学生・大人400円、中・高生300円　URL tachibanadera-asuka.jimdofree.com

ハート形に似た猪目は古くから伝わる伝統文様のひとつで、除災招福の願いが込められています

美しい四季の変化を五感で体感できる

正寿院《しょうじゅいん》

創建は正治2年、約800年前の古刹です。50年に一度だけ開扉される十一面観音、また日本を代表する仏師、快慶作の不動明王坐像が安置されています。四季の移ろいを感じられる猪目窓や繊細な天井画、涼やかな音色が鳴り響く「風鈴まつり」が有名です。

客殿の天井は「花と日本の風景」をテーマにした160枚の天井画で埋め尽くされています

右は御本尊の十一面観世音の御朱印で、左上の印は月替わりです。左は2022年「五黄の寅年」限定の切り絵御朱印。

ハート形のお守り

あわじ結びの水引細工が付いた「水引猪目（ハート）お守り」

238 京都府

創建／1200年（正治2年）　山号／慈眼山　宗旨／真言宗　住所／京都府綴喜郡宇治田原町奥山田川上149　交通／JR「宇治駅」からバスで40分、「奥山田正寿院口」下車すぐ　拝観・御朱印授与時間／9:00～16:30（12～3月10:00～16:00）　拝観料／600円（お菓子付き）、特別拝観時800円　URL shoujuin.boo.jp

---

くくり猿に願いを

八坂庚申堂《やさかこうしんどう》

正式には大黒山金剛寺八坂庚申堂といい、日本三庚申のひとつで、御本尊は庚申さんと呼ばれる青面《しょうめん》金剛《こんごう》です。境内のいたるところにカラフルなくくり猿が奉納されています。よく動き回るお猿さんの手足をくくりつけるように、自身を戒め、欲をひとつ我慢すれば、庚申さんが願いをかなえてくれるといわれています。

お釈迦様の弟子の中でも強い超能力をもっていたといわれる賓頭盧尊者（びんずるそんじゃ）の像です。撫で仏としてさすりながらお願いをしましょう

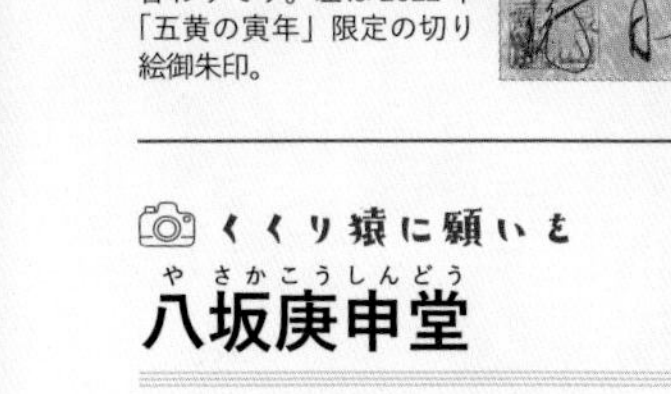

庚申さんのお使いであるお猿さんが手足をくくられ動けない姿を表したくくり猿は、心をコントロールするアイテムです

庚申尊の御朱印です。中央には目、耳、口を隠した三猿の印が押されています。

239 京都府

創建／960年（天徳4年）　山号／大黒山　宗旨／天台宗　住所／京都府京都市東山区金園町390　交通／JR「京都駅」からバスで16分、「清水道」下車、徒歩7分　拝観・御朱印授与時間／9:00～17:00　拝観料／無料　URL www.yasakakousinndou.sakura.ne.jp

Column

こんな神社見たことない?!

難波八阪神社《なんばやさかじんじゃ》で強力パワーを頂く

獅子殿は1974年、本殿の竣工とともに完成しました。内部の神殿には、御祭神である素盞嗚尊の荒魂を祀り、唐櫃上加賀獅子（からびつじょう かがじし）一対が奉安されています

ビルが建ち並ぶ大阪有数の繁華街に突然現れる木々の緑が目印。戦災で社殿が焼失したものの、近隣住民の手によって、戦後見事に再建を果たした、地域に愛される神社です。鳥居をくぐると、大きな口を開けた高さ12 m、幅11m、奥行き10mの獅子殿がお出迎え。御祭神は素盞嗚尊《スサノオノミコト》。にぎやかな大阪の街に負けないエネルギッシュな神様からみなぎる力をいただけます。

邪気を飲み込んで勝ち運を招く獅子殿

目はライト、鼻はスピーカーと機能性（?）も抜群な獅子殿は海外からの観光客にも人気。大きな口で苦難を飲み込み、人々に幸福をもたらします。節分祭などの神事はこちらで行います。

大阪市の無形民俗文化財に指定されている「綱引神事」でも有名です

「恋みくじ」には恋と鯉をかけて鯉の形をした「恋鯉守り」が一緒に入っています

お守りは種類豊富

お守りは20種類くらいあり、写真は「勝守」。裏面には獅子殿が刺繍されています

神紋は京都の八坂神社と同じ。どことなくユーモラスな獅子殿の印が頂けるのはここだけ。

240
大阪府

難波八阪神社《なんばやさかじんじゃ》

創建／不詳　本殿様式／権現造　住所／大阪府大阪市浪速区元町2-9-19　交通／地下鉄「なんば駅」5番出口、「大国町駅」1・2番出口、または南海本線「なんば駅」から徒歩6分　参拝時間／6:00～17:00　御朱印授与時間／9:00～16:45　拝観料／無料　URL nambayasaka.jp

中国

鳥取県
島根県
岡山県
広島県
山口県

中国
地図&インデックス

早稲田神社
→P.247

稲荷神社→P.255

焼火神社→P.251

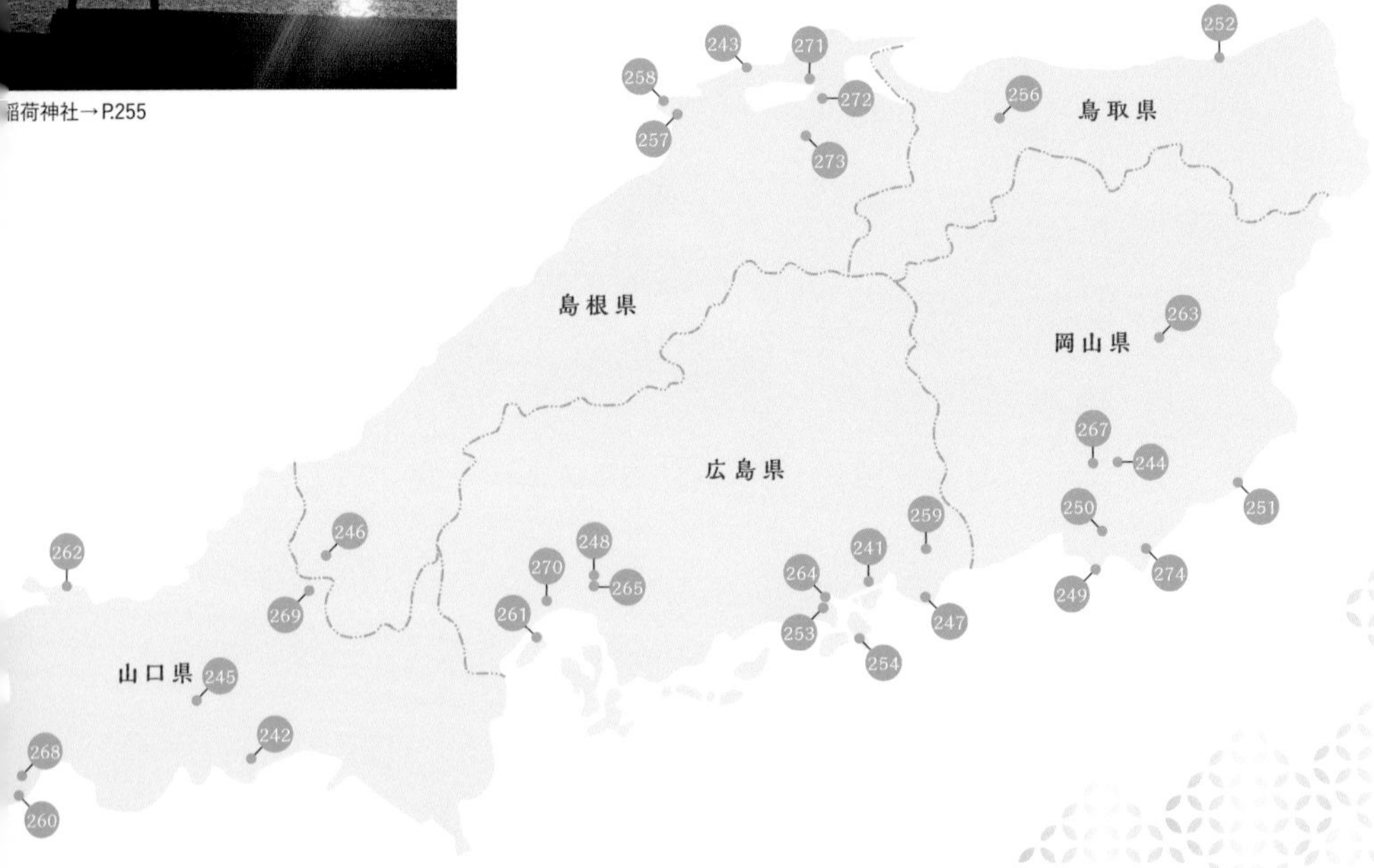

眺望

「玉の岩」の伝説とともに 心に刻みたい 尾道水道の海の輝き

絶景ポイント
» 境内からの眺め
» 朱塗りの本堂・鐘楼

上／境内から望む尾道市街。遠くに見える橋は尾道大橋　左下／龍宮造りの鐘楼。時を告げる鐘の音は尾道の名物のひとつです　右下／崖上に張り出した舞台造りの本堂。御本尊は火伏せの観音として信仰されています

241
広島県

千光寺《せんこうじ》

御本尊
千手観世音菩薩《せんじゅかんぜおんぼさつ》

千光寺山の中腹、境内の巨岩怪石や朱塗りの本堂は、尾道を代表する景観といえます。本堂と鐘楼の間にある烏帽子のような形の巨岩「玉の岩」。その昔、岩の上に光る宝玉があったとの伝説があり、お寺の名称や地名の由来になっています。境内からは尾道の街並み、瀬戸内海の島々が一望のもと。

右上は中国観音霊場第十番札所の印。中央は千手観世音菩薩を表す梵字「キリク」の印です。

寺社DATA

創建／806年（大同元年）
山号／大宝山　宗旨／真言宗
住所／広島県尾道市東土堂町15-1
交通／JR「尾道駅」からバスで約5分、「長江口」下車すぐの「山麓駅」から千光寺山ロープウェイで「山頂駅」へ。降車後徒歩5分　参拝・御朱印授与時間／9:00～17:00　拝観料／無料
URL www.senkouji.jp

梅

梅のふくよかな香りに包まれ、朱塗りの社殿がひときわ華やぐ

絶景ポイント
- 種類豊富な梅の花
- ライトアップが美しい七夕まつり

242
山口県

防府天満宮《ほうふてんまんぐう》

御祭神

菅原道真公《スガワラノミチザネコウ》
天穂日命《アメノホヒノミコト》
武夷鳥命《タケヒナドリノミコト》
野見宿禰《ノミノスクネ》

学問の神様、菅原道真公をお祀りする神社は1万2000社ありますが、ここが全国で最初に建立された天満宮です。さまざまな御利益のなかでも学業成就のお力は最強。道真公が愛した梅の木が境内に1100本もあり、春に先駆け可憐な花が咲き誇ります。春風楼をはじめ文化財や庭園が美しい茶室「芳松庵」など、見どころも豊富。

寺社DATA

創建／904年（延喜4年）　本殿様式／入母屋造
住所／山口県防府市松崎町14-1　交通／JR「防府駅」から徒歩20分　参拝時間／6:00～20:00
御朱印授与時間／8:30～20:00
拝観料／無料
URL www.hofutenmangu.com

上／楼門と満開の梅。紅梅、白梅、しだれ梅など16種類の梅が咲く2月中旬〜3月上旬、「梅まつり」が行われます　左下・右下／7月初めに開催される「七夕まつり」。七夕飾りや傘のアートが境内を彩り、夜はカラフルにライトアップされます

日本初の天満宮として「扶
菅廟最初」の印が入ります
毎月25日の天神さまの
日では限定御朱印も授与

神話の舞台を一望する
眼病に霊験あらたかな古刹

絶景ポイント
- 境内からの眺め
- しだれ桜や紅葉
- 雪景色や雲海

上／神々しい朝日。島根半島は神様が土地を引っ張ってきたといわれる「国引き神話」の舞台です　左下／108基の燈籠が並ぶ参道　右下／左から薬師本堂、観音堂、鐘楼堂。お寺と縁のある水木しげる氏ゆかりの像が境内に点在しています

一畑寺《いちばたじ》（一畑薬師《いちばたやくし》）

243
島根県

御本尊
薬師《やくし》瑠璃光《るりこう》如来《にょらい》

出雲の国引き神話が伝わる島根半島、標高２００ｍの一畑山上に立地。漁師が海中から引き揚げた薬師如来をお祀りしたのが始まりで、目の病が治ったという霊験が広まり、「目のお薬師さま」として信仰が広まりました。眺めがすばらしく、宍道湖を眼下に、はるかに大山や中国山地の山々が望めます。

境内の杉林の遊歩道

山号の醫王山の御朱印。中央は一文字の寺紋。通常の御朱印のほか、限定御朱印もあります。

寺社DATA

創建／894年（寛平6年）
山号／醫王山　宗旨／臨在宗
住所／島根県出雲市小境町803
交通／一畑電車「一畑口駅」から一畑薬師線バスで12分、「一畑薬師」下車、徒歩2分　参拝時間／7:30～17:30
御朱印授与時間／8:30～17:30
拝観料／無料
URL ichibata.jp

独特の様式の社殿、長く美しい廻廊の建築美を堪能

絶景ポイント
- 社殿・廻廊
- 御神木のイチョウ
- アジサイ園

本殿と南の本宮社をつなぐ廻廊。曲線を描く外観も趣のある内部も観賞に値します。

244
岡山県

吉備津神社《きびつじんじゃ》

吉備中山の北麓に鎮座。昔話の「桃太郎」のもとになった伝説が残る神社です。大吉備津彦命が温羅《うら》（鬼）を退治したという伝説の舞台が境内に残っています。豪壮な社殿は全国唯一の建築様式で国宝に指定。自然の地形をなぞるように続く約400mの廻廊は奇観を呈しています。

主祭神
大吉備津彦命《オオキビツヒコノミコト》

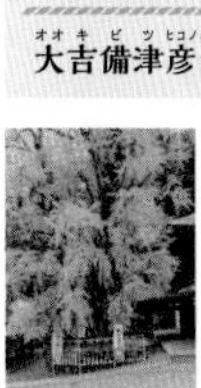

樹
60の
ヨ

右上の「三備一宮」の印は備前、備中、備後の一宮を表し、古来、吉備国の総鎮守といわれます。

寺社DATA

創建／不詳 ※西暦200年～300年頃と推測
本殿様式／吉備津造（比翼入母屋造）
住所／岡山県岡山市北区吉備津931
交通／ JR「吉備津駅」から徒歩10分
参拝時間／5:00～17:30（閉門は18:00）
御朱印授与時間／9:00～16:00
拝観料／無料
URL www.kibitujinja.com

四季折々の佳景が楽しめる
風雅な五重塔

五重塔

絶景ポイント
»五重塔と庭園

上／「西の京」といわれる由縁を感じさせる庭園と五重塔。池の水面に映る新緑も鮮やか　左下／室町時代の武将で、大内氏の重臣だった陶弘房（すえひろふさ）公の菩提寺です　右下／モミジと五重塔

245
山口県

瑠璃光寺《るりこうじ》

御本尊
薬師瑠璃光如来《やくしるりこうにょらい》

境内は香山《こうざん》公園と呼ばれ、風光明媚な五重塔がお寺のシンボル。五重塔は、日本三名塔のひとつに数えられ、梅や桜、新緑、紅葉など季節ごとの趣をまとった美しい姿が楽しめ、ライトアップは幻想的。健康長寿、病気平癒の御本尊、薬師如来をはじめ、癌・ボケ封じの水掛け地蔵も信仰されています。

墨書は佛心、山口瑠璃光寺、印は山口市国宝五重塔瑠璃光寺、寺印。御本尊（薬師如来）の御朱印もあります。

五重塔を織り込んだ御朱印帳

寺社DATA

創建／1471年（文明3年）
山号／保寧山　宗旨／曹洞宗
住所／山口県山口市香山町7-1
交通／JR「山口駅」からコミュニティバスで13分、「香山公園五重塔前」下車すぐ　参拝時間／自由（境内拝観施設は9:00～17:00）
御朱印授与時間／9:00～17:00
拝観料／無料　URL なし

鳥居

祈願成就の祈りを込めて千本鳥居をくぐる

絶景ポイント
- 表参道の千本鳥居
- 朱塗りの社殿
- 境内からの眺望

上／幻想的な千本鳥居　左下／二の鳥居から境内まで歩いて10分ほどです　右下／壮大な社殿は遠方からでも目立つ存在

霊狐が福徳をもたらすよう祈願されている「白狐守」

全国で唯一「稲成」と表記される神社。願いごとがよくかなう大願成就の意味が込められています。

寺社DATA

創建／1773年（安永2年）
本殿様式／流造
住所／島根県鹿足郡津和野町後田409
交通／JR「津和野駅」から徒歩30分、または車で約7分
参拝時間／自由
御朱印授与時間／9:00～17:00
拝観料／無料
URL taikodani.jp

太《たい》鼓《こ》谷《だに》稲《いな》成《り》神《じん》社《じゃ》

246
島根県

主祭神
宇《ウ》迦《ガ》之《ノ》御魂神《ミタマノカミ》
伊弉冉尊《イザナミノミコト》

津和野にある、日本五大稲荷神社のひとつ。山の中腹の社殿へ続く、263段の石段に連なる約1000本の鳥居のトンネルは壮観。祈りと感謝の念で奉納された鳥居をくぐれば「神様に願いが通る」そうです。吸い込まれるように上ると、境内からは箱庭のような津和野の街並みが広がります。

切り立った岩肌と朱塗りのお堂、美しい海が織りなす瀬戸内の名勝

絶景ポイント
≫観音堂からの眺め
≫岩肌と観音堂のコントラスト

上／絶景だけでなく、子授け、安産の守護として広く知られています　左下／朱塗りの階段を上って観音堂へ　右下／海に張り出すように造られた観音堂に立つと瀬戸内の海が足下に広がり、開放感とスリルが味わえます

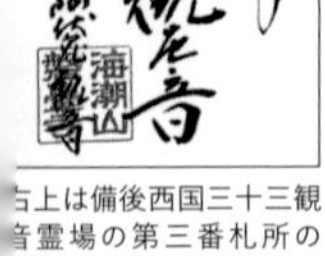

右上は備後西国三十三観音霊場の第三番札所の印。中央には十一面観音の梵字もしくは三宝印が押されます。

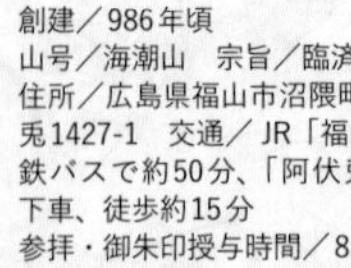

磐台寺《ばんだいじ》観音堂《かんのんどう》（阿伏兎《あぶと》観音《かんのん》）

247
広島県

御本尊
十一面観音《じゅういちめんかんのん》

険しい海食崖が続く阿伏兎岬突端の断崖に立つ美しい姿は、歌川広重の浮世絵にも描かれています。平安時代、花山法皇が海上安全を祈願し、岩上に十一面観音石仏を安置。観音堂は1570年毛利輝元が再建しました。透明な海の輝きと岩肌に調和した朱塗りの観音堂は、記憶に残る絶景。

寺社DATA

創建／986年頃
山号／海潮山　宗旨／臨済宗
住所／広島県福山市沼隈町能登原阿伏兎1427-1　交通／JR「福山駅」から鞆鉄バスで約50分、「阿伏兎観音入口」下車、徒歩約15分
参拝・御朱印授与時間／8:00～17:00
拝観料／大人100円、小学生50円
URL なし

「安産」「子授け」「諸願成就」などお守り各種

花手水

季節感あふれる華やかな
花手水が毎月楽しめる

絶景ポイント
»月ごとに変わる花手水

阿形の狛犬右手の「かえる手水」に趣向を凝らした花手水が登場。6月はアジサイ、トルコキキョウで色鮮やかに

早稲田神社《わせだじんじゃ》

248
広島県

御祭神
帯中津日子命《タラシナカツヒコノミコト》
品陀和気命《ホンダワケノミコト》
息長帯日売命《オキナガタラシヒメノミコト》

建立以来500年以上、地域の総鎮守として崇敬を集める神社。神域には縄文時代から人が住み、境内は弥生時代の古墳も残っています。神社が立つ牛田山は、龍の形をした龍脈といわれ、大地の気がみなぎるパワースポット。毎月15日に設えられるテーマを掲げた花手水も人気です。

通常の御朱印のほか、月次祭限定御朱印を頒布。掲載の御朱印は8月月次祭。季節の印が彩ります。

寺社DATA

創建／1511年（永正8年）
本殿様式／神明造
住所／広島県広島市東区牛田早稲田2-7-38
交通／JR「広島駅」からバスで約15分、「牛田東一丁目」下車、徒歩8分
参拝時間／自由　御朱印授与時間／9:00～17:00　拝観料／無料
URL wasedajinja.jp

絶景ポイント
≫境内からの瀬戸内海の眺め

瀬戸大橋、島々、行き交う船も絵になる

眺望

249
岡山県

祇園神社《ぎおんじんじゃ》

下津井はかつて北前船で栄えた港町。神社の近くには景勝地の鷲羽山があります。

境内から望む瀬戸大橋。境内には瀬戸内を詠んだ歌碑が多数あります

海に突き出た高台に鎮座し、下津井港、瀬戸大橋、点在する島々と、見事なパノラマが楽しめます。東西ふたつの本殿を有する珍しい神社で、東本殿は室町時代、西本殿は海運の要港として栄えた江戸時代に海上安全の神が奉斎されました。

御祭神

素盞鳴尊《スサノオノミコト》
奇稲田姫命《クシナダヒメノミコト》
大蛇麁正《オロチノアラマサ》

画家の中川一政氏揮毫の社名額にも注目

寺社DATA

創建／東本殿：不詳、西本殿：1756年（宝暦6年）
本殿様式／双殿造木造平入一間社
住所／岡山県倉敷市下津井1-13-16
交通／JR「児島駅」から下電バス「とこはい号」で18分、「祇園神社下」下車すぐ
参拝・御朱印授与時間／自由
拝観料／無料　URL なし

絶景ポイント
≫奥宮からの眺望

思いがけない瀬戸内の眺めに感激

眺望

250
岡山県

木華佐久耶比咩神社《このはなさくやひめじんじゃ》

中央は桜の花の社印。境内は桜の名所でもあります。御朱印やお守りは拝殿内でセルフ頒布。

上／標高約290mの奥宮からは箱庭のような街や瀬戸大橋も望めます　下／山頂の奥宮までは山道を徒歩約30分。奥宮は神聖な雰囲気

池畔の道を回り込むように進むと山の麓に整然とたたずむ神社に到着。御祭神は桜の花のように麗しい女神で、美の増進、安産や縁結びの御神徳が有名。もともとの社殿は福南山の頂上にあり、現在は奥宮の石祠が祀られています。

御祭神

木華佐久耶比咩命《コノハナサクヤヒメノミコト》
大山祇命《オオヤマツミノミコト》
大名持命《オオナモチノミコト》

寺社DATA

創建／600～700年頃
本殿様式／流造
住所／岡山県倉敷市福江1671-4
交通／JR「倉敷駅」からバスで約40分、「木華佐久耶比咩神社入口」下車、徒歩5分
参拝時間／自由
御朱印授与時間／9:00～17:00
拝観料／無料　URL なし

251
岡山県

牛《うし》窓《まど》神社《じんじゃ》

鳥居と海

浜辺の鳥居から眺めを楽しみつつ社殿へ

絶景ポイント
»海を望む鳥居　»展望台

上／海沿いに立つ鳥居。石段の途中で振り返ると美しい海景色が
下／参道沿いの蕪崎園地の展望台から瀬戸内海の島々が望めます

「日本のエーゲ海」と称される瀬戸内の牛窓町に鎮座。波穏やかな海水浴場そばに鳥居があり、参道の石段を上った先に社殿があります。主祭神は牛窓神話のヒロインである神功皇后。神社には牛鬼を退治した伝説が残り、パワースポットとしても人気です。

御祭神
神功皇后《ジングウコウゴウ》
応神天皇《オウジンテンノウ》
比《ヒ》賣《メ》大神《オオカミ》
武内宿《タケノウチノスク》禰《ネ》

元気、やる気、勇気、本気、根気、五氣の杜の墨書、力みなぎる筆使いからもパワーを頂けます。こちらは見開きの御朱印。

地元出身の竹久夢二は、拝殿に奉納された絵馬を見て絵心が養われたといわれます

寺社DATA
創建／不詳 ※平安時代の長和年間（1012～1017年）の頃　本殿様式／入母屋造　住所／岡山県瀬戸内市牛窓町牛窓2147　交通／JR「西大寺駅」または「邑久駅」からバスで20～32分、「オリーブ園入口」下車、徒歩約20分　参拝時間／自由　御朱印授与時間／9:00～17:00　拝観料／無料
URL www.facebook.com/ushimadojinja

252
鳥取県

白兎《はくと》神社《じんじゃ》

白ウサギ像

日本最古の恋物語の地に鎮座

絶景ポイント
»数多い白ウサギ像　»神社前の海岸

美しい白兎海岸を望む砂丘上に神社があります

古事記に記された「因《いな》幡《ば》の白兎《しろうさぎ》」を祀る神社。白ウサギの傷を癒やしたことから皮膚病や傷に霊験あらたか。そして大国主命と八《や》上姫《かみひめ》の縁を取りもった神様として恋愛成就、あらゆる縁を結んでくださると信仰されています。境内や周辺には神話の舞台が残ります。かわいらしいウサギの像がたくさんあり、「結び石」で御祈願を。

主祭神
白兎神《ハクトカミ》

「縁結御守

書き置きには金色のウサギ印が入ります。直書きできなかった方への感謝の気持ちだそうです。

寺社DATA
創建／不詳
本殿様式／大社造変形
住所／鳥取県鳥取市白兎603
交通／JR「鳥取駅」から日の丸バスで約40分、「白兎神社前」下車すぐ
参拝時間／自由
御朱印授与時間／9:00～16:00
拝観料／無料
URL hakutojinja.jp

絶景ポイント
≫瀬戸内海の眺め

眺望

正面は瀬戸内海、背後は山並みが広がる

253
広島県

皇后八幡神社《こうごうはちまんじんじゃ》

宮司さんが不在の場合は電話をすれば、対応可能。事前連絡も受け付けます(電話0848-67-0733)。

境内東端に瀬戸内海を望む「伊勢神宮遥拝所」があります。社殿も東向きに建てられており、元旦は陽光が一直線に差し込みます

御祭神
品陀和気命《ホムダワケノミコト》
息長帯日売命《オキナガタラシヒメノミコト》
仲哀天皇《チュウアイテンノウ》
帯中津日子命《タラシナカツヒコノミコト》
建内宿禰《タケノウチノスクネ》大臣《オオオミ》

瀬戸内海を望む風光明媚な高台に鎮座し、「須波の八幡さん」と地元で親しまれています。八幡神社と厳島神社が合祀されていて、戦国時代の武将、小早川隆景公が戦勝祈願を行い、社殿の再建に尽力したと伝わります。呉線の線路をまたぐ参道を上ると、拝殿の背後に山並みが迫り、神々しい雰囲気に包まれます。

寺社DATA
創建／1424年(応永31年)
本殿様式／三間社流造
住所／広島県三原市須波西2-6-27
交通／JR「須波駅」から徒歩約20分、またはJR「三原駅」からバスで14分、「須波フェリー前」下車、徒歩3分　参拝時間／自由　御朱印授与時間／9:00～17:00　拝観料／無料
URL www.kogohachiman.com

絶景ポイント
≫境内からの眺望

眺望

見張り台から多島美を満喫

254
広島県

大山神社《おおやまじんじゃ》

社紋は分霊を勧請した日本総鎮守の大山祇神社からの変化型です。

自転車神社で交通安全、旅の安全を祈願

見張り台から望む瀬戸内海の島々

主祭神
大山積大神《オオヤマヅミノオオカミ》

「自転車肌御守」

瀬戸内海の島々を橋でつなぐ「しまなみ海道」沿い、因島の小高い丘に鎮座する神社です。境内の自転車神社は日本で唯一、自転車の神様をお祀りしており、サイクリストやライダーが参拝に訪れます。中世、村上水軍の守護神として崇敬されたという由緒から、境内に水軍の見張り台が再現されていて、瀬戸内海を一望できます。

寺社DATA
創建／773年(宝亀4年)
本殿様式／一間社流造
住所／広島県尾道市因島土生町1424-2
交通／JR「尾道駅」からおのみちバスで45分、「宇和部」下車、徒歩5分
参拝・御朱印授与時間／9:00～17:00
拝観料／無料
URL ooyamajinja.net

絶景ポイント
≫岩窟内の本殿　≫境内からの眺望

大自然のなか、神秘に満ちたお社

岩

255
島根県

中国

焼《たく》火《ひ》神社《じんじゃ》

中央は神社印、下は三つ火の神紋。御朱印は西ノ島町観光協会にて頒布。

岩窟からせり出すように立つ本殿と、拝殿。神社への遊歩道には希少な植物も見られます（写真提供：西ノ島町観光協会）

隠岐の島々を一望

御祭神
大日孁貴尊《オオヒルメムチノミコト》
焼火《タクヒ》大神《オオカミ》

隠岐の島前、西ノ島にある焼火山の中腹に鎮座する古社。起源は1000年頃まで遡り、海から浮かび上がった3つの火の玉が岩窟に憑依し、そこに社殿を設けあがめるようになったと伝わります。海上安全の神として信仰があつく、岩に身を隠すように立つ本殿の姿は迫力満点。あたりは不思議なオーラに満ちています。

寺社DATA
創建／平安　本殿様式／権現造　住所／島根県隠岐郡西ノ島町美田1294　交通／別府港（西ノ島町）から車で約20分、遊歩道を徒歩約20分　参拝時間／自由　御朱印授与時間／8:30～17:00 ※西ノ島町観光協会（電話08514-7-8888）で頒布
拝観料／無料
URL takuhi-shrine.com

絶景ポイント
≫大規模な社殿　≫石畳の参道

霊峰、大山の中腹に立つ大社殿

社殿

256
鳥取県

大神山神社《おおがみやまじんじゃ》 奥宮《おくのみや》

奥宮の御朱印。山麓に本社があり、2社参りでより大きな御神徳が授かります。

奥宮拝殿。正面の長廊は両翼約50mあります

石畳の参道

御祭神
大己貴神《オオナムチノカミ》

本社の境内

出雲神話で大神山と記された大山。山そのものが御神体としてあがめられてきました。中腹にある奥宮は、その自然信仰の中心地。一の鳥居から続く約700mの参道は、日本一長い自然石の石畳参道です。神門をくぐれば、日本最大級の規模を誇る権現造の社殿が目の前に。隆盛を極めた神仏習合の時代の様式を残す壮大な社殿です。

寺社DATA
創建／不詳　本殿様式／権現造の変形　住所／鳥取県西伯郡大山町大山1　交通／JR「米子駅」からバスで約50分、「大山寺」下車、徒歩約25分　参拝時間／自由　御朱印授与時間／9:30～16:00（冬期10:00～15:00）　拝観料／無料　URL www.oogamiyama.or.jp
※令和4年10月現在、奥宮は令和6年の遷宮を目指し工事中ですので、参拝は境内の仮殿・下山神社にお参りを。

絶景ポイント
≫壮大な規模の社殿　≫参道の松並木

神々が集う縁結びの聖地　社殿

257
島根県

出雲大社《いづもおおやしろ》

シンプルだからこそ風格が漂う御朱印。参拝後に御守所で頂きましょう。

高さが24mの御本殿は大社造という日本最古の様式。太古の時代は約96mもある巨大な神殿だったと推定されます

戦後の木造建築として屈指の規模を誇る拝殿

御祭神
大国主大神《オオクニヌシノオオカミ》

神話の国として知られる出雲の中心をなす神社。八雲山を背にした境内は厳かな空気が漂っています。国づくりを終えた大国主大神が鎮まるために造営された壮大な宮殿が出雲大社の始まりとされています。大国主大神は人の縁だけでなく、あらゆる縁を結んでくださる神様です。

寺社DATA
創建／神代　本殿様式／大社造　住所／島根県出雲市大社町杵築東195　交通／一畑電車大社線「出雲大社前駅」から徒歩7分。またはJR「出雲市駅」からバスで約30分、「正門前」下車すぐ　参拝時間／6:00～18:00　御朱印授与時間／7:00～18:00　拝観料／無料（宝物殿300円、彰古館200円）　URL izumooyashiro.or.jp

---

絶景ポイント
≫朱色の美しい社殿群

青い海に朱色の社殿が映える　社殿

258
島根県

日御碕神社《ひのみさきじんじゃ》

村上天皇より国家守護の宮として社名に「日」の字を賜りました。御朱印は楼門内の授与所で授与。

楼門。現在の下の宮、神の宮の両社殿は徳川家光の命により1644年に造営されました

御祭神
天照大御神《アマテラスオオミカミ》
神素盞鳴尊《カムスサノオノミコト》

楼門の蟇股（かえるまた）

島根半島の西端、松林にたたずむ鮮やかな社殿は、竜宮城のような美しさ。華やかな桃山時代の面影を残す国の重要文化財です。楼門の正面には天照大御神を祀る下の宮（日沈宮《ひしずみのみや》）、右手の丘に素盞鳴尊を祀る上の宮（神の宮）があります。太陽を司る姉神と海原を治めた弟神の御神徳は、縁結びや心身浄化など多岐にわたります。

寺社DATA
創建／神代
本殿様式／権現造
住所／島根県出雲市大社町日御碕455
交通／JR「出雲市駅」からバスで約60分、「日御碕」下車、徒歩1分
参拝時間／9:00～17:00
御朱印授与時間／9:00～16:50
拝観料／無料　URL なし

絶景ポイント
≫巨大な社殿　≫本殿からの眺望

緑の森に浮かぶように立つ社殿　社殿

259
広島県

草《くさ》戸《ど》稲《いな》荷《り》神《じん》社《じゃ》

神社名の入った火炎宝珠の印がインパクト大。毎月変わる花の印を押してもらえます。

緑の森に朱色の太鼓橋と立派な社殿が映える絵のような風景に出合えます

本殿から市街を一望

御祭神
宇《ウ》迦《カ》之《ノ》御《ミ》魂神《タマノカミ》
保食神《ウケモチノカミ》
大己貴神《オオナムチノカミ》

平安時代に創建された歴史ある神社。初詣には40万人以上の参拝者数を誇り、強力なパワーを頂ける神社、「大大吉」のおみくじがあることでも知られています。鳥居をくぐると、拝殿の奥に懸造風の本殿がそびえる迫力のある光景に圧倒されます。高さ約23mの本殿に上ることができ、本殿前からは福山市街が見渡せます。

寺社DATA
創建／807年(大同2年)
本殿様式／流造
住所／広島県福山市草戸町1467
交通／JR「福山駅」から車で10分
参拝時間／自由(本殿8:00～16:00)
御朱印授与時間／9:00～16:00
拝観料／無料
URL kusadoinari.com

絶景ポイント
≫独特の様式の水天門・拝殿

壇ノ浦を見守る平家鎮魂の社　社殿

260
山口県

赤《あか》間《ま》神《じん》宮《ぐう》

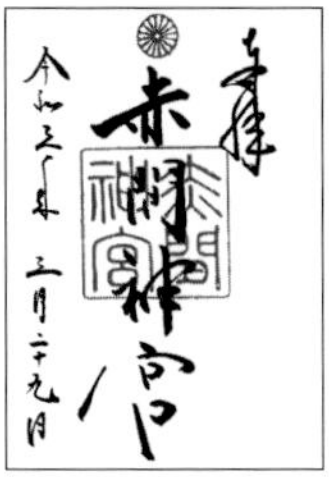

1191年に阿弥陀寺として建立され、明治時代の神仏分離で天皇社に、その後赤間神宮に改称されました。

中央の楼門が水天門。門をくぐって振り返ると関門海峡がすぐそこに見えます

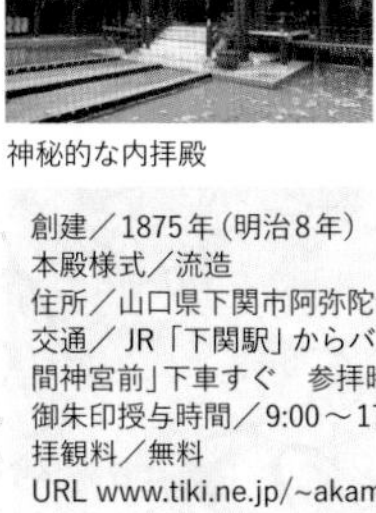

神秘的な内拝殿

御祭神
安徳天皇《アントクテンノウ》

「心願成就守(左)」と「勝守

壇ノ浦の合戦に敗れ、平家一門とともに入水した安徳天皇が安らかに眠る龍宮城として建てられました。昔話のなかの龍宮城を連想させる朱塗りの水天門。水に浮かぶように造られた内拝殿も「海中の都」が具現化されています。安徳天皇の御陵、平家一門の墓のほか、前身のお寺が物語の舞台になった耳なし芳一のお堂があります。

寺社DATA
創建／1875年(明治8年)
本殿様式／流造
住所／山口県下関市阿弥陀寺町4-1
交通／JR「下関駅」からバスで約10分、「赤間神宮前」下車すぐ　参拝時間／自由
御朱印授与時間／9:00～17:00
拝観料／無料
URL www.tiki.ne.jp/~akama-jingu

絶景ポイント
≫海の中に立つ大鳥居・社殿

世界遺産に登録された神の島の聖地

海の鳥居

261
広島県

嚴《いつく》島《しま》神《じん》社《じゃ》

神紋は「三ツ亀甲剣花菱」です。

御本社

平清盛が寝殿造の様式を取り入れ、長い廻廊があるのが特徴

御祭神
市杵島姫命《イチキシマヒメノミコト》
田心姫命《タゴリヒメノミコト》
湍津姫命《タギツヒメノミコト》

広島湾の厳島（宮島）は古来、島が神としてあがめられており、陸地に造営するのは恐れ多いと潮の満ち引きする所に社が建てられました。満潮時は社殿が海に浮かぶように見え、干潮時は砂浜が姿を現すよう緻密に設計されています。紺碧の海、背後の山並みと一体となった光景は絵巻物のような美しさ。古式ゆかしい社殿には、三姉妹の御祭神が祀られています。

寺社DATA
創建／593年（推古天皇元年）　本殿様式／両流造檜皮葺　住所／広島県廿日市市宮島町1-1　交通／JR「宮島口駅」近くの宮島口桟橋からフェリーで10分の宮島桟橋から徒歩15分　参拝・御朱印授与時間／6:30～18:00（時期により異なる）　拝観料／大人300円、高校生200円、小・中学生100円　URL www.itsukushimajinja.jp/index.html

---

絶景ポイント
≫斜面に並ぶ鳥居

紺碧の海、木々の緑、朱の鳥居が生む超絶景

鳥居

262
山口県

元《もと》乃《の》隅《すみ》神《じん》社《じゃ》

社殿に書き置きが置かれているので、初穂料は気持ちで納めましょう。福・愛・勝・幸・富の文字が入った5種類を頒布。

すばらしい景色のなか鳥居は100m以上続きます

主祭神
宇迦之御魂神《ウカノミタマノカミ》

神社から海に向かって緑のなかをうねるように並ぶ鳥居は圧巻の光景。10年の歳月をかけて奉納された鳥居の数は123基。鳥居の先の断崖は、海水が吹き上がる「龍宮の潮吹」の景勝地です。大鳥居上部に設置された賽銭箱にも注目！

鳥居上部の賽銭箱に賽銭を投げ入れることができれば願いごとがかなうそう

寺社DATA
創建／1955年（昭和30年）
住所／山口県長門市油谷津黄498　交通／JR「長門古市駅」または「人丸駅」から車で約15分　参拝・御朱印授与時間／5:30～17:30　拝観料／無料　URL www.motonosumi.com

絶景ポイント
≫山中に連なる鳥居

鳥居

263
岡山県

時《とき》切《きり》稲荷《いなり》神社《じんじゃ》

鳥居が続く参道は異世界への入口?!

祭事を除いて基本的に無人の神社です。書き置きの御朱印を近隣の誕生寺で頂けます。

「とっきりさま」として親しまれてきた岡山県北部、久米南町の神社です。尋ね人、紛失物、恋愛などをかなえたいとき、「何月何日何時まで」と時を切って祈願すればかなえられるといわれています。失敗や挫折で立ち直るきっかけが見つけられないとき、時を切ることで新しいスタートにつながるそうです。

森の中にたたずむ社殿

左／キツネと鳥居が描かれた絵馬　右／境内へ続く急坂の参道

御祭神
宇賀魂命《ウケノミタマノミコト》

寺社DATA

創建／不詳
住所／岡山県久米郡久米南町里方290
交通／JR「誕生寺駅」から徒歩10分
参拝時間／日の出から日没
御朱印授与時間／10:00～17:00 ※誕生寺で授与　拝観料／無料
URL なし

絶景ポイント
≫海の鳥居

鳥居

264
広島県

稲荷《いなり》神社《じんじゃ》

潮風が心地よいのどかな海辺の神社

祭礼時以外は無人です。御朱印の頒布は皇后八幡神社（→P.250）の宮司さんへ電話連絡を。

左上／国道の南側に祠があり、のどの神様として信仰されています　右上／潮汐によって姿を変える鳥居　下／感動の御来光

瀬戸内海の海辺に立つ鳥居が、秘かに人気の神社です。広島県三原市の無人の神社ですが、国道を挟んだ所の鳥居は満潮時には神々しく海に浮かび、冬の早朝には海霧に包まれて幻想的。海からの御来光が望める名所でもあります。

御祭神
宇《ウ》迦《カノ》御《ミ》魂神《タマノカミ》

寺社DATA

創建／不詳
本殿様式／一間社流造
住所／広島県三原市須波1-1-1
交通／JR「須波駅」から徒歩7分、またはJR「三原駅」からバスで12分、「須波駅」下車、徒歩5分　参拝時間／自由　御朱印授与時間／本社の皇后八幡神社で授与（要連絡、電話0848-67-0733）　拝観料／無料　URL なし

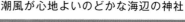

絶景ポイント
»奥宮へ続く鳥居 »奥宮からの眺望

お稲荷さんのパワーに満ちた鳥居参道

鳥居

265
広島県

金《きん》光《こう》稲《いな》荷《り》神《じん》社《じゃ》

御朱印は本社の広島東照宮で頂けます。

奥宮からは市街や瀬戸内海が一望できます

鳥居が並ぶ急坂の参道を15分ほど登ると奥宮

御祭神
宇迦之御魂神《ウカノミタマノカミ》
（稲荷大神《イナリオオカミ》）

元禄時代に二葉山山頂に祀られた広島東照宮の境内社です。商売繁盛、家内安全など、諸願成就の神様として崇敬を集めてきました。山頂の奥宮までは約５００段の石段を登ります。１２０数基もの鳥居が並び、途中に御産稲荷社、出世稲荷社といくつもの稲荷社が点在。奥宮は信仰の対象となった巨石が鎮座し、市内の眺望が抜群です。

寺社DATA

創建／1700年頃（元禄年間）　本殿様式／流造　住所／広島県広島市東区二葉の里2-1-18　交通／JR「広島駅」（新幹線口）から徒歩8分、または同駅からバスで約5分、「東照宮入口」下車、徒歩約7分　参拝時間／7:00～18:30　御朱印授与時間／9:00～16:00 拝観料／無料 URL www.hiroshima-toshogu.or.jp/kinko

---

絶景ポイント
»田園風景のなかの参道

水田のなかを貫く参道が一直線

参道

266
島根県

宇《う》受《つか》賀《み》命《こと》神《じん》社《じゃ》

上の印の式内大社とは、平安時代にまとめられた延喜式神名帳に記載された神社のことです。

拝殿。後方の本殿は隠岐造の立派なお社です

秋の稲穂に彩られた参道

御祭神
宇受賀命《ウヅカミコト》

隠岐の島前の中ノ島の北端、丘の上に鎮座。田んぼのなかを長い参道が延びる景観は郷愁を誘います。歴史をひもとけば、古代の歴史書や書物に記載が残る格式高い神社のひとつで、祭神は隠岐独自の神様。他島の女神との結婚・出産の伝説もあり、夫婦円満、縁結びや安産の御利益が信仰されています。

寺社DATA

創建／不詳　本殿様式／隠岐造
住所／島根県隠岐郡海士町宇受賀747
交通／菱浦港（海士町）から車で約15分
参拝時間／日の出から日没まで　御朱印授与時間／9:30～16:00 ※本社の隠岐神社（島根県隠岐郡海士町海士1784）で授与　拝観料／無料
URL okijinja.sakura.ne.jp/2011/02/post-6.html

絶景ポイント
≫五重塔と四季折々の花

267 岡山県

備中国分寺《びっちゅうこくぶんじ》

吉備路を象徴する五重塔と花景色

五重塔

墨書は瑠璃殿（薬師如来を祀るお堂）、印は聖武天皇勅願道場、薬師如来を表す梵字「バイ」。

五重塔とレンゲ畑。五重塔は高さ34.32m。江戸時代後期の様式を色濃く残しています

本堂。境内には大師堂や経蔵、鐘楼などがあります

御本尊
薬師如来《やくしにょらい》

観光地、吉備路を代表する風景を生み出しているのが備中国分寺の五重塔。周辺にはレンゲや菜の花、梅や桜、ヒマワリなどが折々に咲き誇り、写真撮影やサイクリングの人気スポットとなっています。奈良時代の739年、聖武天皇の勅願により、国を守る目的で建立されましたが焼失し、現在の伽藍は江戸時代中期に再興されました。

寺社DATA
創建／1717年（享保2年）山号／日照山　宗旨／真言宗御室派
住所／岡山県総社市上林1046
交通／JR「総社駅」から車で10分
参拝時間／8:00～17:00　御朱印授与時間／9:00～17:00　拝観料／無料
URL www.instagram.com/kokubunji_soja

絶景ポイント
≫壮大な造りの社殿　≫御神木

268 山口県

住吉神社《すみよしじんじゃ》

風格と歴史をまとう独特の造りの社殿

社殿

大阪の住吉大社が住吉三神の和魂を祀るのに対し、当神社は荒魂（荒々しい側面）を祀っています。

向かって左の第一殿から第五殿まで各御祭神が祀られています

祭神の武内宿禰命が植えたとされる根回り約60mのクスノキ

御祭神
住吉大神《スミヨシオオカミ》
応神天皇《オウジンテンノウ》
武内宿禰命《タケノウチノスクネノミコト》
神功皇后《ジングウコウゴウ》
建御名方命《タケミナカタノミコト》

下関の住吉神社は「日本三大住吉神社」のひとつとされる一宮です。「九間社流造」と呼ばれる五社殿を合の間で連結した壮麗で珍しい様式の本殿は、山口県で唯一国宝に指定された神社建造物。建立された室町初期の社寺建築の様相がうかがえます。境内のクスノキの大木は御神霊樹とされ、長寿と癒やしのパワーが授かれます。

寺社DATA
創建／200年（仲哀天皇9年）本殿様式／九間社流造　住所／山口県下関市一の宮住吉1-11-1　交通／JR「新下関駅」から徒歩17分、または同駅からバスで5分、「一の宮」下車、徒歩5分　参拝時間／6:00～18:00（10～3月は～17:30）　御朱印授与時間／8:00～17:45（10～3月は～17:15）　拝観料／無料
URL www.facebook.com/aramitamahongu

絶景ポイント
»参道のしだれ桜並木

名勝「徳佐桜」のピンク色のトンネル

桜

269
山口県

徳《とく》佐《さ》八《はち》幡《まん》宮《ぐう》

しだれ桜の印が押されます。宮司さんは不在の場合もあるので、事前連絡を。

しだれ桜を中心に咲き誇る桜の参道

主祭神
誉《ホム》田《タ》別尊《ワケノミコト》
足仲彦尊《タラシナカツヒコノミコト》
気長足姫尊《オキナガタラシヒメノミコト》

1182年に宇佐八幡宮から勧請され、江戸時代に現在地に遷座、社殿が造営されました。2022年3月に国の名勝に指定された参道のしだれ桜並木が有名です。約370mの参道両脇に咲く桜は100本以上。しだれ桜の花びらが小さく可憐さが際立つ桜並木は、1825年に植栽された後、地域の協力で守り抜いた徳佐の宝といえます。

寺社DATA

創建／1182年（寿永元年）
本殿様式／八幡造
住所／山口県山口市阿東徳佐中3673
交通／JR「徳佐駅」から徒歩10分
参拝時間／自由
御朱印授与時間／9:00～16:00 ※事前連絡が望ましい（電話083-957-0413）
拝観料／無料　URL なし

絶景ポイント
»御神木のしだれ桜

降り注ぐように咲く「観音しだれ」

桜

270
広島県

観《かん》音《のん》神《じん》社《じゃ》

神社の神紋は三つ亀甲剣花菱紋。「寿」の印は特別な日に押されます。

「観音しだれ」と呼ばれる御神木。夜はライトアップされます

主祭神
磐長姫命《イワナガヒメノミコト》
安《ア》藝《キ》都《ツ》彦命《ヒコノミコト》
湯《ユ》津《ツ》彦神《ヒコノカミ》
日本武命《ヤマトタケルノミコト》
息長帯日賣命《オキナガタラシヒメノミコト》
（ほか十三柱）

903年に伊勢の国から御祭神を勧請、明治から昭和にかけて周辺の24社が合祀され、社殿が造営されました。多くの御祭神が祀られていることから、御利益は多岐にわたります。さらに本殿脇にある結宮《ゆいのみや》は、恋愛成就のパワースポット。御神木のしだれ桜は、京都・円山公園の「祇園しだれ」の種から育成された由緒ある桜です。

寺社DATA

創建／903年（延喜3年）
本殿様式／一間社流造
住所／広島県広島市佐伯区坪井1-32-9　交通／JR「五日市駅」からバスで6分、「坪井公民館」下車、徒歩2分、または広島電鉄宮島線「楽々園駅」から徒歩18分　参拝時間／日の出から日没まで　御朱印授与時間／9:00～17:00
拝観料／無料　URL kannon.main.jp

絶景ポイント
≫アジサイ、四季折々の花

雨にぬれたアジサイが似合う趣深いお寺

アジサイ

271
島根県

月《げっ》照《しょう》寺《じ》

松江藩主、松平家の菩提寺で、境内に歴代の廟所が並んでいます。透かし彫りが見事な7代不昧《ふまい》公の廟門、小泉八雲の随筆に登場する大亀の寿蔵碑、茶人として名をはせた不昧公ゆかりの茶室など遺跡が多数点在。6月中旬、3万本のアジサイが苔むした石燈籠や石畳を彩ります。

御本尊
阿《あ》弥《み》陀《だ》如来《にょらい》

印は阿弥陀如来を表す梵字「キリーク」、葵の紋、寺紋。出雲国神仏霊場第五番霊場の御朱印も授与。

左上／睡蓮の池
上／唐門　右／「山陰のアジサイ寺」とも称されます

寺社DATA

創建／1664年（寛文4年）
山号／歓喜山　宗旨／浄土宗
住所／島根県松江市外中原町179
交通／JR「松江駅」からバスで約20分、「月照寺前」下車すぐ。または一畑電鉄「松江しんじ湖温泉駅」から徒歩約15分
参拝・御朱印授与時間／10:00～16:00（6月8:30～17:30。最終入場は閉門30分前）　拝観料／大人500円、中・高校生300円、小学生250円
URL www.gesshoji-matsue.com

絶景ポイント
≫鏡の池

神話の舞台の聖なる池で「縁占い」

池

272
島根県

八《や》重《え》垣《がき》神《じん》社《じゃ》

森の中にある「鏡の池」は稲田姫命が飲料に使い、鏡として姿を映された池と伝わります

素盞嗚尊が詠まれた稲田姫をめとった喜びの和歌から「八重垣の宮」と呼ばれるようになりました。

素盞嗚尊が八岐大蛇《やまたのおろち》を退治した際に「八重垣」を造り、稲田姫命を隠された神話の舞台です。境内奥の「鏡の池」は稲田姫命が大蛇から隠れていた場所で、恋愛運や美容運の御利益スポット。和紙に硬貨をのせて浮かべる縁の占いも人気です。

和紙が沈むまでの距離と時間で占う「縁占い」

御祭神
素盞嗚尊《スサノオノミコト》
稲《イナ》田《ダ》姫命《ヒメノミコト》
大己貴命《オオナムチノミコト》
青幡《アオハタ》佐《サ》久《ク》佐《サ》日《ヒ》古命《コノミコト》

寺社DATA

創建／神代　本殿様式／大社造　住所／島根県松江市佐草町227　交通／JR「松江駅」からバスで約20分、「八重垣神社」下車、徒歩1分
参拝・御朱印授与時間／9:00～16:30（最新の状況はホームページ参照）　拝観料／無料
URL yaegakijinja.or.jp

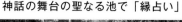

上は通常の御朱印。神紋は出雲の空に八雲が湧き出す様子を表しています。下は奥宮の水彩画入りの御朱印。

寺社DATA

創建／神代　本殿様式／大社造の変形　住所／島根県雲南市大東町須賀260　交通／JR「松江駅」からバスで約35分、「須我」下車、徒歩4分　参拝時間／8:30～17:30　御朱印授与時間／8:45～17:30　拝観料／無料　URL suga-jinja.or.jp

絶景ポイント
»奥宮の夫婦岩

「記紀神話」で語られた日本最初の神社

岩

273
島根県

須《す》我《が》神《じん》社《じゃ》

三柱の祭神の神霊が鎮まる奥宮は良縁成就のパワースポット。参拝法は本社で祈念札を頂き夫婦岩に祈願して奉納します

主祭神

須佐之男命《スサノオノミコト》
稲田比売命《イナタヒメノミコト》
清之湯山主三名《スガノユヤマヌシミナ》
狭漏彦八島野命《サロヒコヤシマノミコト》

八岐遠呂智《やまたのおろち》を退治した須佐之男命が、稲田比売命との新居を構えた古代恋物語の始まりの地で、縁結びや夫婦円満の御利益が授かれます。1.5km北東にある奥宮にも参拝する「二宮詣り」で、さらに神話の世界を全身で体感できます。

須佐之男命が詠んだ歌が日本初の和歌ということで「和歌発祥の地」とも。和歌が刻まれた碑が立ちます

絶景ポイント
»霊岩　»境内社の臥龍稲荷神社からの眺め

古代の巨石信仰に思いをはせる

岩

274
岡山県

玉《たま》比《ひ》咩《め》神《じん》社《じゃ》

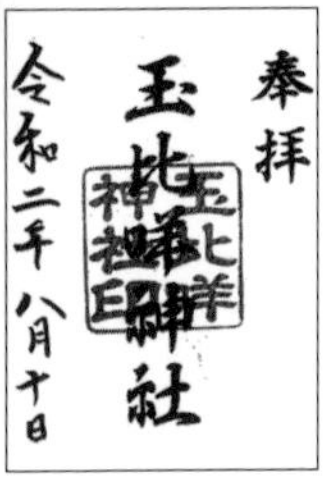

岩から3つの火の玉が飛び出し聖地へ飛んだという霊験の伝説も残っています。

御祭神は龍宮城の乙姫様ともされる海の女神です

巨岩の後方に立つ拝殿

御祭神

豊玉姫命《トヨタマヒメノミコト》

瀬戸内海沿いの玉野市は古代、玉の浦と呼ばれ、その「玉」は玉比咩神社の御神体の巨岩に由来するといわれます。霊岩とされる岩は「玉石」とあがめられ、中世以降は「立石」と呼ばれ崇拝されています。岩の高さは約11m、周囲は29.4mもあり、近くで見ると圧倒されそうな迫力。手を当てて生命力や運気を授かりましょう

寺社DATA

創建／不詳
本殿様式／流造
住所／岡山県玉野市玉5-1-17
交通／JR「宇野駅」からバスで約7分、「玉比咩神社前」下車、徒歩1分
参拝時間／自由
御朱印授与時間／9:00～17:00
拝観料／無料　URL なし

四国

香川県
徳島県
愛媛県
高知県

八栗寺
→P.268

四国
地図&インデックス

石鎚神社→P.263

竹林寺→P.272

眺望

霊峰に祀られた御祭神に
諸願成就の祈りをささげる

絶景ポイント
» 奥宮頂上社からの絶景
» 口之宮本社の荘厳な社殿

西日本最高峰（1982m）の石鎚山の頂に鎮座する奥宮頂上社。山頂への参道には険しい岩場があり、合計230mに及ぶ鎖をつたうことから「鎖の行場」と呼ばれます

275
愛媛県

石鎚神社《いしづちじんじゃ》

日本七霊山のひとつ、石鎚山を神が宿る神体山とする石鎚神社は、古来、山岳信仰の地としてあつく崇拝されてきました。拠点となる口之宮本社、7合目にある成就社と土小屋遥拝殿、山頂に鎮座する奥宮頂上社の4社からなり、険しい岩場を登った山頂からは瀬戸内海が一望できます。

御祭神

石鎚《イシヅチ》毘《ヒ》古命《コノミコト》

口之宮本社で授与している本殿写真入り御朱印。4社それぞれ御朱印を頂くことができます。

しまなみ海道を見晴らす丘に立つ荘厳な本殿

寺社DATA

創建／685年（天武天皇14年）
本殿様式／権現造
住所／愛媛県西条市西田甲797
交通／ JR「石鎚山駅」から徒歩15分
参拝・御朱印授与時間／8:30～16:30
拝観料／無料
URL ishizuchisan.jp

災厄の身代わりになってくれる「身代御守」

眺望

山頂に広がる別天地から "阿波の松島" を眼下に望む

絶景ポイント
- 標高284mの境内からの眺め
- 山頂へのリフトからの美景

上／海を見渡す展望地としても有名　左下／神社へは8合目にある駐車場から300段の階段を上るか、リフトを利用します　右下／立派な拝殿。三方（神様の食器）をかたどった「八角御紋」という珍しい御神紋入りの提灯が見られます

津峯神社《つのみねじんじゃ》

276
徳島県

主祭神の賀志波比賣大神は、延命長寿の守護神。心身を清めてお祈りすれば、病気やけがを癒やしていただけるとされています。阿波三峰のひとつ、津峯山山頂の境内からは、「阿波の松島」と称される橘湾や紀伊水道、天気がよければ鳴門海峡や和歌山まで見渡せます。橘湾に昇る初日の出も絶景。

主祭神
賀《カ》志《シ》波《ハ》比《ヒ》賣大神《メノオオカミ》

桐箱入りの「病気平癒御守」

賀志波比賣大神を奉斎しているのは当社のみであることから「日本一社」の墨書がされています。

高所恐怖症でなければ、橘湾の美景を堪能できるリフトがおすすめ

寺社DATA
創建／724年（神亀元年）　本殿様式／権現造　住所／徳島県阿南市津乃峰町東分343　交通／津峯スカイラインを車で8合目まで。駐車場からリフトで5分、もしくは徒歩15分、またはJR「阿波橘駅」から徒歩約1時間30分　参拝時間／9:00～17:00　御朱印授与時間／9:00～16:00　拝観料／無料　URL www.instagram.com/tsunomine_jinjya.part3

参道の長い石段を上れば すばらしい眺望のご褒美が

絶景ポイント
≫本宮横の展望台からの絶景
≫3500本の桜に彩られる春

上／本宮の前の展望台からは、瀬戸大橋や讃岐富士などを一望できます　左下／毎年4月10日に行われる「桜花祭」。拝殿では舞が奉納されます　右下／本宮までは785段、奥宮までは1368段の石段を上ります

277
香川県

金刀比羅宮《ことひらぐう》

「こんぴらさん」と親しまれる海の神様を奉祭。江戸時代、お伊勢参りと並び人々の憧れの参拝地であった金刀比羅宮は、今では年間400万人もの参拝客を集める四国を代表する神社に。本宮は海抜251m、琴平山の中腹にあり、参道の長い石段でも有名。参拝後の達成感と展望台からの眺めは格別です。

御祭神
大物主神《オオモノヌシノカミ》
崇徳天皇《ストクテンノウ》

琴陵容世名誉宮司が描いた「笑顔元気くん守」

印にある琴平山は、金刀比羅宮が鎮座する山です。愛称で「こんぴらさん」とも呼ばれています。

参道の「桜馬場」は桜の名所です

寺社DATA

創建／約3000年前
本殿様式／大社関棟造
住所／香川県仲多度郡琴平町892-1
交通／JR「琴平駅」から徒歩15分（参道入口まで）
参拝時間／6:00～18:00
御朱印授与時間／9:00～17:00
参拝料／無料
URL www.konpira.or.jp

海

桂浜を見下ろす境内で太平洋のパノラマに息をのむ

絶景ポイント
- 太平洋の雄大な眺望
- 龍馬ファンの聖地、桂浜

上／日没時に参拝すればドラマティックな夕焼けが見られることも　左下／海津見神社の境内社である早高（はやたか）神社。龍王岬展望台にもなっています　右下／桂浜は波が高く、波打ち際に近づくことが禁止されています。社に向かう際は歩道を歩きましょう

海《わた》津《つ》見《み》神社《じんじゃ》

278
高知県

主祭神
大海《オオワタ》津《ツ》見神《ミノカミ》

日本の渚１００選に選出された桂浜を歩くと、龍王岬の岩場に鎮座する小さな社が見えてきます。龍宮橋を渡って石段を上れば、朱塗りの社の向こうには太平洋の大海原が。海を司る神様を祀り、毎年行われる「竜宮まつり」は、地元の漁業関係者が大漁旗を境内や砂浜に飾り、１年で最もにぎわいます。

龍王岬のイラストが華やかな御朱印。社務所はなく無人ですが、書き置きを頂くことができます。

海津見神社の鳥居と社

寺社DATA

創建／不詳
本殿様式／切妻造
住所／高知県高知市浦戸城山831
交通／JR「高知駅」からバスで32分、「龍馬記念館前」下車、徒歩3分
参拝時間／自由
御朱印授与時間／9:00～16:00
拝観料／無料
URLなし

海

波静かな入江にたたずむ “土佐の宮島”

📷 絶景ポイント
- 海に向かって立つ鳥居
- 重要文化財の本殿

対岸からも見ることのできる鳥居が描かれています。御朱印が頂ける日時が限られているので注意。

上／鳥居の先は海。荒れ狂うことなく穏やかであることを願い、「鳴無」と名づけられたとか　左／本殿の天井には天女の姿が描かれています（非公開）

寺社DATA

創建／460年（雄略天皇4年）
本殿様式／春日造
住所／高知県須崎市浦ノ内東分3579
交通／JR「多ノ郷駅」から車で20分
参拝時間／自由
御朱印授与時間／土・日曜、祝日、1日、15日の10:00～16:30（ほかの授与品もこの時間帯で）　拝観料／無料
URL なし

鳴無神社《おとなしじんじゃ》

279
高知県

神様を海から迎えたという言い伝えから、一の鳥居も社殿も海に向かって立ち、海から参道が続く不思議な風景が見られます。この風景からついた別名が「土佐の宮島」。空が茜色に染まる夕刻は、縁結びの神を祀る境内がロマンティックな雰囲気に包まれます。本殿は重要文化財に指定されています。

主祭神

一言主命《ヒトコトヌシノミコト》
またの名を
味鉏高彦根神《アジスキタカヒコネノミコト》

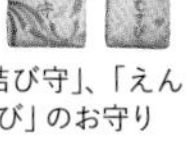

「結び守」、「えんむすび」のお守り

仏像

レトロなケーブルに乗って「お迎え大師」が待つ絶景の寺へ

絶景ポイント
» 展望台からの眺め
» 歌と紋様が刻まれた梵鐘

上／「お迎え大師」像は大師堂に祀られる青年時代の弘法大使の模刻です　左下／五剣山はお釈迦様の涅槃のお顔のようにも見えます　右下／「お迎え大師」が鎮座する八葉蓮華の形の展望台からは、高松市郊外はもちろん、晴天時は金毘羅の象頭山や徳島県の剣山までも見渡せます

280
香川県

八栗寺《やくりじ》

霊峰・五剣山が背後にそびえる八栗寺は、平安時代より悠久の歴史を刻む祈りの寺。商売繁盛、学力成就、良縁祈願など、人々へ「喜び」を届けるお聖天様（歓喜天）を祀る聖天堂から、「お迎え大師」が鎮座する展望台、鐘楼堂のアートな梵鐘まで、さまざまな御利益と見どころに触れることができます。

御本尊
聖観音《しょうかんのん》

威風堂々と立つ二天門

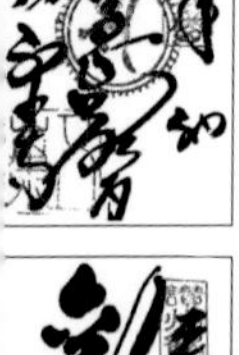

四国霊場のうちでも珍しい歓喜天霊場としても有名で、御本尊（上）のほか、歓喜天の御朱印（下）を頂くことができます。

寺社DATA

創建／829年（天長6年）
山号／五剣山　宗旨／真言宗大覚寺派
住所／香川県高松市牟礼町牟礼3416
交通／JR「八栗口駅」から車で5分の「八栗登山口駅」からケーブルで4分、「山上駅」下車、徒歩4分　参拝時間／自由　御朱印授与時間／8:00～17:00
拝観料／無料
URL yakuriji.jp

眺望

長い石段を上って鳥居越しに城下町を見渡す

絶景ポイント
≫ 境内から見下ろす大洲城と城下町

左／境内に続く石段の上り口にある昭和燈は高さ35m。1928年の創建当時、東洋一の高さを誇りました　中央／えびす様の像。毎年1月9、10、11日は、愛媛県唯一の「十日ゑびす祭」を開催　右／大洲城の東、神楽山に鎮座します

281
愛媛県

大《おお》洲《ず》神《じん》社《じゃ》

大洲城築城の際、地元の総鎮守として創建され、藩より代々崇拝を受けてきた神社です。お祀りしているのは「ゑびす様（事代主命）」と「大国様（大國主命）」。開運招福の神様とあって、とりわけ1月の十日ゑびす祭には、商売繁盛、福徳来家を祈願する参拝者が多数訪れます。人気ドラマの舞台となったことでも知られ、絵になる場所があちこちに。

御祭神

大國主命《オオクニヌシノミコト》
事代主命《コトシトヌシノミコト》

墨書の「神楽山」は神社が鎮座する場所。大洲城の東方にあり、城を見守り続けてきました。

寺社DATA

創建／1331年（元弘元年）　本殿様式／神明造
住所／愛媛県大洲市大洲神楽山417　交通／JR「伊予大洲駅」から徒歩25分　参拝・御朱印授与時間／6:00～18:00
拝観料／無料
URL oozujinja.jp

大國主命と関わりが深いウサギの身代わり守り

アジサイ

諸願成就の神様を祀る 美しき「あじさい神社」

絶景ポイント

- アジサイが咲き誇る境内
- 神社の北西1.6kmに位置する「あじさい街道」

上／参道を埋め尽くすアジサイと、あたたかな光がともる拝殿　左下／諸願成就の「あじさい絵馬」　右下／地域を盛り上げようと、「春野町あじさい愛好会」が2000年頃からアジサイの苗を植え始めたそうです

282
高知県

六條八幡宮《ろくじょうはちまんぐう》

京都の左女牛《さめがい》八幡宮から御分霊を迎えた、この地区の総氏神。約80種、1500株のアジサイが咲き誇ることから「あじさい神社」と呼ばれ、6月には多くの参拝者が訪れます。神社が鎮座する春野町が「高知龍馬マラソン」のゴールであることから奉製した「完走守」も好評です。

御祭神

品陀《ホンダ》和氣尊《ワケノミコト》

アジサイをあしらった「交通安全御守」

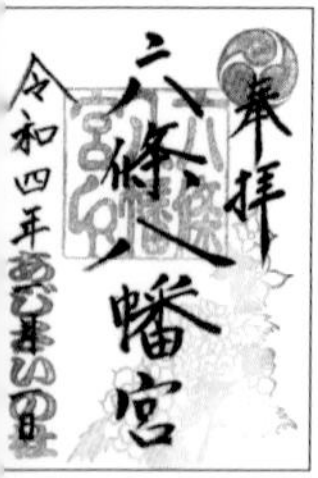

境内に咲く色とりどりのアジサイを多色インクで再現した、鮮やかな印が押印されています。

神社境内はもちろん、周辺まで鮮やかなアジサイで彩られます

寺社DATA

創建／1402年（応永9年）
本殿様式／流造　住所／高知県高知市春野町春野町西分3522　交通／JR「高知駅」から徒歩4分のバス停「相生町通」からバスで50分、「西分」下車、徒歩2分　参拝時間／自由　御朱印授与時間／不定期（神職不在時は郵送対応）拝観料／無料　URL www.facebook.com/rokujouhachimangu

山

劔の神が守る剣山の頂で 360度の大パノラマを望む

絶景ポイント
» そそり立つ剣のような宝蔵石
» 山頂からの絶景

上／宝蔵石には安徳天皇の宝剣が納められたという伝説が残ります
下左／四季折々の高山植物に出合えます
下中央／山頂一帯の草原は「平家の馬場」と呼ばれます　下右／宝蔵石の手前に社殿と社務所があります

劔山本宮宝蔵石神社《つるぎさんほんぐうほうぞうせきじんじゃ》

283
徳島県

標高1955m、徳島県最高峰で日本百名山のひとつでもある剣山《つるぎさん》山頂近くにある神社です。リフトを下りて、登山道を約1時間上ると社殿があり、その背後に巨岩が鎮座します。この岩が剣の神である須佐廼雄命を祀る由来となった「宝蔵石」。運命を切り開く勇ましき力を授かりましょう。

御祭神
建速須佐廼雄命《タケハヤスサノオノミコト》
安徳天皇《アントクテンノウ》

剣山に生息する季節ごとの高山植物や、祭礼、各行場の絵が添えられた華やかな御朱印です。

寺社DATA

創建／神代の忌部神社とも称されるが、創建は不詳　本殿様式／神明造　住所／徳島県美馬市木屋平 剣山頂上　交通／「美馬IC」から車で1時間30分、「見ノ越リフト乗り場」からリフトで15分、「遊歩道コース」を登山約1時間　参拝時間／自由　御朱印授与時間／10:00～15:00（4月29日～11月3日の土・日曜、祝日、7月下旬～8月下旬の毎日、祭礼時）　拝観料／無料　URL なし

284
香川県

粟井神社《あわいじんじゃ》

アジサイ

アジサイが彩る讃岐最古の古社

絶景ポイント
≫アジサイに彩られる境内　≫境内からの瀬戸内海の眺め

中央上の社紋「丸に違い鎌」は拝殿の屋根や賽銭箱にも示されています。

毎年6月には「あじさい祭り」が開催されます

アジサイの花手水

主祭神
天太玉命《アメノフトダマノミコト》

立派な拝殿

少なくとも１０００年以上の歴史をもつ由緒ある神社です。主祭神は祭祀を司る神。心を込めてお参りすることで悪しきものを祓い、正しい道へと導いてくださることでしょう。境内には約３０００株のアジサイが植えられ、「あじさいの宮」と呼ばれることも。参道に沿った斜面にはアジサイが群生し、見頃となる初夏には、手水舎も「花手水」に。

寺社DATA

創建／不詳。一説に686年（朱鳥元年）との社伝あり
本殿様式／三間社流造
住所／香川県観音寺市粟井町1716
交通／JR「観音寺駅」から車で15分
参拝時間／自由
御朱印授与時間／9:30～17:00
URL なし

285
高知県

竹林寺《ちくりんじ》

紅葉

四季折々の自然を楽しむ祈りの場

絶景ポイント
≫紅葉の境内　≫名勝庭園

墨書は「文殊大士」。右上には四国霊場第三十一番札所を示す印が押されています。

高さ31m、総檜造りの五重塔と紅葉

御本尊
文殊菩薩《もんじゅぼさつ》

お遍路さんや御仏《みほとけ》を拝する人々の祈りの場として、また、緑豊かな寺域は四季折々の自然を楽しむ憩いの場として親しまれています。智慧の仏様・文殊菩薩を御本尊とすることから、受験合格、学業成就を願う参拝者も多く訪れます。重要文化財に指定された書院から望む名勝庭園（左下写真）や、貴重な仏像を収めた宝物館も見どころです。

寺社DATA

創建／724年（神亀元年）
山号／五台山　宗旨／真言宗智山派　住所／高知県高知市五台山3577　交通／JR「高知駅」からMY遊バスで約25分、「竹林寺」下車すぐ
参拝時間／8:30～17:00
御朱印授与時間／7:00～17:00
拝観料／大人400円
URL www.chikurinji.com

絶景ポイント
≫夕日に染まる神社 ≫島と陸地を結ぶつしま橋

夕日

286
香川県

津《つ》嶋《しま》神《じん》社《じゃ》

1年に1度だけ開く、美しい橋

御朱印は陸側にある社務所で頂けます。不在のことがあるので電話（0875-72-5463）で確認を。

夕焼けの絶景スポットとしても知られる神社

三豊市の沖合い250m、瀬戸内海に浮かぶ小さな島に鎮座する津嶋神社は、江戸時代から子供の健康と成長を願う守り神としてあつく信仰されてきました。歌川広重の浮世絵に描かれた景勝地としても有名です。陸地とはつしま橋で結ばれていますが、橋を渡れるのは夏季例大祭の2日間だけ。この両日は全国から大勢の参拝者が訪れます。

主祭神
素盞嗚命《スサノオノミコト》

「しあわせ橋」とも呼ばれるつしま橋

寺社DATA
創建／1593年（文禄2年） 本殿様式／一間社流造 住所／香川県三豊市三野町大見7463 交通／JR「詫間駅」から徒歩30分（夏季例大祭の8月4、5日のみ神社からすぐのJR「津島ノ宮駅」に停車） 参拝時間／9:00～17:00（8月4、5日は6:00～22:00） 御朱印授与時間／9:00～17:00（電話で要確認） URL tsushima-jinja.com

---

絶景ポイント
≫境内からの眺望 ≫峰寺不動明王像

眺望

287
高知県

禅《ぜん》師《じ》峰《ぶ》寺《じ》

太平洋のパノラマが美しい

奇岩を背に立つ不動明王像

左側に「静なる我がみなもとの禅師峰寺　浮かぶこころは法のはやぶね」という御詠歌が記されています。

高さ約82mの峰山の頂からの眺め

桂浜へ続く浦戸大橋や太平洋を見渡す小高い丘の上に立つ古刹です。聖武天皇から勅命を受けた行基菩薩が、土佐沖を航行する船舶の安全を願って堂宇を建てたのが始まりとされます。御本尊は「船魂《ふなだま》の観音」と呼ばれ、今もあつく信仰されています。樹木に覆われた境内には奇怪な岩石が立ち並び、幽寂な雰囲気を漂わせています。

御本尊
十一面観《じゅういちめんかん》世《ぜ》音《おん》菩《ぼ》薩《さつ》

寺社DATA
創建／807年（大同2年）
山号／八葉山
宗旨／真言宗豊山派
住所／高知県南国市十市3084
交通／JR「高知駅」からバスで40分、「丸山通」下車、徒歩7分
参拝・御朱印授与時間／7:00～17:00
拝観料／無料
URL なし

絶景ポイント
»御神木「小千命御手植の楠」 »朱塗りの本殿

御神木

樹齢2600年の御神木が見守る

288
愛媛県

大山祇神社《おおやまづみじんじゃ》

日本国の守り神であることを示す「日本總鎮守」の印が押されます。

息を止めて木の回りを3周すると願いがかなうといわれます

重要文化財の本殿

「神の島」と呼ばれる大三島の西に鎮座する古社で、日本の総鎮守とされてきました。広い境内は、日本最古といわれる「能因法師雨乞いの楠」など、樹齢を重ねた木々に囲まれ、太古からの霊気に包まれているよう。中世には、瀬戸内海における警護を担った村上水軍の守護神として崇拝され、海と地、産業の神として今も多くの参拝者が訪れます。

御祭神
大山積神《オオヤマヅミノカミ》

神紋入りのお守り各種

寺社DATA

創建／不詳
本殿様式／三間社流造
住所／愛媛県今治市大三島町宮浦3327
交通／JR「今治駅」からバスで約1時間、「大山祇神社前」下車すぐ
参拝時間／早朝～17:00
御朱印授与時間／9:00～16:50
URL oomishimagu.jp

絶景ポイント
»奇岩が並び立つ境内 »洞窟に祀られた仏様

山

大岩と橡《とち》の原生林に囲まれた神域

289
愛媛県

岩屋寺《いわやじ》

四国八十八ヶ所霊場第四十五番札所です。

背後の巨岩（金剛界峰）と一体となるように建てられた本堂

穴禅定の洞窟には不動明王像や地蔵尊が

四国山脈の山深い場所にあり、参道入口から境内までは徒歩20分程度の急な坂道が続きます。古くから山岳霊場として栄え、そそり立つ巨岩の絶壁に点在する岩窟（岩屋）で多くの僧が修行を行っていたのが寺名の由来です。御本尊の不動明王（秘仏）が祀られる本堂が大師堂より小さいのは、山全体が御本尊とされているからです。

御本尊
不動明王《ふどうみょうおう》

寺社DATA

創建／815年（弘仁6年） 山号／海岸山 宗旨／真言宗豊山派 住所／愛媛県上浮穴郡久万高原町七鳥1468 交通／JR「松山駅」からJR四国バス久万高原線「落出行き」で約1時間、「久万中学校前」下車、伊予鉄南予バス「面河行き」に乗り替えて16分、「岩屋寺」下車、境内まで徒歩約20分 参拝時間／自由 御朱印授与時間／7:00～17:00 拝観料／無料
URL shikoku88-iwayaji.com

四国狸の
総大将が見守る

香川の古刹、屋島寺

鎌倉時代創建の本堂は、重要文化財に指定されています

千本鳥居に向かって左側に鎮座するのが蓑山大明神、右側が子ダヌキを抱く妻の像です

源平合戦で有名な屋島の南嶺に立つ屋島寺は、四国八十八ヶ所霊場の第八十四番札所。鑑真和上が開基し、後に弘法大師が現在の場所に遷し、十一面千手観世音菩薩を御本尊として祀っています。本堂右手に鎮座する大狸の像は、“日本三大狸”と称される蓑山大明神（太《た》三郎《さぶろう》狸《たぬき》）。子宝、縁結びや家庭円満などの神様として有名です。

290
香川県

屋島寺《やしまじ》

創建／754年（天平勝宝6年）　山号／南面山　宗旨／真言宗御室派　住所／香川県高松市屋島東町1808　交通／ことでん「琴電屋島駅」からバスで10分、「屋島山上」下車、徒歩13分　参拝時間／自由（宝物館9:30～16:00）　御朱印授与時間／7:00～17:00　拝観料／無料（宝物館500円）　URL なし

蓑山塚には多くの狸が奉納されています

墨書の上部は、真言密教における千手観世音菩薩を意味する梵字の「キリク」、その下の「大悲殿」は御本尊の十一面千手観世音菩薩を祀る本堂を示します。

30秒ほどで
山頂のお社へ

日本一低い山で上昇運をゲット

登頂者は初穂料を納めて「登頂証明書」をもらうことができます

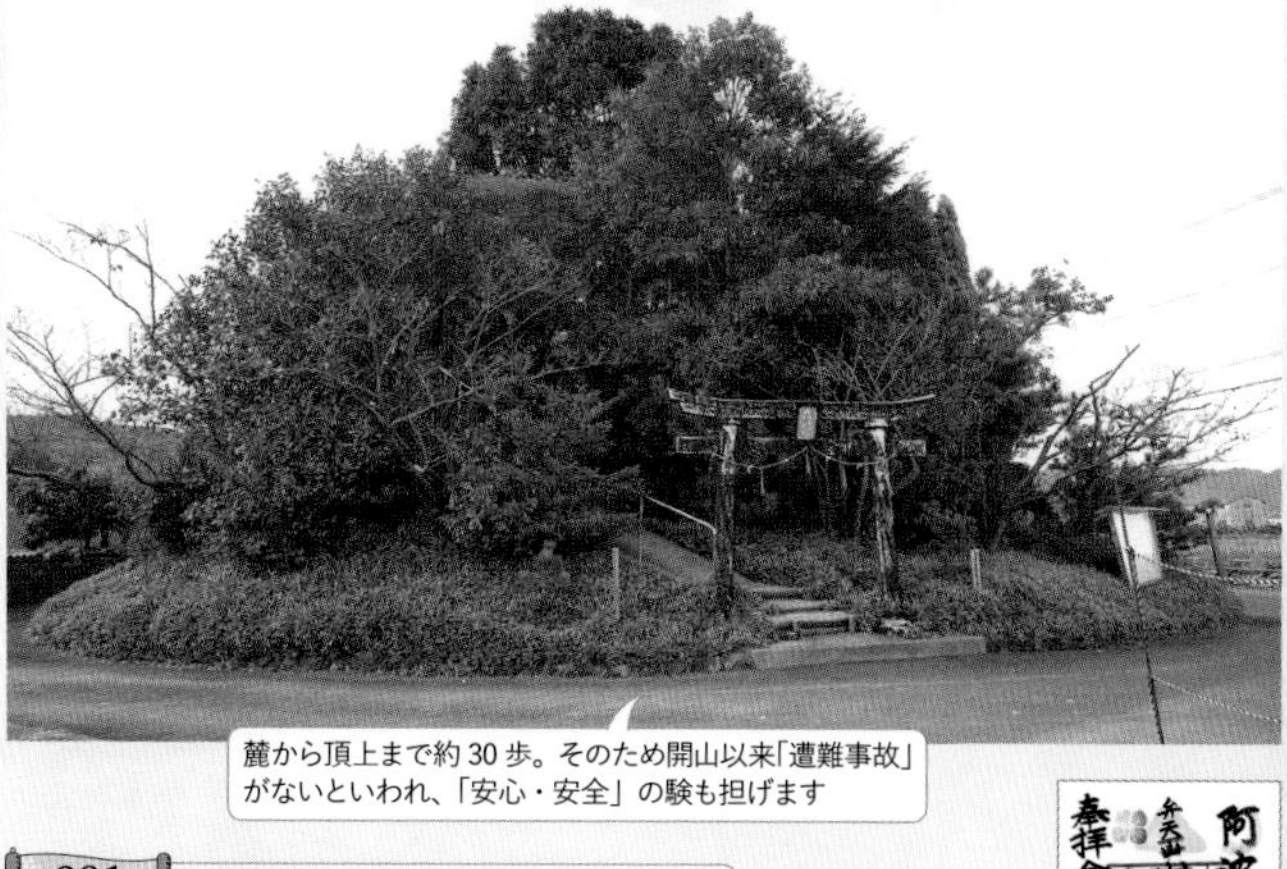

麓から頂上まで約30歩。そのため開山以来「遭難事故」がないといわれ、「安心・安全」の験も担げます

標高6.1 mの日本一低い弁天山の頂上に鎮座されていることから、日本一高い富士山頂に向かって上昇していく始まりの神社として信仰されてきました。上昇運の御利益をいただけることから、キャリアアップ、芸事上達を願う人、スポーツ選手など、高みを目指す参拝者が多く訪れます。標高6.1 mにちなんで、6月1日に「山開き祭」が行われます。

弁天山は国土地理院発行2万5千分の1の地図にも記載された、自然の山では一番低い山

291
徳島県

巌島神社《いつくしまじんじゃ》

創建／平安時代末頃　本殿様式／流造　住所／徳島県徳島市方上町弁財天8-1　交通／JR牟岐線「地蔵橋駅」から徒歩20分　参拝時間／自由　御朱印授与時間／自由（書き置き設置）　拝観料／無料　URL bentenyama.com

御朱印は書き置き。初穂料を箱に納めて頂きます。兼務社の快神社でも頂けます。

思わず写真に収めたくなる！

フォトジェニックなお寺

松山出身の俳人・神野紗希氏発案の「俳句恋みくじ」と俳句絵馬「えまたま」

色とりどりのお結び玉や、詩に恋愛成就の願いを込める俳句絵馬、和洋折衷のアートな天井画など、参拝者のハートをつかむ感度の高いお寺はこちら。

お結び玉は地元の方がひとつずつ手作りしたものです

カラフルなお結び玉に恋愛成就を願う

圓満寺《えんまんじ》

境内に鎮座する高さ 3.67 mの「湯之大地蔵」が左手に持っている湯玉をモチーフにした、カラフルなお結び玉が境内を彩ります。お結び玉を左手にのせて願いごとをして境内に結び（持ち帰ってもOK）、お札を１枚持ち帰り、願いがかなったらお礼参りの際にお札を返納しましょう。本堂前にある、わらべ地蔵の水琴窟や俳人・臥牛洞狂平の仮名詩碑も見逃せません。

奈良時代の僧・行基の作といわれる地蔵尊

右下には湯之大地蔵が左手に持つ湯玉をモチーフにした印が押されています。

292
愛媛県

創建／812年（弘仁３年）　宗旨／浄土宗　山号／大悲山　住所／愛媛県松山市道後湯月町4-49　交通／市内電車「道後温泉駅」から徒歩７分
参拝時間／8:00～17:00　御朱印授与時間／9:00～17:00　拝観料／無料　URL なし

アートな天井画は圧巻！

岩本寺《いわもとじ》

1000 年以上の歴史をもつ岩本寺は、四国八十八ヶ所霊場の第三十七番札所。四国霊場で唯一、5 仏の御本尊を安置しています。1978 年に新設された本堂の天井は、画家や一般市民から奉納された 575 枚の絵が彩ります。花や蝶、龍、人物、ネコからマリリン・モンローまで、時間を忘れて眺めてしまいそうなユニークな天井画が見事です。

百人百様の個性が集まってひとつの芸術を創り上げています

左奥が大師堂、右手前が歓喜天を祀る円形の聖天堂です

岩本寺奥之院「矢負地蔵尊」の御朱印。矢負地蔵尊は本坊に鎮座しています。

293
高知県

創建／天平年間（729～749年）　山号／藤井山　宗旨／真言宗智山派　住所／高知県高岡郡四万十町茂串町3-13
交通／JR「窪川駅」から徒歩９分　拝観・御朱印授与時間／7:00～17:00
拝観料／無料　URL なし

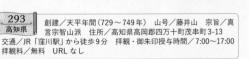

九州・沖縄

福岡県
佐賀県
長崎県
大分県
熊本県
宮崎県
鹿児島県
沖縄県

九州・沖縄
地図&インデックス

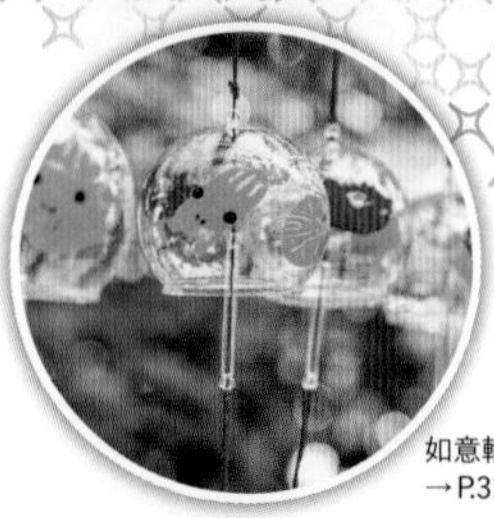

如意輪寺
→P.316

波上宮→P.288

眺望

筑紫平野のパノラマに感動。夜景も情感たっぷり

絶景ポイント
- 石段や展望台からの眺め
- 大規模な社殿

上／131段の石段を登り、振り返ると市街地が一望のもと　左下／石段脇にスロープカーが設置されています　右下／1660～1661年にかけて造営された、柿葺（こけらぶき）、権現造の社殿は江戸初期の特色を留め、国の重要文化財に指定されています

高《こう》良《ら》大社《たいしゃ》

294
福岡県

主祭神
高《コウ》良《ラ》玉垂命《タマタレノミコト》

久留米市街を一望する霊峰、高良山に鎮座する古社。三の鳥居をくぐり石段を登ると、久留米藩主が寄進した九州最大級の大きさを誇る社殿が目の前に。厄除け、延命長寿、さらに芸能の神として広くあつい信仰を集めています。神社からの眺めは格別。すがすがしい気持ちにしてくれます。

印は筑後國一之宮、高良大社。地元の人にとっては「高良山＝高良大社」ということから高良山の印も入ります。

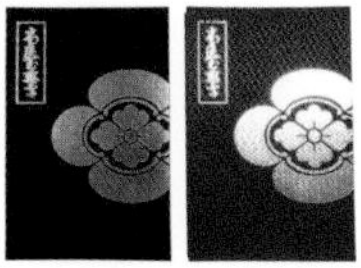

木瓜（もっこう）の神紋が印象的な御朱印帳

寺社DATA

創建／367年（仁徳天皇55年）
本殿様式／権現造
住所／福岡県久留米市御井町1
交通／ JR「久留米大学前駅」から車で15分。JR「久留米駅」からバスで13分、「御井町」下車、徒歩20分
参拝時間／6:00～17:00　御朱印授与時間／8:30～16:30　拝観料／無料
URL www.kourataisya.or.jp

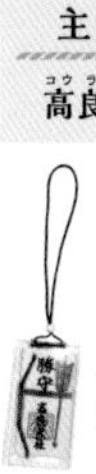

仕事にも学業にもよい「勝守」

社殿

思わずため息が漏れる
錦織りなす紅葉と華麗な社殿

祐徳稲荷神社《ゆうとくいなりじんじゃ》

295
佐賀県

御祭神
倉稲魂大神《ウガノミタマノオオカミ》
大宮売大神《オオミヤノメノオオカミ》
猿田彦大神《サルタヒコノオオカミ》

佐賀県鹿島市にある日本三大稲荷のひとつ。商売繁盛、縁結び、技術上達などあらゆる御利益があるとされ、大勢の参拝者が訪れます。日光東照宮の陽明門を思わせる造りの楼門右手の斜面には懸造、総朱塗りの本殿が堂々たる風格でそびえます。本殿は豪華絢爛な装飾や天井画がうっとりする美しさ。奥の院からは有明海まで続く絶景が眼下に。

地上約18mの斜面に立つ本殿へは階段、または有料エレベーターで

寺社DATA

創建／1687年（貞享4年）　本殿様式／懸造ほか
住所／佐賀県鹿島市古枝乙1855
交通／JR「肥前鹿島駅」からバスで約10分、「祐徳稲荷神社前」下車すぐ　参拝時間／自由
御朱印授与時間／9:00～17:00　拝観料／無料
URL www.yutokusan.jp

上／色鮮やかな装飾が美しい楼門と地上18mに立つ本殿。夜はライトアップされます　下／本殿から30分ほど登った所の奥の院からの展望　右／人気の「うまくいく守」

春には5万本の色とりどりのツツジが斜面を埋め尽くす神社の外苑（東山公園）

社務所左側受付に御朱印帳を預けて番号札を受け取り、参拝を終えたら番号札と初穂料を渡して御朱印を頂きます。

絶景ポイント
- 参道に連なる鳥居
- 境内からの眺望

浮羽稲荷神社《うきはいなりじんじゃ》

296
福岡県

地元の人々が憩いの場として造成した城ヶ鼻公園にある浮羽稲荷神社。鳥居と眺めが共演する絶景がメディアで紹介され、注目が高まる神社です。参道入口から山の斜面に造られた約300段の石段沿いに91基の鳥居がずらり。最上部から振り返れば筑後平野の眺めが広がります。金運や健康運などの御利益でも知られています。

御祭神
稲魂大神《ウカノミタマノオオカミ》
大山咋神《オオヤマクイノカミ》
菅原道真公《スガワラミチザネコウ》

寺社DATA

創建／1957年（昭和32年）　本殿様式／不明　住所／福岡県うきは市浮羽町流川1513-9　交通／JR「うきは駅」から徒歩25分　参拝時間／自由　御朱印授与時間／10:00～18:00 ※スーパー「サンピットバリュー浮羽店」（うきは市浮羽町朝田587-1）2階の「ファミリーファッションバリュー」で頒布　拝観料／無料　URL ukiha-inari.jp

絶景ビューが楽しめる斜面に続く鳥居参道

上／参道の途中でも鳥居越しに景色が楽しめます
左下／鳥居最上部からの絶景　右下／登り切った所に拝殿があります。商売繁盛の稲荷大明神、健康と長寿の神様、学問の神様の三神が祀られています

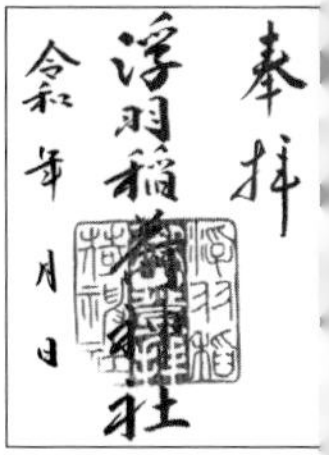

印は篆刻という独特の書体が使用されています。御朱印はコピーを地元のスーパー2階で頒布（一寺社DATA)。

亜熱帯植物に覆われた社殿と青く広がる太平洋の絶景

297
宮崎県

青島神社《あおしまじんじゃ》

夫婦神を祀る縁結びスポットとして名をはせる青島神社は、太平洋に浮かぶ周囲1.5kmの青島のほぼ中央に鎮座し、島全体が境内です。ヤシ科の植物ビロウ樹などの熱帯・亜熱帯植物の群生地として、全島が国の特別天然記念物に指定されています。ジャングルのような境内を参拝し、お皿を投げて祈願する「天《あめ》の平瓮《ひらか》投げ」を体験しましょう。

御祭神

彦火々出見命《ヒコホホデミノミコト》
豊玉姫命《トヨタマヒメノミコト》
塩筒大神《シオツチノオオカミ》

夫婦まもり

「青島神社」と「弁財天」の2種類セットが見開きで授与されるという珍しいスタイルです。

寺社DATA

創建／不詳（1200年前）　本殿様式／妻入り流造
住所／宮崎県宮崎市青島2-13-1　交通／JR「青島駅」から徒歩10分　参拝時間／6:00頃～18:00頃
御朱印授与時間／8:00頃～17:00頃
拝観料／無料
URL aoshima-jinja.jp

上／亜熱帯植物と社殿のコントラストが美しい
左下／鳥居越しの夕景。海岸を囲む天然記念物の波状岩「鬼の洗濯板」も必見です　右下／島に架かる弥生橋のたもとには縁結びのシンボル「幸せの黄色いポスト」があります

ビロウ樹の図柄と鮮やか な色合いがなんとも南国 らしい御朱印帳。ピンクもあります

夕日

海に臨む神社から神々しい夕日を拝む

絶景ポイント

- 夕日
- 展望台からの眺望
- 境内の桜

298
福岡県

鎮懐石八幡宮《ちんかいせきはちまんぐう》

御祭神

神功皇后《ジングウコウゴウ》
応神天皇《オウジンテンノウ》
武内宿禰《タケウチノスクネ》

糸島市の海沿いの丘に位置する、安産・子授け信仰の神社。戦地に向かう神功皇后が出産の延期と安産を祈って石を肌身に抱いて心を鎮め、無事安産がかなったという伝説の石を「鎮懐石」としてお祀りし、古代から神霊に守られた聖地としてあがめられてきました。境内にある展望台からは、降り注ぐ光がきらめく海、幻想的な夕日が望めます。

鳥居脇に九州最古の万葉歌碑があります

寺社DATA

創建／不詳　本殿様式／神明造
住所／福岡県糸島市二丈深江2143-1
交通／JR「筑前深江駅」から徒歩12分
参拝時間／自由　御朱印授与時間／9:00～17:00（春・夏は延長）　拝観料／無料
URL www.chinkaiseki.com

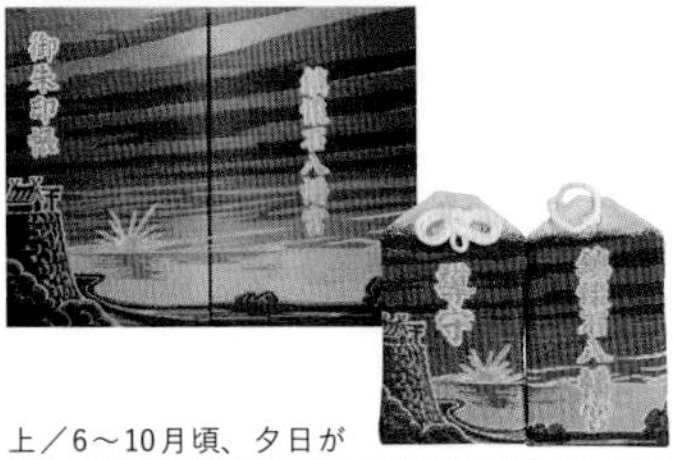

上／6～10月頃、夕日が沈んだあとの20分くらいに空が神秘的な色に染まります　左下／吉兆といわれる紫色の雲と夕日をデザインしたお守り「導守（みちびきまもり）」と御朱印帳。表と裏を合わせるとひとつの絵になります　右下／桜が咲き誇る境内の社殿

墨書は宮司の書いた字を印刷したものです。「紙」でのお渡しとなり、御朱印帳への手書きは受けられていません。

海

絶景ポイント

» 崖の上にたたずむ社殿

» 琉球赤瓦を使用した拝殿

299

沖縄県

波上宮《なみのうえぐう》

那覇港や那覇市唯一のビーチを望む崖の上に鎮座する波上宮は、はるか昔より琉球の人々が海のかなたの海神の国（ニライカナイ）に航海の安全や豊漁豊穣を願い、祈りをささげてきた聖地です。参拝して未来への船出をあと押ししていただきましょう。色鮮やかな琉球赤瓦を使用した朱色の拝殿や手水舎、拝殿の両脇を護るシーサーに南国沖縄の風を感じます。

御祭神

伊弉冉尊《イザナミノミコト》

速玉男尊《ハヤタマヲノミコト》

事解男尊《コトサカヲノミコト》

寺社DATA

創建／不明 ※1368年頃と思われる　本殿様式／流造
住所／沖縄県那覇市若狭1-25-11　交通／那覇バス2・3・5・15・45系統「西武門」から徒歩3分、またはゆいレール「旭橋駅」から徒歩15分　参拝・御朱印授与時間／9:00～17:00　拝観料／無料
URL naminouegu.jp

ニライカナイの神々に祈りをささげる波の上の聖地

上／崖の上にたたずむ社殿が海辺からよく見えます。晴れ渡る空や海風からエネルギーを感じられます　左下／色鮮やかな「紅型」の御朱印帳と健康守護の「紅型守」　右下／拝殿の両脇からシーサーがにらみを利かせます

沖縄総鎮守という印が押されますが、琉球国一の宮としても名高い神社です。

海

国指定 鵜戸の名勝と主祭神を祀る神秘の洞窟

絶景ポイント
» 風光明媚な岬の光景
» 洞窟に鎮座する御本殿

上／本殿前広場下には霊石亀石があり、男性は左手、女性は右手で運玉を投げ、亀石の枡形の窪みに入れば願いがかなうといわれています　左下／鮮やかな朱塗りの楼門　右下／日向灘に面した自然の洞窟に本殿が立っています

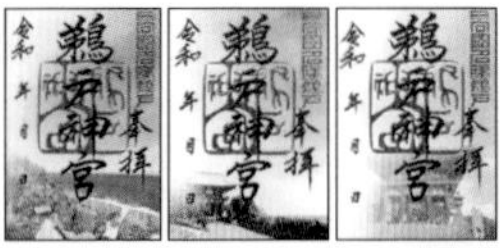

日向國名勝鵜戸の印が押されます。鵜戸神宮の風景が入った右3点の御朱印は書き置きです。

寺社DATA

創建／第10代崇神天皇の御代
本殿様式／権現造
住所／宮崎県日南市大字宮浦3232
交通／JR「宮崎空港駅」からバスで1時間、「鵜戸神宮」下車、徒歩10分
参拝・御朱印授与時間／6:00～18:00
拝観料／無料
URL www.udojingu.com

300
宮崎県

鵜《う》戸《ど》神《じん》宮《ぐう》

「鵜戸さん」の愛称をもつ鵜戸神宮は、「浦島太郎」のもとになった神話「海幸山幸」の舞台と伝えられ、いにしえより信仰を集める南九州を代表する神社です。太平洋の荒波が押し寄せる岬の突端に鎮座し、境内や、「鬼の洗濯板」と呼ばれる奇岩・怪礁が連なる鵜戸崎一帯は国名勝に指定されています。

主祭神
鵜草葺不合尊《ウガヤフキアエズノミコト》

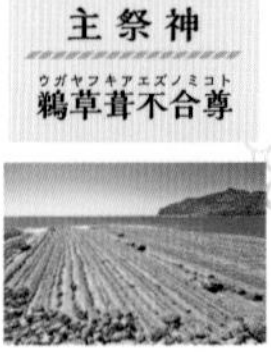

海面下の岩が隆起し浸食されてできた「鬼の洗濯板」

眺望・社殿

入島禁止の「神の島」。沖ノ島に最も近づける海辺のお社

沖ノ島に最も近い沖津宮遥拝所。見晴らしのよい台地上に立つ拝殿から49km先の沖ノ島の神威を崇敬

絶景ポイント

- 海辺の台地に立つ沖津宮遥拝所
- 辺津宮の社殿

左／辺津宮の本殿と拝殿。辺津宮をはじめ、沖津宮、沖津宮遥拝所、中津宮はユネスコ世界文化遺産に登録されています　右／辺津宮の神門から望む荘厳な拝殿。拝殿は1590年、本殿は1578年に再建されたもので、国の重要文化財

301
福岡県

宗像大社《むなかたたいしゃ》

天照大神の御子神である宗像三女神を祀る全国有数の古社。沖ノ島の沖津宮、大島の中津宮、九州本土にある辺津宮の三宮からなります。古代から対外交易の拠点であり、国家守護、海上安全の神として信仰されました。島全体が御神体の沖ノ島は入島禁止。大島北岸の遥拝所から好天時に望めます。

御祭神

【沖津宮】
田心姫神《タゴリヒメノカミ》

【中津宮】
湍津姫神《タギツヒメノカミ》

【辺津宮】
市杵島姫神《イチキシマヒメノカミ》

拝殿の横に立つ樹齢約550年の御神木の楢の葉をあしらった紋が押印されています。御朱印は祈願殿で受付を。

寺社DATA

宗像大社辺津宮
創建／神代　本殿様式／五間社流造
住所／福岡県宗像市田島2331
交通／JR「東郷駅」からバスで約10分、「宗像大社前」下車、徒歩1分
参拝時間／6:00～17:00
御朱印授与時間／8:00～17:00
拝観料／無料（神宝館800円）
URL munakata-taisha.or.jp

沖津宮遥拝所
住所／福岡県宗像市大島1293　交通／宗像市の神湊港から船で15～25分の大島港からバスで約7分、「沖津宮遥拝所」下車すぐ　参拝時間／自由 ※御朱印は大島の中津宮で授与されます

天孫降臨の聖地に鎮座する
朱漆の鮮やかな御本殿

上／現在の本殿は1715年（正徳5年）に島津吉貴公によって復興されたもので、令和4年に国宝に指定されました　下／日本初のハネムーンとして知られる坂本龍馬の新婚旅行の地であることを示す顔出しパネル　下中央／亀にそっくりな形をした亀石は霧島神宮周辺に伝わる「霧島七不思議」のひとつ　下右／高さ22.4mの西日本一大きな大鳥居

瓊瓊杵尊が降り立った日本神話の「天孫降臨」の地といわれる霧島連峰に鎮座する神社です。

国家・君が代で歌われるさざれ石。小石が集まり大きな石になったもので、神霊が宿るそう

寺社DATA

創建／西暦540年
本殿様式／入母屋造
住所／鹿児島県霧島市霧島田口2608-5
交通／JR「霧島神宮駅」からバスで13分、「霧島神宮」下車すぐ
参拝時間／自由
御朱印授与時間／8:00～17:30
拝観料／無料
URL kirishimajingu.or.jp

霧島神宮《きりしまじんぐう》

302
鹿児島県

西日本一の大鳥居を抜け、80段ほどの石段を上ると、国宝の本殿まですがすがしい参道が続きます。晴れた日は参道途中の展望所から鹿児島湾や桜島を一望できます。富士山に祀られる美しい女神・木花咲耶姫尊《このはなさくやひめのみこと》や、漁業を司る彦火火出見尊《ひこほほでみのみこと》など、主祭神のほかに七柱もの神様が祀られています。

主祭神

天《アメ》饒《ニ》石《ギシ》国《クニ》饒《ニ》石《ギシ》天《アマ》津《ツ》日《ヒ》高《タカ》彦《ヒコ》火《ホノ》瓊《ニ》瓊《ニ》杵《ギ》尊《ノミコト》

六匹の猫（六猫）を"無病"になぞらえた「無病息災守」

石段
長坂の石段は
見上げても見下ろしても
絵になる
絶景ポイント
≫長坂の石段
≫長坂上からの景色

上／70余段の石段は「長崎くんち」の際は見物客でにぎわいます。正面は大門、左の楼閣は太鼓楼　左・中央／ユニークな狛犬がたくさんあり、写真は「立ち狛犬」と「逆立ち狛犬」。参道途中の祓戸神社で見られます　右／諏訪神社の顔といえる大門

303

長崎県

鎮西大社《ちんぜいたいしゃ》 諏訪神社《すわじんじゃ》

異国情緒たっぷりの祭り「長崎くんち」が行われる、長崎の総氏神様。諏訪・森崎・住吉の三神が祀られ、縁結び、厄除け、海上守護の神社として有名です。参道の最後の長い石段は「長坂」と呼ばれ、見上げると大門や太鼓楼、石垣を覆う蔦の緑が壮観。石段の上に立つと展望が開けます。

御祭神

諏訪大神《スワノオオミカミ》
森崎大神《モリサキノオオカミ》
住吉大神《スミヨシノオオカミ》

三柱の御祭神の神紋が押印されています。大祭や正月には限定御朱印を頂けます。

寺社DATA

創建／1625年（寛永2年）
本殿様式／入母屋造、銅板葺
住所／長崎県長崎市上西山町18-15
交通／長崎電鉄「諏訪神社駅」から徒歩2分
参拝時間／自由
御朱印授与時間／7:30～17:30
拝観料／無料
URL www.osuwasan.jp

上／ガラスの鳥居の左右に白狐が控えます。社殿にはガラスの祭壇があります
下／表紙は境内と社務所、裏表紙は「えんむすびの大石」をイメージした現代アート調の御朱印帳
下中央／スケルトンの鳥居の先には139本の朱色の千本鳥居が連なります
下右／きつね絵馬

参道の途中にあるハート形の亀裂が入った「えんむすびの大石」の御朱印（左）もあります。

神徳稲荷神社《じんとくいなりじんじゃ》

304
鹿児島県

御祭神
宇《ウ》迦《カ》之《ノ》御《ミ》魂《タマノ》大神《オオカミ》
大宮《オオミヤ》能《ノ》売《メノ》大神《オオカミ》
猿《サル》田《タ》彦《ヒコノ》神《カミ》
産土《ウブスナノ》大神《オオカミ》

SNSで話題の幻想的なガラスの鳥居と、朱色の千本鳥居は2018年の再建で誕生しました。季節や時刻によって表情を変える鳥居には、「訪れる方々に変化していく人の生活を感じてほしい」という願いが込められています。縁結びや恋愛の願掛けに、女性の参拝者が多く訪れます。

寺社DATA
創建／1676年（延宝4年）
本殿様式／一間社流造
住所／鹿児島県鹿屋市新栄町1771-4
交通／鹿児島空港からリムジンバスで約1時間30分、「市役所前」下車、徒歩10分
参拝時間／自由
御朱印授与時間／9:00～17:00（正月期間は時間が異なるため問い合わせを）
拝観料／無料
URL jintokuinari.jp

絶景ポイント
- 有田焼の鳥居や狛犬
- 境内からの眺め
- 境内を電車が走る光景

匠の技が光る有田焼を鑑賞できる「野外美術館」

上／白磁に天然の呉須（藍色の顔料）で唐草模様が描かれた鳥居。1889年に地元の陶工たちが奉納しました　左下／一の鳥居前の狛犬は青銅製では日本一の大きさ　右下／磁器製の狛犬に守られた拝殿

305
佐賀県

陶山神社《すえやまじんじゃ》

主祭神
品陀和気命《ホムダワケノミコト》

陶磁器の町、有田町ならではのユニークな神社です。有田焼の陶祖を祀る「やきものの神社」として崇敬されており、境内には磁器製の狛犬や鳥居、大水瓶、灯籠など、他の神社ではお目にかかれない珍しい品々に目を見張るばかり。これらは名工たちの職人技を集めた逸品です。

有田焼のステッカータイプの「交通安全御守」

「有田焼陶祖神」の墨書が象徴的。通常の御朱印のほか、季節限定御朱印、鳥居と季節の草木が描かれた特別御朱印などがあります。

有田焼の磁器製の御朱印帳

寺社DATA

創建／1658年（万治元年）
本殿様式／入母屋造
住所／佐賀県西松浦郡有田町大樽2-5-1
交通／ JR「有田駅」から有田町コミュニティバスで5分、「札の辻」下車、徒歩3分　参拝時間／自由
御朱印授与時間／ 9:00～17:00
拝観料／無料
URL arita-toso.net

梅

道真公が愛した
「飛梅」の開花とともに
芳しい香りに包まれる

絶景ポイント

- 境内の梅
- 心字池と太鼓橋
- 荘厳で優美な社殿

上／楼門と梅。豊富な種類の梅が時期を違えて咲き、3月上旬まで楽しめます　左下／心身が清められるといわれている心字池に架かる太鼓橋　右下／1591年に再建された本殿。桃山時代の豪壮華麗な様式を伝えています

306

福岡県

太宰府天満宮《だざいふてんまんぐう》

全国1万2000社の天満宮の総本宮であり、「学問の神様」として年間約1000万人の参拝者が訪れる聖地。梅の名所としても有名で、約200種、約6000本の白梅・紅梅が春の訪れを告げます。菅原道真公を慕って都から一夜で飛んできたと伝わる「飛梅」は2月上旬から下旬が見頃。

御祭神

菅原道真公《スガワラノミチザネコウ》

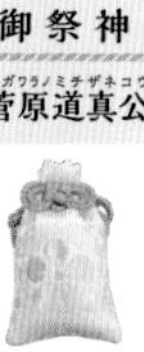

境内で育った梅の実が入った「健康長寿梅守」

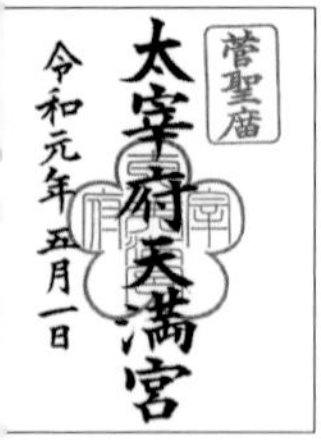

右上の「菅聖廟（かんせいびょう）」の朱印は菅原道真公を祀る神聖な廟という意味を表しています。中央は梅の社紋。

推定樹齢1500年の大樟

寺社DATA

創建／905年（延喜5年）
本殿様式／五間社流造
住所／福岡県太宰府市宰府4-7-1
交通／西鉄太宰府線「太宰府駅」から徒歩5分
参拝・御朱印授与時間／7:00～18:00
※季節により異なるためウェブサイトで確認　拝観料／無料
URL www.dazaifutenmangu.or.jp

磨崖仏

切り立った岸壁に浮かび上がる
日本最大級の磨崖仏

絶景ポイント
- 不動三尊の磨崖仏
- アジサイと磨崖仏の共演

307
大分県

普光寺《ふこうじ》

御本尊
大日如来《だいにちにょらい》
（胎蔵界《たいぞうかい》）

西日本最大、日本でも最大級の11・3mほどの不動明王の磨崖仏が拝めます。約12万年前の阿蘇火山の火砕流に刻まれた磨崖仏の向かって右には、岩壁を掘り、仏像を安置した龕《がん》があり、龕の中に護摩堂《ごまどう》があります。アジサイの寺としても有名で、6月の開花時期には多くの参拝者が訪れます。

上／不動明王像の両脇には矜羯羅童子、制咤迦童子像が、向かって右手には多聞天、弁才天が刻まれています　左／龕にはデッキがありここで阿字観（真言宗の瞑想）体験ができます

御本尊の大日如来の御朱印と、大日如来の化身である不動明王の「不動磨崖仏」の御朱印が頂けます。

寺社DATA

創建／583年（敏達天皇12年）
山号／筑紫山　宗旨／真言宗
住所／大分県豊後大野市朝地町上尾塚1225
交通／ JR「朝地駅」から車で10分
参拝時間／8:00～17:00
御朱印授与時間／住職が在宅の時間
拝観料／無料
URL なし

御神木

悠久のときを生き抜く 大楠からパワーを頂く

龍神様が宿るといわれる大楠は樹高27m、根回り26m（写真提供：一般財団法人 武雄市観光協会）

絶景ポイント
» 御神木の大楠

308
佐賀県

武雄神社《たけおじんじゃ》

佐賀県武雄市の御船山《みふねやま》の麓に位置し、樹齢3000年といわれる御神木の大楠があることで知られています。本殿裏の竹林を抜けると、圧倒的な存在感の楠の大木が目の前に。荘厳な姿に不思議な力を感じずにはいられません。ごつごつした根元に12畳ほどの空洞があり、天神様が祀られています。

主祭神
武内宿禰《タケウチノスクネ》

延命長寿、病気平癒、商売繁盛を祈願する「大楠守」

当神社の使いとされる白鷺にあやかり、白を基調とした本殿

寺社DATA

創建／735年（天平7年）
本殿様式／流造
住所／佐賀県武雄市武雄町大字武雄5327
交通／JR「武雄温泉駅」からバスで約5分、「武雄高校前」下車、徒歩3分
参拝時間／自由　御朱印授与時間／9:00～17:00　拝観料／無料
URL takeo-jinjya.jp

こちらは通常の御朱印。大楠や夫婦檜の見開き御朱印、季節や行事の御朱印など色鮮やかな御朱印が豊富です。

山

日本屈指の霊山、英彦山を神域とする山岳信仰の神社

絶景ポイント
- 英彦山山頂の上宮の眺め
- 奉幣殿
- 銅鳥居

上／山頂の上宮へは奉幣殿から徒歩1時間強　左下／1637年佐賀藩主が寄進した銅鳥居。「英彦山」の勅額は霊元天皇の筆と伝わります　右下／趣のある参道を通って奉幣殿へは約30分。スロープカーでも登れます

309 福岡県

英《ひ》彦《こ》山《さん》神《じん》宮《ぐう》

三大修験道のひとつに数えられ、神の山として信仰されてきた英彦山《ひこさん》にある神社。英彦山(1199m)は北岳・中岳・南岳の3峰からなり、中岳の山頂に上宮（本社）、中腹に奉幣殿や摂末社が多数点在します。立派な銅鳥居から続く杉木立に囲まれた参道には、深淵な歴史が刻まれています。

主祭神

正勝《マサカツ》吾《ア》勝勝速《カツカチハヤ》日《ヒ》天《アメ》之《ノ》忍《オシ》穂《ホ》耳命《ミミノミコト》

日本最古の土鈴をもとにしたお守り

古代、英彦山は天照大神の御子を祀ることから「日の子の山」（日子山）と呼ばれましたが、江戸時代に「英彦山」と改称。

最大の社殿、奉幣殿は江戸時代、小倉藩主・細川忠興公による再建

寺社DATA

創建／紀元前700年頃
本殿様式／入母屋造
住所／福岡県田川郡添田町大字英彦山1
交通／JR「添田駅」からバスで約30分、「銅の鳥居」下車、徒歩10分の「花駅」からスロープカーで8分、「神駅」下車すぐ　参拝・御朱印授与時間／9:00～17:00　拝観料／無料
URL hikosanjingu.or.jp

約780年の伝統を誇る 博多祇園山笠を体感

絶景ポイント
- 展示の飾り山笠
- 7月開催の博多祇園山笠

豪華絢爛な人形が飾られた10m前後の山笠（境内展示）。祭りでは舁き山笠が勇壮に引き回されます（写真提供：櫛田神社／福岡観光コンベンションビューロー）

310
福岡県

櫛田神社《くしだじんじゃ》

御祭神

大幡主大神《オオハタヌシノオオカミ》
天照大御神《アマテラスオオミカミ》
須佐之男命《スサノオノミコト》

博多の氏神様、総鎮守として1250年以上の歴史があり、博多っ子からは「お櫛田さん」の愛称で親しまれています。1241年を起源とする奉納神事、博多祇園山笠が脈々と受け継がれ、博多の風物詩に。祭りで用いられる飾り山笠が境内に展示されています。

左は櫛田神社のシンボル、風神・雷神印と、鳥居と博多どんたく松ばやしの印が押されたはさみ紙（あて紙）です。

風格のある社殿

寺社DATA

創建／757年（天平宝字元年）　本殿様式／櫛田造　住所／福岡県福岡市博多区上川端町1-41　交通／JR「博多駅」から徒歩20分、または地下鉄空港線「祇園駅」から徒歩5分　参拝時間／4:00～22:00　御朱印授与時間／9:00～17:00　拝観料／無料　URL なし

絶景ポイント
»神社からの眺望、夜景 »周辺の桜

福岡随一のパノラマが楽しめる縁結びの神社

眺望

311
福岡県

鷲尾愛宕神社《わしおあたごじんじゃ》

墨書にもあるとおり、京都、東京にある愛宕神社と合わせ、日本三大愛宕神社とされています。

神社から眺める福岡タワーとももち浜地区。天気がよいと海の中道や志賀島、能古島も見えます

寺社DATA

創建／72年（景行天皇2年）
本殿様式／権現造
住所／福岡県福岡市西区愛宕2-7-1
交通／地下鉄空港線「室見駅」から徒歩12分
参拝時間／自由
御朱印授与時間／8:00～17:30
拝観料／無料
URL atagojinjya.com

愛宕山の山頂にある神社からは、福岡の市街地、玄界灘などの雄大な景色が見渡せ、特に2000本の桜が咲き誇る春は格別。夜景の美しさでも有名です。創始は西暦72年と福岡最古の神社のひとつで、日本三大愛宕神社にも数えられています。多くの御利益があり、近年は縁結び、恋愛成就のパワースポットとして注目が集まります。

御祭神

伊弉諾尊《イザナギノミコト》
伊弉冉尊《イザナミノミコト》
火産霊神《ホムスビノカミ》
天忍穂耳命《アメノオシホミミノミコト》

絶景ポイント
»真っ赤な社殿 »屋根付き木造橋の呉橋

優美な朱塗りの本殿は国宝

社殿

312
大分県

宇佐神宮《うさじんぐう》

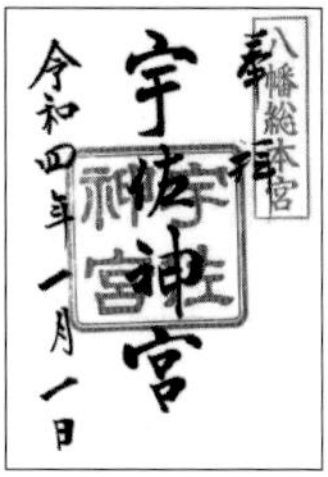

八幡総本宮の印はこちらならでは。シンプルながら堂々たる御朱印です。

御祭神を織り込んだお守り

入母屋造桧皮葺きの楼門、勅使門

寺社DATA

創建／725年（神亀2年）
本殿様式／八幡造
住所／大分県宇佐市南宇佐2859
交通／JR「宇佐駅」からバスで7分、「宇佐八幡」下車すぐ
参拝時間／5:30～19:00（10～3月6:00～） 御朱印授与時間／7:30～19:00
拝観料／無料
URL www.usajinguu.com

全国に4万社ある八幡社の総本宮。境内には、シングルの人が踏めば良縁に恵まれ、カップルや夫婦なら仲よく円満に過ごせるとされる「夫婦石」や、有名グループのメンバーが参拝したことで注目を集めた、推定樹齢800年以上の御神木の大楠など、御利益スポット多数。国宝の本殿や、屋根が付いた朱塗りの木造橋・呉橋《くれはし》といった見どころも満載です。

御祭神

八幡大神《ハチマンオオカミ》
比売大神《ヒメオオカミ》
神功皇后《ジングウコウゴウ》

クスノキの御神木

絶景ポイント
≫茅葺きの本堂 ≫紅葉 ≫契園のツツジ

燃えるような紅葉が包む茅葺きの古刹

紅葉

313
佐賀県

大《だい》興《こう》善《ぜん》寺《じ》

中央は十一面観音を表す梵字「キャ」の印。通常の御朱印のほか、ツツジやモミジの絵を添えた特別御朱印も。

1300年の歴史がある山寺で、127段の長坂（石段）、茅葺き屋根の本堂が特徴

ツツジがきれいな隣接の契園

御本尊
十一面観世音菩薩《じゅういちめんかんぜおんぼさつ》

奈良時代の高僧、行基によって開創。御本尊は行基自らの手で彫られた午年にのみ開帳される秘仏です。江戸時代に建てられた本堂は茅葺き屋根に古い寺のたたずまいを残し紅葉時は、えも言われぬ風情を醸します。国宝殿に安置されている多聞天・広目天など文化財も数多く所蔵。5万本のツツジが見事な契園《ちぎりえん》も名所です。

寺社DATA

創建／717年（養老元年） 山号／小松山 宗旨／天台宗 住所／佐賀県三養基郡基山町園部3628 交通／JR「基山駅」から車で約10分（ツツジ・モミジのシーズンは臨時バスの運行あり。ウェブサイトで要確認） 参拝時間／8:30～日没 御朱印授与時間／9:00～17:00 拝観料／無料（契園入園：4～6月、11～12月600円、それ以外の期間は300円） URL daikouzenji.com

絶景ポイント
≫五重塔 ≫境内の桜

華麗な五重塔やお堂が桜と共演

五重塔

314
佐賀県

総《そう》本《ほん》山《ざん》本《ほん》福《ぷく》寺《じ》

上／通常の御朱印。墨書は不動尊と不動明王を表す梵字の「カーン」 下／龍の切り絵特別御朱印。行事や季節のイラスト入りのアートな御朱印が多種多様。

上／境内を彩る1000本の桜。五重塔の最下階には立体曼荼羅があります 下／入母屋建築の壮大で美しい本堂

御本尊
不動明王《ふどうみょうおう》

歴史ある修験道の聖地に立つ本福寺。広大な敷地には西日本最大級の五重塔や色鮮やかな彫刻が美しい本堂など見どころ満載。御本尊の不動明王像は高さ6mで、大迫力。桜や紅葉、そして100種類を超える多彩な御朱印にも注目です。

寺社DATA

創建／1870年（明治3年）
山号／中山一之瀧
宗旨／光明念佛身語聖宗
住所／佐賀県三養基郡基山町大字宮浦2120
交通／JR「基山駅」から車で約8分
参拝時間／9:00～16:00 御朱印授与時間／10:00～16:00 拝観料／無料
URL www.honpukuji.or.jp

絶景ポイント
≫海に囲まれた赤い社殿　≫釜蓋を使った参拝

アスリートや芸能人も参拝

海と社殿

315
鹿児島県

射楯兵主神社《いたてつわものぬしじんじゃ》（釜蓋神社《かまふたじんじゃ》）

現在、神社に神職が常駐していないため、御朱印は書き置き対応です。

入江に突き出した岩礁に鎮座する

釜蓋を頭にのせて願掛け

主祭神
素盞嗚尊《スサノオノミコト》

その昔、天智天皇と皇后をお迎えするために大釜で米を蒸していると、突風で釜の蓋が飛ばされてしまいます。その蓋を釜蓋大明神として祀ったのが始まりといわれています。社殿に並べてある釜蓋の中からひとつ選び、第二鳥居の下から賽銭箱まで、釜蓋を頭にのせ、それを落とさずに歩くと願いがかなうそう。武運や開運の御利益も。

寺社DATA
創建／不詳
本殿様式／流造
住所／鹿児島県南九州市頴娃町別府6827
交通／JR「頴娃大川駅」から徒歩15分
参拝・御朱印授与時間／9:00～17:00
拝観料／無料
URL なし

絶景ポイント
≫天安河原宮　≫御神体の天岩戸

天岩戸神話が息づく洞窟

岩

316
宮崎県

天岩戸神社《あまのいわとじんじゃ》

天安河原宮は神職が常駐していないので、御朱印は西本宮の授与所で頂きましょう。

天安河原の洞窟には濃密な空気が漂います

御祭神
天照皇大神《アマテラススメオオカミ》

天岩戸を御神体として祀る西本宮

日本神話で天照大神が弟の素盞嗚尊の乱暴さに怒り、引きこもってしまった天岩戸を御神体とする神社。岩戸川を挟んで西本宮と東本宮があり、西本宮拝殿裏の天岩戸が見える遥拝所には、神職の案内で訪れることができます。また、徒歩15分の場所に、八百万神が集まり天照大神をどうやって岩戸から外に出すか会議した天安河原《あまのやすかわら》があります。

寺社DATA
創建／不明　本殿様式／神明造　住所／宮崎県西臼杵郡高千穂町岩戸1073-1　交通／JR「延岡駅」からバスで1時間30分、「宮交バスセンター」で岩戸線（岩戸行き）に乗り換えて15分、「岩戸」下車すぐ
参拝時間／自由　御朱印授与時間／8:30～17:00　拝観料／無料
URL amanoiwato-jinja.jp

絶景ポイント
» 釈迦涅槃像　» 大不動明王

仏像

317 福岡県

ブロンズ製世界最大級を誇る釈迦涅槃像

南蔵院《なんぞういん》

中央の墨書は釈迦如来、右上の印は篠栗四国霊場の第一番札所、中央の印は釈迦如来を表す梵字「バク」。

高さ11mの迫力満点の大不動明王像

山を背にして鎮座する釈迦涅槃像。体内も拝観できます

高野山真言宗の別格本山であり、篠栗四国霊場の総本寺です。見どころは巨大な釈迦涅槃像。全長41m、高さ11mのスケールは圧巻。1995年、涅槃像落慶の年に住職がジャンボ宝くじに当選し、金運・財運のパワースポットとして有名に。さらにさまざまな御利益の仏像が境内に点在します。

御本尊

【南蔵院】
阿弥陀如来《あみだにょらい》
【篠栗四国霊場第一番札所】
釈迦如来《しゃかにょらい》

寺社DATA

創建／1898年（明治31年）　山号／岩陰山
宗旨／真言宗　住所／福岡県糟屋郡篠栗町大字篠栗1035　交通／JR「城戸南蔵院前駅」から徒歩3分　参拝時間／10:00～16:30（本堂、45番札所などは24時間参拝可能）　御朱印授与時間／10:00～16:30　拝観料／無料（涅槃像体内拝観は500円）
URL nanzoin.net

絶景ポイント
» 山門の石像仁王像　» 紅葉に染まる境内

仏像

318 大分県

豊かな自然に恵まれた古刹

両子寺《ふたごじ》

国東半島を6つに分けた里（六郷）に開かれた天台宗寺院全体を総称して六郷満山と呼びます。

仁王像の足をさすると足腰が強くなるといわれています

子授け祈願の寺として有名な両子寺は、1300年の歴史を刻む古刹。「全国森林浴の森 百選」にも選ばれた境内は森の気配が濃厚で、巨木が連なる参道には国東半島最大の仁王像が見事な均整美をたたえてにらみを利かせています。四季折々の自然に触れられる場所でもあり、特に紅葉の時期は見事で、大分県屈指の紅葉スポットとして人気です。

御本尊

千手観世音菩薩《せんじゅかんぜおんぼさつ》

寺社DATA

創建／718年（養老2年）
山号／足曳山
宗旨／天台宗
住所／大分県国東市安岐町両子1548
交通／JR「宇佐駅」から車で約30分
参拝・御朱印授与時間／8:30～16:30
拝観料／300円
URL www.futagoji.jp

319 熊本県

永尾剱神社《えいのおつるぎじんじゃ》

海の上の鳥居が有名

鳥居

絶景ポイント
≫海の中に立つ鳥居　≫不知火の神秘的絶景

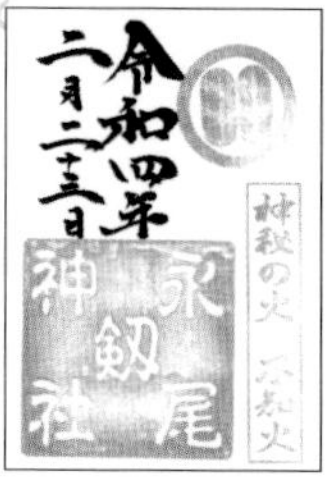

並び鷹の羽の社紋、神秘の火 不知火、永尾剱神社の銀色の印が押されます。

鳥居には引き潮の時だけ渡ってお参りできます

夕焼けに染まる海中鳥居

主祭神

海童神《ワタツミノカミ》

八代海に面した小高い丘の上に立つ境内は、主祭神が大きなエイの背に乗って海から現れ、鎮座した地とされています。エイの尾が剱の形をしていることが社名の由来です。毎年旧暦の8月1日に行われる八朔祭の前夜は、神社前の沖合に不知火《しらぬい》と呼ばれる蜃気楼現象が起こり、境内からは光の列が連なる神秘的な光景を見られるかもしれません。

寺社DATA

創建／713年（和銅6年）
本殿様式／なし
住所／熊本県宇城市不知火町永尾658
交通／ JR「松橋駅」から車で10分
参拝時間／自由
御朱印授与時間／自由、御朱印帳へは西岡神宮で記入していただけます。
URL www.facebook.com/einooturugijinjya

320 福岡県

志賀海神社《しかうみじんじゃ》

玄界灘を望む聖地「亀石遥拝所」

眺望

絶景ポイント
≫境内や遥拝所からの海景色

印は筑紫志賀島鎮座、志賀海神社。古来の呼称「龍の都」から着想したデザインの御朱印帳も人気。

遥拝所は右斜め対岸の大嶽神社・小嶽神社、正面真東の伊勢神宮を拝します

御祭神

底津綿津見神《ソコツワタツミノカミ》
仲津綿津見神《ナカツワタツミノカミ》
上津綿津見神《ウハツワタツミノカミ》

志賀島の山腹に鎮座する、海にゆかりのある禊祓《みそぎはらい》の神様を祀る神社です。災厄を祓い清める強力なパワーがあり、健康長寿、病気平癒の御神徳も。境内には遥拝所があり、奉納されている雌雄ふたつの「亀石」は、神功皇后をお守りするために黄金の亀に乗って神が現れたという伝説に由来する霊石。遥拝所からの朝日の眺めは見事です。

寺社DATA

創建／不詳　本殿様式／破風流造　住所／福岡県福岡市東区志賀島877　交通／JR「西戸崎駅」からバスで約10分、「志賀島」下車、徒歩10分。または博多ふ頭から市営渡船で約30分、「志賀島渡船場」から徒歩10分　参拝時間／5:30〜17:30（11〜4月は6:00〜）御朱印授与時間／9:00〜17:30　拝観料／無料　URL www.shikaumi-jinja.jp

321
大分県

西《さ》寒《さむ》多《た》神《じん》社《じゃ》

藤

藤の花の香りが境内を包み込む

絶景ポイント
≫樹齢450年の藤棚　≫藤棚のライトアップ

豊後一宮として広く知られる西寒多神社の創始は、応神天皇9年4月。武内宿禰公の勅命により西寒多山（現本宮山）上に宮殿を建立、後に大友10代親世公が応永15年3月に社殿を現在地に遷しました。美しい藤棚が有名で、毎年桜の終わる4月中旬より藤の花が咲き誇ります。清らかな空気に包まれてゆっくりと参拝しましょう。

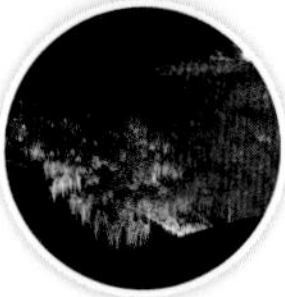

右／アーチを描く石造りの萬年橋と藤の花が美しい　上／開花時期はライトアップも

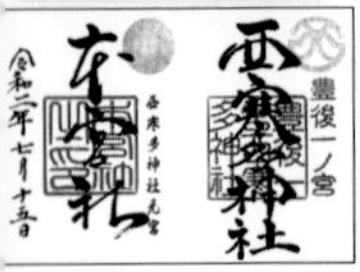

左は本宮山にある本宮社（奥宮）の御朱印です。西寒多神社から本宮社へは2人以上での徒歩登山がおすすめ（片道約2時間〜）。

御祭神
西《サ》寒《サム》多《タ》大神《オオカミ》
（天照大御神・月読大神・天忍穂耳命の三柱を併せている）

寺社DATA
創建／278年（応神天皇9年）
本殿様式／流造
住所／大分県大分市寒田1644
交通／JR「敷戸駅」または「大分大学前駅」から車で7分　参拝時間／自由
御朱印授与時間／9:00〜16:30
拝観料／無料
URL sasamuta.com

322
熊本県

出《いず》水《み》神《じん》社《じゃ》

庭園

美しい日本庭園を愛でる

絶景ポイント
≫水前寺成趣園　≫再建された表参道鳥居

水前寺成趣園は優美な回遊式庭園

明治10年の西南の役で焼け野原となった熊本城下で、藩主の御霊を祀るため、旧藩士たちによって創建されました。細川家に関係の深い水前寺成趣園の地に、細川藤孝卿ほか十四柱が祀られています。細川家は、南北朝時代に足利尊氏に従って発展した武家。代々の功績から、仕事・学業に御利益がある神様として人気です。

御朱印には細川氏が用いた印「離れ九曜（細川九曜）」が押印されています。

昭和48年再建の社殿

主祭神
細川《ホソカワ》藤孝《フジタカ》卿《キョウ》
細川《ホソカワ》忠興《タダオキ》卿《キョウ》
細川《ホソカワ》忠利《タダトシ》卿《キョウ》
細川《ホソカワ》重賢《シゲカタ》卿《キョウ》

寺社DATA
創建／1878年（明治11年）
本殿様式／権現造
住所／熊本県熊本市中央区水前寺公園8-1　交通／JR「新水前寺駅」から徒歩15分
参拝・御朱印授与時間／8:30〜17:00
拝観料／水前寺成趣園：大人400円、子供（6〜15歳）200円
URL www.suizenji.or.jp

絶景ポイント
≫桜や紅葉　≫展望舞台からの眺め

桜や紅葉が華やかに映える縁結びの神社

桜

323
福岡県

竈《かま》門《ど》神《じん》社《じゃ》

右上の印は桜の神紋。墨書の宝満宮とは竈門神社の別称で、中世には宝満大菩薩、近世には宝満明神とも称されました。

竈門神社の神紋は桜。毎年春には境内中に桜が咲き誇ります

大宰府政庁がおかれる際、鬼門にあたる宝満山の頂上に大宰府鎮護のために祭神を祀ったのが起源。最澄や空海をはじめ、大陸へ渡る人々が祈願をささげたといいます。霊峰とあがめられる宝満山の麓、縁結びや桜の名所として名高い神社です。

太宰府の町を一望できる展望舞台。ベンチとスツールは世界的デザイナーのジャスパー・モリソン作

主祭神
玉依姫命《タマヨリヒメノミコト》

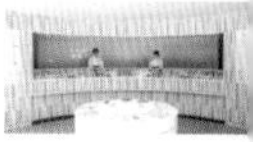
スタイリッシュな造りの授与所

寺社DATA
創建／673年（天武天皇2年）　本殿様式／八幡造　住所／福岡県太宰府市内山883　交通／西鉄太宰府線「太宰府駅」からコミュニティバス「まほろば号」で約10分、内山（竈門神社前）下車すぐ　参拝時間／自由　御朱印授与時間／9:00～17:00　拝観料／無料　URL kamadojinja.or.jp

絶景ポイント
≫逆さ新緑、逆さ紅葉

幻想の庭園を演出する心憎い仕掛け

庭園

324
長崎県

寿《じゅ》福《ふく》寺《じ》

右は九州二十四地蔵尊霊場の第十五番札所の印、中央は地蔵菩薩を表す梵字「カ」の印です。

「逆さ新緑」は5月中旬、「逆さ紅葉」（左写真）は11月下旬に公開

1635年、平戸松浦藩主の命により、江迎郷の祈願所として建立。江迎中心部を見下ろす高台にあります。旧本堂や西山門など歴史建造物が残り、庭園も趣深く、「逆さ新緑（紅葉）」で話題です。広間の畳にはめ込んだアクリル板に庭の新緑やモミジが鮮やかにリフレクション。切り取られた絵のような美しさに心が洗われます。

御本尊
釈迦如来《しゃかにょらい》
文殊菩薩《もんじゅぼさつ》
普賢菩薩《ふげんぼさつ》

寺社DATA
創建／1635年（寛永12年）
山号／栄久山　宗旨／真言宗
住所／長崎県佐世保市江迎町長坂276
交通／松浦鉄道西九州線「江迎鹿町駅」から徒歩10分。または同線「佐々駅」近くの佐々バスセンターからバスで約30分、「江迎」下車、徒歩5分　参拝時間／自由（「逆さ新緑・紅葉」期間中は12:00～16:00）　御朱印授与時間／9:00～17:00（「逆さ新緑・紅葉」期間中は12:00～16:00）　拝観料／無料（「逆さ新緑・紅葉」拝観は500円）　URL なし

絶景ポイント
» 南国植物が生い茂る境内　» 佐多岬展望台からの絶景

本土最南端の神社　山

325
鹿児島県

御崎神社《みさきじんじゃ》

社務所に神職が不在の際は、観光案内所（9:00〜17:00）で御朱印を頂くことができます。

ガジュマルやソテツが生い茂る境内

主祭神

底《ソコ》津《ツ》少童命《ワダツミノミコト》
中《ナカ》津《ツ》少童命《ワダツミノミコト》
表《ウワ》津《ツ》少童命《ワダツミノミコト》

ハート形の絵馬

本土最南端の佐多岬に鎮座する御崎神社は、縁結びのパワースポットとして人気です。和銅元年に創建され、琉球国の鎮護として現在地に遷して再建されたため、社殿が南面していると伝えられています。境内には琉球からもたらされたソテツがうっそうと生い茂り、まるでジャングルのよう。参拝後は佐多岬展望台からの絶景も楽しみましょう。

寺社DATA

創建／708年（和銅元年）
本殿様式／切妻造
住所／鹿児島県肝属郡南大隅町佐多馬籠　交通／JR「志布志駅」から車で2時間　参拝時間／8:00〜日没
御朱印授与時間／水・土・日曜9:00〜16:00※佐多岬観光案内所でも取得可能（毎日9:00〜17:00）　拝観料／無料
URL なし

絶景ポイント
» 御神木“蒲生のクス”　» 社務所の2階から眺める大楠

日本一の大楠が見守る古社　御神木

326
鹿児島県

蒲生八幡神社《かもうはちまんじんじゃ》

「日本一の大楠」の墨書が入ります。

極彩色に彩られた拝殿

日本一の大楠は特別天然記念物に指定されています

御祭神

仲哀天皇《チュウアイテンノウ》
応神天皇《オウジンテンノウ》
神功皇后《ジングウコウゴウ》

仲哀天皇、応神天皇、神功皇后の八幡三神を祀り、商工や学問、芸術の御利益があるといわれる由緒正しい神社です。神々が宿ると伝わる樹齢約1600年の御神木〝蒲生のクス〟は必見。高さ約30mを誇り、力強く枝を広げる日本一の巨木から、神聖な力をいただきましょう。

寺社DATA

創建／1123年（保安4年）
本殿様式／八幡造
住所／鹿児島県姶良市蒲生町上久徳2259-1
交通／JR「帖佐駅」からバスで約20分、「八幡」下車、徒歩3分
参拝・御朱印授与時間／9:00〜17:00
拝観料／無料
URL www.kamou80000.com

327
宮崎県

高千穂神社《たかちほじんじゃ》

木

願いをかなえる夫婦杉

絶景ポイント
≫夫婦杉　≫重要文化財の本殿

主祭神
高千穂皇神《タカチホスメガミ》
十社大明神《ジッシャダイミョウジン》

高千穂郷八十八社の総社。参道も境内も空を覆うほどの大木が茂ります。「夫婦杉」と呼ばれる根本がひとつにつながった2本の杉の木の周りを、大切な人と手をつないで時計回りに3周すると、子孫繁栄などの願いがかなうといわれています。本殿の脇障子には祭神・三毛入野《みけいりの》命《みこと》が荒ぶる神を退治したという伝説をモチーフにした彫刻が。

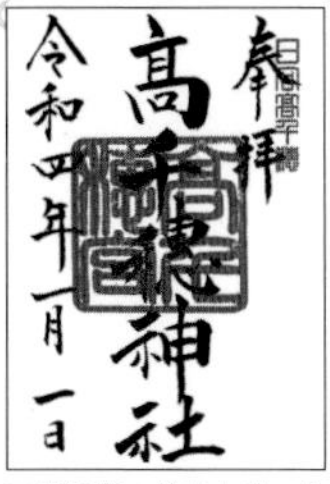

天孫降臨の様子を描いたオリジナルの御朱印帳もあります。

1778年に再建された本殿

右／夫婦杉　左／本殿の花の彫刻をモチーフにした花彫り守

寺社DATA

創建／1900年前
本殿様式／五間社流造
住所／宮崎県西臼杵郡高千穂町大字三田井1037
交通／JR「延岡駅」からバスで1時間20分、「宮交バスセンター」下車、徒歩10分　参拝時間／自由
御朱印授与時間／8:00～17:00
URL なし

328
熊本県

上色見熊野座神社《かみしきみくまのざじんじゃ》

苔

神話の世界へ誘う緑一色の参道

絶景ポイント
≫杉並木の苔むした石段

奥阿蘇の大自然にたたずむ神社

石燈籠が並ぶ苔むした石段を登るにつれ、神々の世界に入っていくような不思議な感覚に。古代から神社の背後にある穿戸《うげと》磐《いわ》を信仰の対象としており、時代を経て熊野三山の二柱の神様が祀られたと推測されます。阿蘇大神を怒らせた従者の鬼八法師が、逃げる際に岩壁を蹴破ってできたと伝わる穿戸磐は、困難突破のパワースポットです。

御祭神
伊邪那岐命《イザナギノミコト》
伊邪那美命《イザナミノミコト》
阿蘇大神《アソノオオカミ》の
荒魂《アラミタマ》

上／縦横10m以上の風穴が開いた穿戸磐は拝殿から徒歩約15分　下／傾斜地に立つ拝殿（手前）と神殿

寺社DATA

創建／不詳（600～700年頃と推測）　本殿様式／不詳　住所／熊本県阿蘇郡高森町上色見2619
交通／南阿蘇鉄道「高森駅」から車で約15分　参拝時間／日の出から日没まで
拝観料／無料 ※当神社は、御朱印はありませんが、高森町観光協会が記念品としての御朱印を販売しています。
URL なし

📷 絶景ポイント
≫御神体の三角池　≫重要文化財の神門

約５ヘクタールの池そのものが御神体

池

329
大分県

薦《こも》神《じん》社《じゃ》

力強い墨書の御朱印。神門の印が押された挟み紙と折り紙のしおりを一緒に頂けます（右下写真）。

三角池は上空から見ると掌のような形をしています

裳階付きの立派な神門

御祭神

応神天皇《オウジンテンノウ》
比咩大神《ヒメオオカミ》
息長帯比売命《オキナガタラシヒメノミコト》

別名大貞八幡宮と呼ばれ、全国にある八幡宮の総本宮「宇佐神宮」の祖宮とされる由緒ある古社です。社内にある三角池《みすみいけ》（御澄池）を御神体としており、池を内宮、社殿を外宮と称する珍しい神社です。三角池に自生する真薦《まこも》を神様の御験《みしるし》としています。江戸時代初期、中津藩主細川忠興により再建された神門は、国の重要文化財に指定されています。

寺社DATA

創建／承和年間（834〜848年）
本殿様式／流造
住所／大分県中津市大貞209
交通／JR「中津駅」からバスで15分、「薦神社前」下車すぐ　参拝時間／自由
御朱印授与時間／9:00〜16:00
拝観料／無料
URL komojinja.jp

📷 絶景ポイント
≫みそぎ池　≫招霊木や御神木のクスノキ

禊発祥の古社

池

330
宮崎県

江《え》田《だ》神《じん》社《じゃ》

日本最初の夫婦といわれる伊邪那岐尊、伊邪那美尊が祀られています。

神様たちが生まれた「みそぎ池」

御祭神

伊邪那岐尊《イザナギノミコト》
伊邪那美尊《イザナミノミコト》

10世紀初期に記された『延喜式』にその名を見る古社。伊邪那岐尊が、黄泉国で穢れた体の禊祓を行ったことから、厄祓祈願神社として知られます。境内には、天照大神が天の岩戸に隠れたときに天鈿女命《あめのうずめのみこと》が手に持って踊ったとされる招霊木や、触るとパワーを授かれるとされる御神木、そして隣接する公園には伊邪那岐尊が禊を行った「みそぎ池」があります。

寺社DATA

創建／不詳
本殿様式／流造
住所／宮崎県宮崎市阿波岐原町産母127、イ、ロ号
交通／JR「蓮ヶ池駅」から車で5分
参拝・御朱印授与時間／9:00〜17:00
拝観料／無料
URL eda-jinnja7.webnode.jp

絶景ポイント
»イチョウの絨毯　»山に囲まれた境内

331
宮崎県

山に囲まれた秘境の神社　山

秋元神社《あきもとじんじゃ》

御朱印はスタンプを自分で押す、珍しいスタイルを採用しています。

イチョウの葉が絨毯のように広がるのは11月中旬頃

御神水をたたえる手水舎

御祭神
国常立命《クニトコタチノミコト》
国狭土命《クニサヅチノミコト》
豊斟渟命《トヨクムヌノミコト》

心身健康や国家鎮護の神様で知られる国常立命を祀り、健やかな生活を願う人にぴったりの神社。建磐《たていわ》龍命《たつのみこと》が創建し、拝殿が珍しく鬼門である北東を向いていることから、より大きなパワーが宿る神社ともいわれています。手水は山深くから流れてきた山水の御神水で、遠方からくみに来る人も多いのだそう。紅葉シーズンは特に美しい姿が見られます。

寺社DATA
創建／1683年（天和３年）
本殿様式／神明造　住所／宮崎県西臼杵郡高千穂町向山6781
交通／JR「延岡駅」から車で約1時間（途中、細い道があるため運転に自信のない人はタクシーが無難）
参拝・御朱印授与時間／自由
拝観料／無料
URL なし

絶景ポイント
»柱状岩の絶景　»昇り龍のシルエット

332
宮崎県

大海原と龍神様を拝む　岩

大御神社《おおみじんじゃ》

「日向のお伊勢さま」と呼ばれ親しまれてきました。洞窟に鎮座する鵜戸神社の御朱印も頂けます。

柱状岩と社殿

鵜戸神社から望む昇り龍のシルエット

御祭神
天照皇大御神《アマテラススメオオミカミ》

絶景の柱状岩上に立つ大御神社は、歴代城主をはじめ、延岡城主、幕領代官等に崇拝されてきました。今から５０００年前の龍神信仰の聖地である古代遺跡に鎮座し、すぐ近くには昇り龍のシルエットに見える岩窟の祠「鵜戸神社」が。大陸から流れる大量の石ころがたまり、長い年月の間に大きな塊となった「さざれ石」は周囲約30mで日本最大級。偉大なる大地のパワーを実感できます。

寺社DATA
創建／不詳　本殿様式／神明造　住所／宮崎県日向市日知屋1　交通／JR「日向市駅」から宮崎交通バスで5分、「江良4丁目」下車、徒歩18分　参拝時間／自由
御朱印授与時間／8:00～17:00
拝観料／無料　URL oomijinja.com

333
長崎県

小《こ》島《じま》神《じん》社《じゃ》

潮汐

干潮時にのみ参道が出現する「神宿る島」

絶景ポイント
≫干潮時と満潮時で姿を変える島

小島神社の御利益は縁結びや恋愛成就

壱岐島の内海湾《うちめわん》に浮かぶ小島に鎮座し、島全体が神域で小枝すら持ち帰ることが許されません。干潮時の数時間だけ海が割れて参道で結ばれ、満潮時は島に変わる、不思議な神社です。社殿は島の裏側の道を登るとあります。

右下の印は「一支國壱岐島小島神社」。魏志倭人伝に記された海の王都「一支国(いきこく)」が壱岐島といわれています。

主祭神
素盞嗚尊《スサノオノミコト》

満潮時はシーカヤックで鳥居くぐり ※写真提供:(一社)壱岐市観光連盟

寺社DATA
創建/1620年(元和6年) 住所/長崎県壱岐市芦辺町諸吉二亦触1969 交通/芦辺港から車で約15分。または同港からバスで約20分、「田河校前」下車、徒歩15分 参拝時間/自由 御朱印授与/御朱印は近くの寄八幡神社で授与。要電話予約(電話0920-45-1263) 拝観料/無料 URL なし ※事前に潮位を確認してから参詣すること

334
福岡県

櫻《さくら》井《い》神《じん》社《じゃ》

夕日

夫婦岩に沈む神々しい夕日

絶景ポイント
≫二見ヶ浦の夫婦岩

福岡藩主の黒田公が創建した櫻井神社と、伊勢神宮の分霊をお祀りした櫻井大神宮からなります。近くの二見ヶ浦は神社の宇良宮(奥宮)で、神聖な場所。海中に屹立する夫婦岩は良縁を結ぶパワーに満ちあふれています。

櫻井神社の御朱印。櫻井大神宮の御朱印も授与しています。

左/櫻井神社の楼門 上/夏至の頃、夫婦岩の間に夕日が沈みます

主祭神
神直日神《カムナオヒノカミ》
大直日神《オオナオヒノカミ》
八十枉津日神《ヤソマガツヒノカミ》

寺社DATA
創建/1632年(寛永9年) 本殿様式/三間社流造 住所/福岡県糸島市志摩桜井4227 交通/JR「筑前前原駅」からバスで約30分、「桜井」下車、徒歩10分 参拝時間/自由 御朱印授与時間/9:00~17:00 拝観料/無料 URL sakuraijinja.com

335
福岡県

宮《みや》地《じ》嶽《だけ》神《じん》社《じゃ》

夕日

1年で数日しか見られない奇跡の夕景

絶景ポイント
≫参道の石段から見る「光の道」

「光の道」が見られる2月と10月の各数週間、「夕日の祭典」が開催

創建約1700年の由緒ある古社。シンボルの大注連縄をはじめ、大太鼓、大鈴という「3つの日本一」や黄金の屋根など、崇高な力に包まれています。海まで一直線の参道が夕日に染まる光景は「光の道」と称され大変な人気ぶり。

通常の御朱印。2・10月は光の道特別御朱印も授与されます。

御祭神
神功皇后《ジングウコウゴウ》
勝村大神《カツムラノオオカミ》
勝頼大神《カツヨリノオオカミ》

寺社DATA
創建/約1700年前 本殿様式/不明 住所/福岡県福津市宮司元町7-1 交通/JR「福間駅」から徒歩25分。または同駅からバスで6分、「宮地嶽神社前」下車、徒歩すぐ 参拝時間/自由 御朱印授与時間/9:00~17:00 拝観料/無料 URL www.miyajidake.or.jp

Column

驚異の迫力！

巨大仏が鎮座する風景

思わず目を奪われる不思議な世界観。境内には像や塔、展示館など見どころも多彩。知れば知るほど興味深いお寺です。

高さ62mの観音像の肩付近に展望室あり。観音様の額にはダイヤモンドが18個、胸に水晶とヒスイがちりばめられているそう

日本唯一という平和大仏塔納骨堂は高さ 38m。塔の外壁には約 300 体の仏像が安置、内部には仏舎利が祀られています

観音像と大仏塔が並び立つ

大本山《だいほんざん》成田山《なりたさん》久留米《くるめ》分院《ぶんいん》

御本山の成田山新勝寺（→P.105）から御分霊を勧請し開山。お寺の象徴が、日本最大級の高さの救世慈母大観音像と、インド・ブッダガヤの大菩提寺にある仏塔と同型の平和大仏塔納骨堂。大理石製の幸福階段、宝石でできた開運門で「福」にあやかり、本堂を参拝後は観音像の胎内や宝石歴史館、地獄館を見学しましょう。

大理石でできた幸福階段と、ルビー、ヒスイ、メノウなどで飾られた開運門

駐車場から続く入口

御朱印は見開きです。右側は大日大聖不動明王の墨書と梵字「カン」。左側に救世慈母大観音像のお姿の印が押されます。

336 福岡県

創建／1958年（昭和33年）　山号／成田山　宗旨／真言宗智山派　住所／福岡県久留米市上津町1386-22　交通／JR「久留米駅」からバスで26分、または「西鉄久留米駅」からバスで14分、「二軒茶屋」下車、徒歩3分　参拝時間／9:00～16:30（土・日曜、祝日～17:00）　御朱印授与時間／9:00～16:30　拝観料／大人500円、中・高生300円、小学生100円　URL www.kurume-naritasan.or.jp

---

巨大なカメの背中に立つ観音像

福済寺《ふくさいじ》

中国福建省泉州出身の僧によって創建された唐寺が起源。大寺院で勝海舟や坂本龍馬、シーボルトなど内外の要人が集う国際交流の場となった歴史もあります。国宝建造物に指定されるも、長崎への原子爆弾投下で焼失。被災者と戦没者の冥福を祈って「長崎観音」が建立され、長崎の町を見守っています。

本堂跡に建立された、カメの形の霊廟の台座に立つ像高18mの万国霊廟長崎観音（通称長崎観音）。内部には地球の自転を示す「フーコーの振り子」が取り付けられています

本殿。扁額の文字は「光風蓋宇」

入口の「文殊般若の門」。如意棒をくわえた獅子の面、門の上には「鎮魂の鐘」があります

墨書は光風盖宇、長崎観音、福済寺、中央の印は「佛法僧宝」の三宝印。

337 長崎県

創建／1628年（寛永5年）　山号／分紫山　宗旨／黄檗宗　住所／長崎県長崎市筑後町2-56　交通／JR「長崎駅」から徒歩10分　参拝・御朱印授与時間／8:00～17:00　拝観料／無料　URL なし

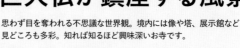

思わず写真に
収めたくなる！

フォトジェニックな神社・お寺

Column

ハートの御神紋、風鈴祭り、圧巻の天井画など、心弾む彩りや美しさで注目したい九州のお寺や神社はこちら！

ハートづくしの恋愛の聖地

恋木神社《こいのきじんじゃ》

水田天満宮の末社として建立当初より鎮座。都に残した妻子を思いながら大宰府で没した菅原道真公を慰めるために建立されたと伝わります。恋愛の神様「恋《こいの》命《みこと》」を祀る国内唯一の神社で、御神紋はハート。ハートのモチーフが随所に施されていて、気分もアップ！　恋愛成就・良縁祈願の心強いサポートを頂けます。

ハートマークであふれた拝殿。菅原道真公が祭神の本社、水田天満宮にもお参りしましょう

境内の御利益スポット

ハート形の陶板が導く
恋参道
参道や境内のあちこちに、色とりどりのハート形の陶板が敷かれています。この陶板は地元の伝統ある水田焼でできた貴重なものだそうです。

参道にある１対の
恋木石灯籠
恋参道の脇に、明かり窓がハート形になった石灯籠が２基あります。良縁成就を祈願する灯籠で、大晦日や祭りの際にはハートの窓が点灯。

隠れたハートを探そう **恋木鳥居**
拝殿正面の「恋木鳥居」には、幸せを祈願した10個のハートが使われており、すべて見つけるとラッキー！

かわいらしいハートの授与品

種類豊富なハート形のお守りをはじめ、御朱印帳もラブリーなデザイン。参拝の際には、授与品も要チェックです。

お守り
御神紋のハートの形をした「ハート陶板守」は一番人気。このほか約20種のお守りが並びます

絵馬
絵馬も人気。願いごとを書いて「恋木神社祈願絵馬所」に奉納を

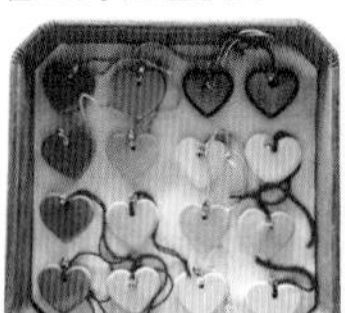

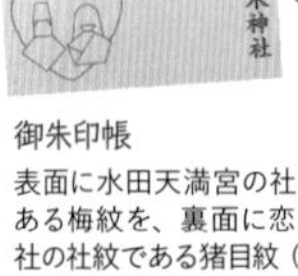

２種類の印があります。左はなでると御利益があるという「夫婦雛 恋むすび」の印、右は鳥居と社殿の印です。アルファベットが入っているのも特徴的。

御朱印帳
表面に水田天満宮の社紋である梅紋を、裏面に恋木神社の社紋である猪目紋（ハート形）をあしらっています

338 福岡県
創建／鎌倉時代（詳細不明）　本殿様式／三間社流造こけら葺　住所／福岡県筑後市水田62-1　交通／JR「羽犬塚駅」から徒歩20分、またはJR「筑後船小屋駅」から車で８分　参拝時間／自由　御朱印授与時間／8:30～17:00　拝観料／無料　URL www.mizuta-koinoki.jp/koinoki

涼やかな風鈴が緑に映える

山王寺《さんのうじ》

5月初旬から10月初旬に行われる風鈴祭りの期間中、奉納された、たくさんの風鈴が目も耳も楽しませてくれます。境内にはタヌキのオブジェが多く、お抱きすることで癒やされる「抱きつき観音」やご縁とかけた巨大な五円玉の石像など、ほっこりあたたかい気持ちになるお寺です。大師堂にお祀りされた約3mの弘法大師像にもお参りを。

風鈴の短冊に願いごとを書いて奉納できます

本堂前の風鈴のトンネル

山に抱かれた山王寺。2000年に再建された本堂には御本尊の大日如来が祀られています

参道に並ぶタヌキのオブジェ。
「タヌキ寺」としても親しまれています

大師堂の弘法大師像。1924年に奉納された篠栗霊場最大級の木造の大師像です

篠栗四国八十八箇所霊場の第六十一番札所の寺院。中央の印は大日如来を表す梵字「バン」。子宝や安産祈願の子安大師のお堂もあります。

339
福岡県

創建／1855年（安政2年）頃　山号／栴檀山　宗旨／真言宗御室派　住所／福岡県糟屋郡篠栗町篠栗2361
交通／JR「筑前山手駅」から徒歩15分　参拝時間／自由
御朱印授与時間／9:00～17:00　拝観料／無料　URL なし

アートのような天井画が壮観！

鹿児島神宮《かごしまじんぐう》

御祭神は海幸山幸神話の彦火火出見尊《ヒコホホデミノミコト》（別名山幸彦）。筑紫国開拓の祖神様に家内安全を祈りましょう。1756年創建の九州最大級の本殿は美しく、さらに感動的なのは、拝殿のお賽銭箱の前から鑑賞できる壮麗な天井画。200枚以上の南国らしい草花や果物画が並ぶさまは圧巻です。

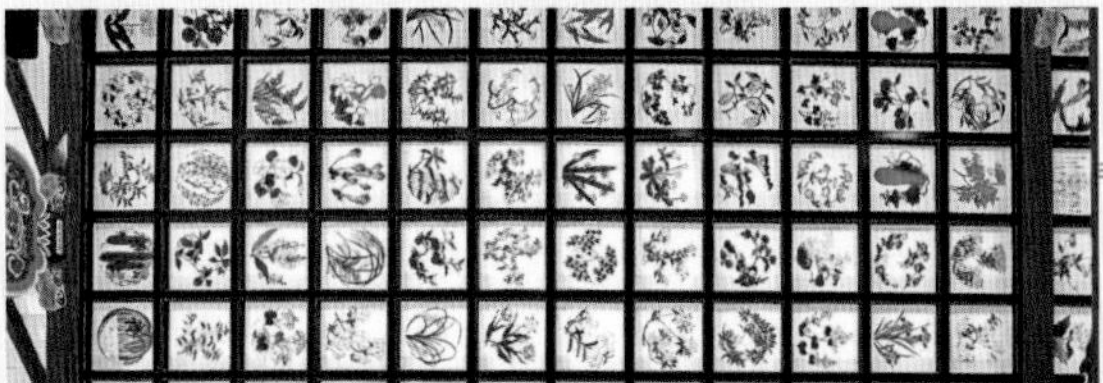

花や果物や野菜が色鮮やかに描かれています

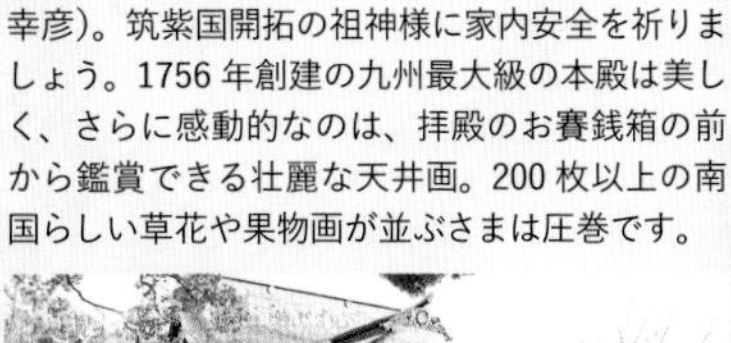

本殿、拝殿、勅使殿、摂社四所神社本殿は令和4年に国の重要文化財に指定されました

500年の歴史をもつ「初午祭」にちなんで作られた信仰玩具「初鼓」

大隅国は律令国のひとつで、鹿児島神宮は大隅宮、大隅一宮、大隅正八幡宮などともいわれます。

340
鹿児島県

創建／社伝では神代、または神武天皇年間　社殿様式／権現造　住所／鹿児島県霧島市隼人町内2496-1
交通／JR「隼人駅」から徒歩15分　参拝時間／自由　御朱印授与時間／8:00～17:00　拝観料／無料　URL kagoshima-jingu.jp

非日常の世界へ
ようこそ！

ユニークな仏像や石像が集うお寺

Column

不思議＆独特な光景。それだけでなく史跡や見どころもあり、花や紅葉もきれいな穴場的寺院をご案内。

体内も拝観でき、体内に鎮座する金色のおびんずるさまをなでてお参り。おびんずるさまとはお釈迦様の16人の弟子の筆頭

日本一のおびんずるさま

日輪寺《にちりんじ》

松尾芭蕉の碑や忠臣蔵で知られる赤穂浪士の遺髪塔といった多くの史跡や、全長30 mの巨大なおびんずる像で有名。「撫で仏」といわれ、無病息災を祈りながらなでると御利益があるとされる

ツツジの名所でもあり、寺の裏山のつつじ公園は4月を迎えると約3万5000株ものツツジが一帯を真っ赤に染めます

「おびんずるさま」は、本来本堂などに安置されていますが、こちらでは山の斜面に斜めに屹立するちょっと変わった姿が見られます。

肥後三大銘鐘のひとつに数えられる鐘がつられている鐘楼堂

中央には曹洞宗大本山永平寺の紋「久我竜胆（こがりんどう）」がデザインされています。

341
熊本県

創建／1337年（延元2年） 山号／醫福山 宗旨／曹洞宗 住所／熊本県山鹿市杉1607 交通／JR「熊本駅」からバスで約1時間15分、終点「山賀バスセンター」下車、鹿北道の駅行きに乗り換え約10分、「日輪寺前」下車、徒歩10分 参拝時間／自由 御朱印授与時間／9:00～18:00 拝観料／無料 URL なし

驚きの数のカエル石像

如意輪寺《にょいりんじ》

奈良時代に開創の古刹です。御本尊は珍しい立ち姿の如意輪観音像。願いを思いどおりにかなえてくださる観音様といわれています。「かえる寺」としても知られていて、境内や堂内に並ぶカエルの像や置物はなんと1万を超えるとか。さまざまなカエル像に心が和みます。桜や紅葉もきれいで、「風鈴まつり」も風情たっぷり。

願いごとが書かれた金色カエル

木陰で休む親子ガエル

桜満開時の境内入口

6～9月の「風鈴まつり」の期間は無数の風鈴が境内を彩ります

お寺入口にリアルなカエル像

如意輪観音が祀られた本堂

墨書は如意輪観音、かえるでら。中央の印は如意宝珠と梵字「キリーク」。添えられたカエルの絵がお寺を象徴しています。

342
福岡県

創建／天平年間（729～749年） 山号／清影山 宗旨／真言宗御室派 住所／福岡県小郡市横隈1728 交通／西鉄天神大牟田線「三沢駅」から徒歩15分 参拝・御朱印授与時間／9:00～17:00 拝観料／無料 URL なし

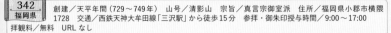

知っておきたい

御朱印＆寺社の基礎知識

御朱印の見方や頂き方のマナー、
神仏についてや境内の建物など、
まず理解しておきたい基本をレクチャー。
基礎知識を知っているだけで
寺社めぐりがだんぜん楽しくなります。

御朱印ってナニ?

御朱印は、もともとお経を納めた証に寺院で頂いていたもの。それがいつしか、神社にも広がり、参拝によって神様や仏様とのご縁が結ばれた証として頂けるようになりました。ですから、単なる参拝記念のスタンプではありません。

御朱印の本来の役割って

御朱印はもともと、自分で書き写したお経を寺院に納め、その証に頂くものでした。寺院で「納経印」ともいわれているのはこのためです。いつしか、納経しなくても参拝の証として寺社で頂けるようになりました。お寺で始まった御朱印ですが、江戸時代にはすでに神社でも出されていたといわれています。

もとは写経の証として頂けた御朱印

寺社で御朱印を頂くってどういうこと

寺社で御朱印を頂くということは、その寺社の神様や仏様とご縁が結ばれたということです。決して単なる参拝記念やスタンプではありません。ですから必ず御祭神、御本尊にあいさつをすること。書き手は寺社の方々で、心を込めて書いてくださいます。寺社の方々にも失礼のないように、御朱印はていねいに扱うようにしましょう。

世界でひとつの御朱印との出合いを楽しみましょう

御朱印は基本的に印刷物ではありません。神職やご住職の皆さんがていねいに手書きしてくださる、世界にひとつのもの。ですから、墨書には書き手の個性が表れます。そのため、本書に掲載した御朱印と同じものが頂けるとは限りません。同じ寺社でも書き手によって、頂くたびに墨書や印の押し方が違うからです。印も季節によって変わったり、新しいものに作り替えることもあります。御朱印自体が頂けなくなることさえあるのです。二度と同じ御朱印は頂けない、それが御朱印集めの楽しみでもあります。

授与所に「御朱印所」の表示があることも

御朱印の見方

白い紙に鮮やかな朱の印と黒々とした墨書が絶妙なバランスで配置されている御朱印。まさにアートを見ているような美しさがあります。では、いったい墨書には何が書かれ、印は何を意味しているのでしょう。御朱印をもっと深く知るために墨書や印の見方をご紹介します。

お寺

本尊名など

中央にはその寺院の本尊名など参拝した仏様の名が書かれます。

奉拝と朱印

「奉拝」とは「つつしんで参拝させていただきました」の意味。「参拝」と書かれるお寺もあります。お寺だけでなく神社でも書かれることも多いです。右上の朱印は寺院の俗称や札所霊場であることが示されることが多いです。

寺号

寺の名前。ここに山号と寺号の両方が書かれた御朱印もあります。

寺院の印

寺院名の印は、山号を彫ったものもあります。ほとんどが四角形ですが、なかには円形や梵鐘型など変わった形の印が押されることもあります。

印

本尊等を梵字で表した印や三宝印（「仏法僧宝」の4字を刻んだ印）などが押されます。本尊等の姿印を押すところもあります。

神社

参拝した日にち

何年たっても御朱印を見ればいつ参拝したのかすぐわかるので、旅の記録にもなります。

神紋

神社に古くから伝わる紋。神紋の代わりに祭神のお使い、境内の花の印などが押されることもあります。

社名の押し印

神社名の印。篆刻（てんこく）という独特の書体が多いのですが、なかには宮司自らが考案したオリジナル書体の印も。

社名など

中央には朱印の上に神社名が墨書されることが多く、御祭神名を書く場合も。朱印のみで神社名の墨書がない御朱印や、史実の人名、おとぎ話の登場人物の名前が書かれることも。

御朱印帳の特徴

ジャバラ折り

御朱印帳はジャバラ折りが基本。表だけ使っても、表裏使っても、使い方は自由！

表紙

寺社オリジナルの御朱印帳も多く、表紙には社殿や本堂、神紋や祭神、仏像、花などその寺社を象徴するものがデザインされていることが多いです。

まず御朱印帳を手に入れよう

御朱印を頂きにさっそく寺社へ！
でもその前に御朱印帳は持っていますか？
必須アイテムの御朱印帳をまずは用意しましょう。

御朱印帳を手に入れたら まず名前と連絡先を 書き入れます

御朱印帳を入手したら、まず自分の名前、連絡先を記入しておきましょう。寺社によっては参拝前に御朱印帳を預けて、参拝の間に御朱印を書いていただき、参拝後に御朱印帳を返してもらうところがあります。混雑時は、同じような表紙の御朱印帳があると、自分のものと間違えてほかの人のものを持ち帰ってしまうというようなことも。そうならないよう裏に住所・氏名を記入する欄があれば書いておきましょう。記入欄がなければ、表紙の白紙部分に「御朱印帳」と記し、その下に小さく氏名を書き入れておきましょう。

カバーを付けたり 専用の袋などに入れて 大切に扱いましょう

御朱印帳をかばんなどに入れて持ち歩いていると表紙が擦り切れてきたり、汚れがついたりすることがしばしばあります。御朱印帳をいつまでもきれいに保つためにカバーや御朱印帳袋を用意することをおすすめします。御朱印帳にビニールのカバーがあらかじめ付いている場合や、御朱印帳と同じデザインの専用の袋を用意している寺社もあります。また、御朱印帳専用袋を販売している和雑貨の専門店などもあります。好みの布で自分だけの御朱印帳カバーや専用袋を手作りするのも、おすすめです。

御朱印帳は 神様・仏様とつながる 特別なもの

御朱印はきちんと御朱印帳を用意して頂くのがマナー。御朱印は神様や仏様とのつながりの証だからです。御朱印帳は、かわいいものから渋いものまでデザインはとても豊富。各寺社オリジナルのこだわり御朱印帳もあり、お気に入りの御朱印帳を探すのも楽しみのひとつです。御朱印帳が御朱印でいっぱいになって、何冊にもなっていくと神様・仏様とのつながりが深まるようでうれしいものです。御朱印には日付が書いてありますので、御朱印帳を開くと参拝した日の光景を鮮明に思い出すことができるでしょう。

御朱印帳を汚れや傷みから守ってくれる御朱印帳袋（ケース）は、持ち歩くときに重宝します

御朱印帳は 寺社はもちろん 文具店やネットでも 入手できます

御朱印帳を頒布しているお寺や神社は多く、なかには各寺社がデザインした御朱印帳を用意しているところもあります。参拝の記念にもなりますので、寺社で手に入れる御朱印帳はおすすめです。寺社以外では、和紙などを扱う大きな文具店やインターネット通販で手に入れることができます。御朱印帳の手作りキットもあり、自分だけの御朱印帳を作ることもできます。

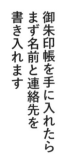

御朱印帳コレクション

モダンなデザイン、かわいらしい絵柄の御朱印帳

寺社にまつわるモチーフや草木をあしらったものから、モダンなアートのようなデザインのものまで、個性とこだわりが感じられる御朱印帳を集めました。お気に入りの御朱印帳と寺社めぐりを！

※御朱印帳は 1500 円くらいから。特製のものは 3000 円～。

金刀比羅宮《ことひらぐう》

（香川）P.265

「笑顔元気くん朱印帳」。琴陵容世名誉宮司が描いた「笑顔元気くん」とトリコロールカラーが、元気を与えてくれます。裏面は金字の御神紋と神社名。

電車の絵柄は珍しい

御霊神社《ごりょうじんじゃ》

（神奈川）P.124

江ノ電の電車が境内を走る光景を描いた御朱印帳です。電車を見つめるのは名誉宮司を務めるネコの「ウッシー」。

なんと有田焼の御朱印帳

陶山神社《すえやまじんじゃ》

（佐賀）P.295

有田焼の陶祖を祀る神社ならではの陶製。神職によって手作りで奉製され、白磁の陶板に伝統的な文様や境内の狛犬、大鳥居などの色絵が施されています。重さは 250g、厚みは通常の御朱印帳とほぼ同じ。

鷲尾愛宕神社《わしおあたごじんじゃ》

（福岡）P.301

桜の名所として有名な神社です。月夜の社殿に舞う桜を描いた御朱印帳。神社からの夜景もロマンティック。

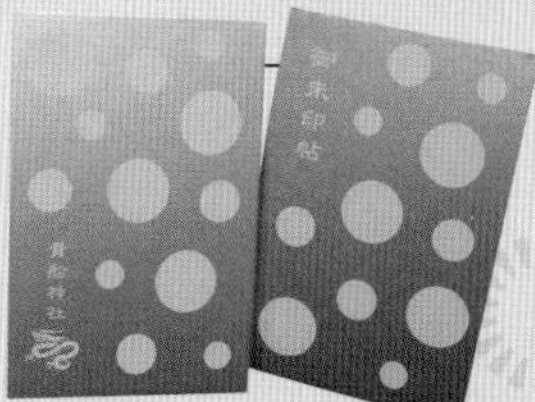

貴船神社《きふねじんじゃ》

（京都）P.172

水の神様にちなみ、水をイメージする水玉柄。裏面には龍神があしらわれています。ゴールド、ピンク、ブラックの 3 色展開。

正寿院《しょうじゅいん》

（京都）P.235

左は 8 月 20 日～ 9 月中旬頃の 16:00 前にだけ見られる猪目の影が映った猪目窓、右は金刻印を押した天井画のデザインです。

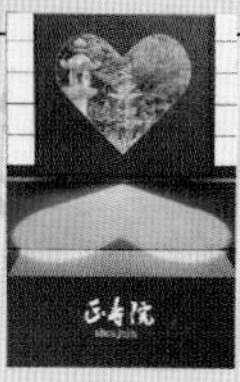

寶光寺《ほうこうじ》（鹿野大佛《ろくやだいぶつ》）

（東京）P.82

ぬくもりを感じる木の御朱印帳は、多摩産のヒノキ材を使用。焼印は「大佛」と「寺」を表したシンボルマーク。

表　裏

遠見岬神社《とみさきじんじゃ》

（千葉）P.96

「かつうらビッグひな祭り」では石段がひな壇になり、壮大なひな飾りが見られます。そんなひな祭りの境内をほんわかしたタッチで描いた御朱印帳。

特色ある多彩な御朱印帳

神秘的な明神池

そびえる山の姿も忠実に描写

穂高《ほたか》神社《じんじゃ》 奥宮《おくみや》

（長野）P.119

境内の明神池で 10 月 8 日に催行される御船神事の様子、裏面は奥宮が刺繍されています。

事任《ことのまま》八幡宮《はちまんぐう》

（静岡）P.158

社宝の掛け軸が原画の、雅楽で舞われる「蘭陵王（らんりょうおう）の舞」が描かれています。

武蔵《むさし》御嶽《みたけ》神社《じんじゃ》

色合いも Good

（東京）P.100

表面には精緻な彫刻まで表現された拝殿と山上の奥の院。御祭神のお使いとして祀られている「おいぬ様」（オオカミ）が裏面に。

赤城《あかぎ》神社《じんじゃ》

（群馬）P.121

黄金色の地に、表面には朱塗りの本殿、裏面には御神橋の「啄木鳥橋（きつつきばし）」が織り込まれています。

日本三大楼門のひとつで、重要文化財に指定されている朱塗りの楼門と参道のスギが刺繍されています。裏面はシンプルに神紋と社名のみ。

鹿島《かしま》神宮《じんぐう》

（茨城）P.68

山水花鳥画を得意とした日本画家、池上秀畝（しゅうほ）氏が描いた「猛鷲離陸」がモチーフ。裏面は神紋と桐、蝶、花菱など。

熊野《くまの》速玉大社《はやたまたいしゃ》

（和歌山）P.213

表面には朱塗りの美しい壮大な社殿、裏面には八咫烏（やたがらす）の絵文字で「熊野山宝印」と書かれた熊野牛王符（くまのごおうふ）が描かれた御朱印帳は、黒と白の 2 色があります。

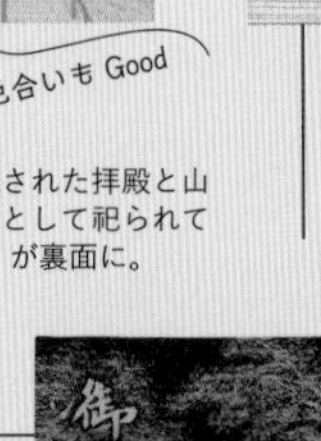

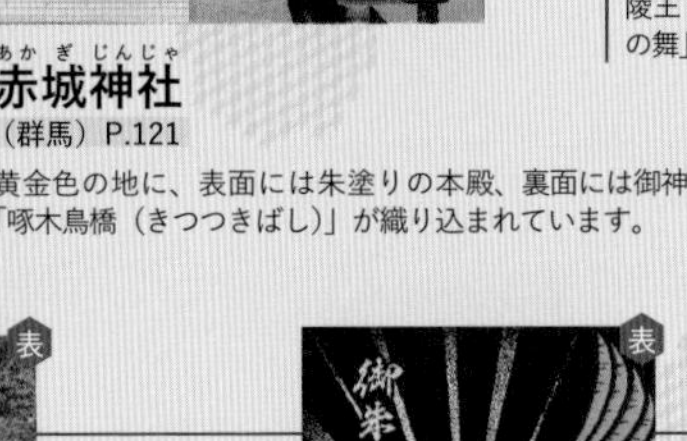

48 の烏文字で描かれた護符

表　裏

高《たか》千《ち》穂《ほ》神社《じんじゃ》

（宮崎）P.309

日本神話の舞台となった神社の御朱印帳は、瓊瓊杵尊（ニニギノミコト）の天孫降臨を描いた神々しいもの。裏面は高千穂峡と夫婦杉。

平安《へいあん》神宮《じんぐう》

（京都）P.198

平安京の四方を守護する蒼龍・朱雀・白虎・玄武の四神獣が描かれています。

熊野《くまの》那《な》智《ち》大社《たいしゃ》

（和歌山）P.214

7月14日に行われる例大祭、通称「那智の火祭」とヤタガラスのダイナミックなデザインが印象的。

御滝の姿を表す扇神輿

宇《う》佐《さ》神宮《じんぐう》

（大分）P.301

文化財「宇佐宮御祓会絵図」（夏越大祭）を模した御朱印帳。華麗な御神幸祭の様子が織り込まれています。宇佐神宮は神輿（みこし）発祥の地としても有名。

表　裏

御神木から作られています

台風で倒れた御神木から奉製。木のあたたかみを感じるとともに御神木のパワーを頂けそうです。

表　裏

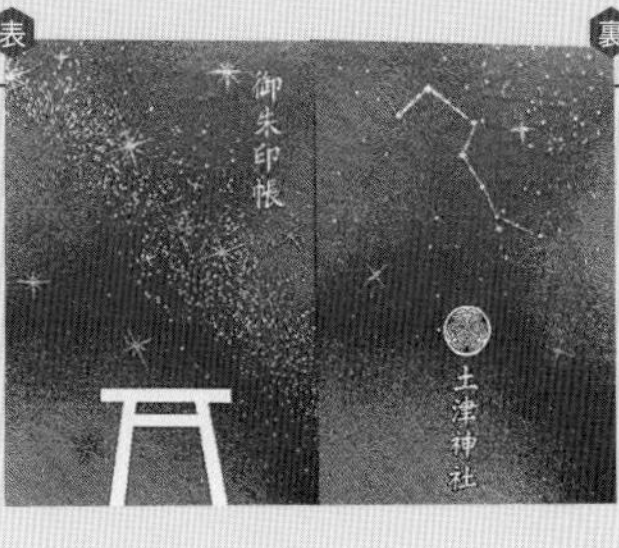

土《はに》津《つ》神社《じんじゃ》

（福島）P.48

保科家（主祭神：保科正之）の起源が星であることから、満天の星とランドマークである白大鳥居がデザインされた星の御朱印帳。

花や紅葉がモチーフ

高《こう》良《ら》大社《たいしゃ》

（福岡）P.279

桜の花びらの絵を重ねたやわらかな雰囲気の御朱印帳。金色の神社の神紋は「木瓜（もっこう）」です。

葛飾《かつしか》八幡宮《はちまんぐう》

（千葉）P.110

御神木のイチョウ「千本公孫樹（せんぼんいちょう）」をモチーフに、表には黄葉した姿、裏には舞い散る葉とともに社殿が描かれています。

國領《こくりょう》神社《じんじゃ》

（東京）P.113

「千年乃藤」と名づけられた見事な藤が御神木。御朱印帳も満開の藤が描かれた華麗なデザインです。

黒地に錦の紅葉が映えます

表　裏

香積《こうじゃく》寺《じ》

（愛知）P.161

紅葉の名所、香嵐渓（こうらんけい）にある香積寺ならではの、美しい紅葉と山門を描いた御朱印帳です。

デビュー前に
教えて！

もっと知りたい御朱印Q&A

御朱印に関する素朴なギモン、御朱印帳の保管場所、御朱印帳を忘れたときのこと、おさえておくべきマナーなど、デビューの前に知っておきたいことがいろいろあるはず。御朱印の本を製作して15年以上の編集部がお答えします。

Q 御朱印を頂くときに守りたいマナーはありますか？

A スタンプラリー感覚はNG！必ず参拝を

参拝せずに御朱印だけ頂いて帰る人や「時間がないから早く書いてくれ」と急かす人が少なからずいると取材先の寺社で聞きました。御朱印はあくまでも参拝の証。スタンプラリー感覚で頂くのはNGです。神仏と縁を結んだ証であることを念頭におき、必ず参拝をしてから頂くこと。また、御朱印は「書き置きのみ」としている寺社もあり、直書きが当然ということではありません。書き置きもありがたく頂きましょう。

待つ間は大声や飲食は控えること

書いていただく間は飲食や大声でのおしゃべりは慎みましょう。参拝後に御朱印をお願いするのが基本ですが、境内が広大だったり、浄書に時間がかかる寺社では、参拝前の御朱印受付が推奨される場合もあります。その場合は授与所で御朱印帳を渡す際に、「参拝後に取りにきます」とひと言伝えるとスムーズです。

Q 御朱印を頂く際に納めるお金はどのくらいですか？また、おつりは頂けますか？

A ほとんどが300～500円。小銭を用意しましょう。

限定御朱印など特別な御朱印では500円以上納める場合もあります。おつりは頂けますが、1万円札や5000円札を出すのはマナー違反。あらかじめ小銭を用意しておきましょう。「お気持ちで」という場合も300～500円（見開きならば1000円）を目安に。御朱印は商品ではありませんので、納めるお金は、神社では初穂料、寺院では志納料といいます。

Q この本で紹介している寺社でしか御朱印は頂けませんか？

A 本書に掲載していない寺社でも頂けます

ただし、僧職や神職の方が常駐している寺社の場合でも、御朱印を授与していない寺社もあります。浄土真宗のお寺は基本的に御朱印を頒布していません（参拝記念として巡拝印や法語印を頂ける浄土真宗のお寺もあります）。

Q ひとつの寺社に複数御朱印があるのはなぜですか？

A 複数の神仏をお祀りしているからです

祭神・御本尊のほかに、主祭神・御本尊と関係が深い神仏を境内にお祀りしている寺社では、主祭神・御本尊以外の御朱印を頒布するところもあります。いずれにせよ、参拝を済ませてから、授与所で希望の御朱印を伝えて、頂きましょう。

Q ジャバラ式の御朱印帳ではページの表裏に書いてもらうことはできますか？

A 裏にも書いていただけます

墨書や印などが裏写りしないような厚い紙が使用されているものであれば、裏にも書いていただけます。

Q 御朱印の保管場所は神棚や仏壇ですか？

A 本棚でも大丈夫です

大切に扱うのであれば、保管場所に決まりはありません。本棚、机の上など、常識の範囲でどこでも大丈夫です。ただし、なるべく清潔で、自分の頭より高い場所に置くことを心がけましょう。

Q 御朱印を頂くと、御利益がありますか？

A 神仏を身近に感じられます

神仏とのご縁が結ばれたと思ってください。御朱印を通し、神仏を身近に感じ、心の平穏につながれば、それは御利益といえるかもしれません。

Q 御朱印はいつでも頂けますか？すぐ書いていただけますか？

A 9:00 ～ 16:00 の授与が一般的

本書では各寺社の御朱印授与時間を記載しているので参照してください。小さな寺社では、祈祷や法要などで職員が不在となり、頂けない場合もあります。また、混雑した場合は待ち時間が長くなります。アートな御朱印を直書きしていただける寺社では、参拝後に受付のみを行い、御朱印帳は後日郵送となる場合もあるので、事前に確認しましょう。

Q 御朱印帳は神社とお寺では別々にしたほうがいいですか？

A 分けたほうがベターです

特に分ける必要はないとされていますが、一部のお寺では神社の御朱印帳には書いていただけないこともあります。また、日蓮宗では「御首題帳」という専用の御朱印帳があり、御首題帳には「南無妙法蓮華経」と浄書されますが、一般的な御朱印帳には書いていただけないか、「妙法」としか墨書しないお寺もあります。

Q 御朱印を頂いたあと、話しかけても大丈夫ですか？

A 行列ができてなければ大丈夫です

待っている人がいないときなどには、御朱印や寺社のことなどをお尋ねすると、教えてくださる寺社もあります。

Q 御朱印ビギナーが気をつけることは？

A 自分の御朱印帳かどうか確認を！

書いていただいた御朱印帳をその場で必ず確認すること。他人の御朱印帳と入れ替わり自分のものが行方不明……ということもあるので気をつけましょう。

Q 御朱印帳を忘れたら？

A 書き置きを頂きます

たいていの寺社にはすでに御朱印を押してある書き置きがあります。そちらを頂き、あとで御朱印帳に貼りましょう。最近は新型コロナウイルスの感染対策で、書き置きのみの頒布という寺社も少なくないです。ノートやメモ帳には書いていただけません。

御朱印の頂き方

神社編

撮影地:富知六所浅間神社(静岡県)

1 鳥居をくぐる

鳥居は「神様の聖域」と「人間界」を分ける結界という役目を担っています。まずは、鳥居の前で一礼(揖)。これは神域に入る前のごあいさつです。鳥居がいくつもある場合には一の鳥居(最初の鳥居)で一礼を。真ん中より左にいれば左足から、右にいれば右足から進みます。帰りも「参拝させていただき、ありがとうございました」という気持ちで、振り返って一礼します。

いつもありがとうございます

POINT
神道のお辞儀は数種類あり、軽く頭をさげることを「揖(ゆう)」といいます。

2 参道を歩く

参道を歩いて社殿を目指しましょう。歩くときは神様の通り道である真ん中「正中」を避けましょう。神社によって右側か左側か歩く位置が決まっている場合があります。

3 手水舎で清める

古来、水は罪や穢れを洗い流し清めるとされてきました。ですから、参拝前に必ず手水舎へ行って、身を清めます。最近は新型コロナウイルスの影響で柄杓を撤去している寺社も多くあります。柄杓がない場合の清め方は P.328 を確認しましょう。

柄杓がある場合

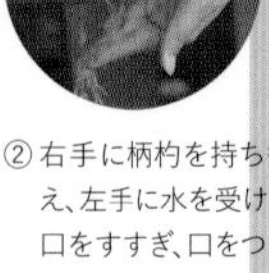

① 柄杓を右手で取り、まず左手を清め、次に柄杓を左手に持ち替え、右手を清めます。

② 右手に柄杓を持ち替え、左手に水を受けて口をすすぎ、口をつけた左手をまた水で清めます。

③ 最後に柄杓を立て、残った水を柄杓の柄にかけて清め、もとに戻します。

POINT いちばん最初に汲んだ、柄杓 1 杯の水で①～③までを行いましょう。

さまざまなお願いごとをかなえていただき、そして、御朱印を頂くためには、正しい参拝の方法、御朱印の頂き方をマスターしておきましょう。神様や仏様は一生懸命、祈願する人を応援してくれます。難しく考えずに、こちらに書いてある最低限のマナーさえおさえればOK！　それに、きちんと参拝すると背筋が伸びて、気持ちもびしっとしますよ。ここでは身につけておきたいお作法を写真で解説します。

4 お賽銭を入れる

参拝の前に、まずお賽銭を静かに投じましょう。金額に決まりはなく、「いくら払うか」よりも、「神様へ感謝の心を込めてお供えする」ことが大切です。

鈴があれば鈴を静かに鳴らします。鳴らすタイミングは、賽銭を投じてからという方が多いようです。

撮影地：伊和志津神社（兵庫県）

5 拝殿で拝礼

まず2回お辞儀をします。これを二拝といいます。お辞儀の角度は90度、お辞儀が済んだら二拍手。二拍手はパンパンと2回手をたたく動作です。手を合わせ、感謝の気持ちを神様にささげ、祈願を伝えましょう。次にまたお辞儀。二拝二拍手一拝と覚えましょう。拝礼が済んだら静かに拝殿から離れます。

＼拝礼は二拝二拍手一拝と覚えましょう／

POINT
手をたたく際、一度揃えてから、右手を左手の第一関節くらいまで下げ、たたいたら戻します。

6 御朱印を頂く

拝礼を済ませたら、いよいよ御朱印を頂きます。御朱印はお守りやお札などを授与している「授与所」や「社務所」、「御朱印受付」と表示してある場所で、「御朱印を頂けますか？」とひと言添えましょう。御朱印帳を出すときは、カバーを外したり、ひもでとじてあるものは開きやすいように緩めてから、挟んである紙などは外し、書いてほしいページを開いて渡します。御朱印代はほとんどの神社で300～500円。できればおつりのないよう、小銭を用意しておきます。御朱印帳を返していただいたら、必ず自分のものか確認しましょう。最近は番号札を渡されて、番号で呼ぶ神社も多いです。

POINT
朱印を書いていただいている間は飲食や大声でのおしゃべりは慎み、静かに待ちましょう。受け渡しは両手で。

＼無事、御朱印を頂きました！／

御朱印の頂き方

お寺編

撮影地:淨眞寺（九品仏）

1 山門で一礼

山門は寺院の正式な玄関になります。かつて寺院は山上に建てられることが多かったので山門と書くようになりました。禅宗寺院では悟りにいたる三解脱門が境内の入口とされ、三門と書くこともあります。いずれにせよ、玄関にあたるので、くぐる前に一礼します。

POINT
帰るときも門の外でお堂のほうを向き、合掌または一礼します。

2 境内を歩いて本堂へ

山門から境内を歩いて本堂に向かいます。バタバタ走らず、静かにゆっくり歩いて心を穏やかにしましょう。何かを食べながら歩くのは厳禁です。

3 手水舎で清める

古来、水は罪や穢れを洗い流し清めるとされてきました。そのため、参拝前に必ず手水舎へ行って、身を清めます。

柄杓がない場合

① まずは流水で両手を清めましょう。

② 手で水を取り、口をすすぎ、両手をまた流水で清めます。

※ 柄杓がある場合の清め方はP.326を確認しましょう。

※ 手水舎にお作法の案内板がある場合は、それに従って身を清めましょう。

POINT
新型コロナウイルスの影響で柄杓がないお寺や手水舎が使えないお寺が増えています！

4 お賽銭を投じる

本堂に到着したら、参拝する前にお賽銭を賽銭箱に投じます。納経する場合、入口に納経できる箱などが置かれていたら、そちらに写経を納めます。箱がなければ御朱印を頂くときに受付で納経します。

POINT
お賽銭の金額に決まりはありません。仏様への感謝の気持ちを込めた金額をお供えします。

お線香やロウソクはどうあげるの？

本堂や境内に、灯明（ロウソク）とお香・お線香があれば、参拝前に点火しましょう。灯明は上段の奥から順に立てるのがマナー。お線香はもらい火せず、自分の灯明からつけましょう。常香炉でお香を供えたら、煙を浴びて心身を清めます。

5 合掌して祈る

御本尊に合掌して、軽く頭を下げます。読経する場合には「般若心経」などを、声に出さず心のなかで念じるだけで構いません。参拝の行列ができていたら、少し脇によけ、合掌しながら祈りましょう。

POINT
神社と違い手はたたきません。合掌には仏様と一体となるという意味があるそうです。

6 最後に一礼

御本尊前から去るときには一礼します。

7 御本尊以外もお参りを

お寺には御本尊以外にもさまざまな仏像や上人像があります。手を合わせてお参りしましょう。

8 御朱印を頂く

本堂での参拝を済ませたら、御朱印を頂きに行きましょう。御朱印はお守りやお札などを授与している「授与所」や「納経所」「朱印所」「寺務所」などと表示してある場所で「御朱印を頂けますか？」とひと言添えましょう。詳しい頂き方はP.327参照。

＼無事、御朱印を頂きました！／

数珠は使うの？

数珠は人間の煩悩を取り除くといわれる仏具。法事や法要に加え、参拝時にも使えます。種類やかけ方は宗派により異なりますが、両手にかけて合掌が基本です。

鐘はついてもいいの？

大晦日や朝・夕刻、法要に使われている梵鐘。ついてよいかは、鐘の近くに案内板があればその指示に従い、特になければ寺務所で確認しましょう。

神社講座

開運さんぽに行く前におさえておくべき！ 神社の基本

そもそも神社ってどういうところ？ 祈願やお祓いって何？ そんな疑問に答えます。

神社の始まり

日本人は古代からあらゆる物に神が宿っていると考え、天変地異、人間の力ではどうにもならないような災害は神の戒めだと思っていました。ですから、自然のなかに神を見いだし、平穏無事を願いました。そのため、特に大きな山や岩、滝や木などに神の力を感じ、拝んでいた場所に社を建てたのが神社の始まりです。

神社とお寺の違いは？

大きな違いは、神社が祀っているのは日本古来の神様、お寺が祀っているのはインドから中国を経由して日本に伝わった仏様ということです。仏教が伝わったのは6世紀ですが、１００年ほどたつと神様と仏様は一緒であるという神仏習合という考えが生まれます。そして明治時代になり、神様と仏様を分ける神仏分離令が出されました。一般的に神社は開運などの御利益をお願いに行くところ。お寺は救いを求めたり、心を静めに行くところといわれています。

神様

仏様

協力：神田神社

神社で祀られている神様って?

日本人は「日本という国は神が造り、神が治めてきた」と思ってきました。そこで神社では日本を造り治めた神々、風や雨、岩や木に宿る神々を祀っています。さらに菅原道真公や織田信長公など歴史上に大きな功績を残した人物も神としてあがめてきました。それは一生懸命に生きたことに対するリスペクトからです。

神主さんってどういう人?

神社で働く人のこと。神社内の代表者を宮司といいます。位階は宮司、権宮司《ごんぐうじ》、禰宜《ねぎ》、権禰宜《ごんねぎ》、出《しゅっ》仕《し》の順となっています。宮司から出仕まで神に奉職する人を神職と呼び、神職を補佐するのが巫女《みこ》です。神職になるには神道系の大学で所定の課程を修了するか、神社庁の養成講習会に参加するなどが必要ですが、巫女は特に資格は必要ありません。

神職と巫女。祭祀や祈祷の際には装束をまといます

神社という場所とは

神社は神様のパワーが満ちている場所です。一般的には、神社に参拝するのは神様に感謝し、神様からパワーをもらうため。そのためには自分の望みは何か、意思を神様に伝え、祈願することが大事です。感謝の気持ちを忘れず、一生懸命にお願いし、行動している人に神様は力を与えてくれるからです。また災難を除けるお祓いを受ける場所でもあります。

「お祓い」を受ける理由

穢れを落とすためです。「穢れ」は洋服などの汚れと同じと考えればよいでしょう。生きるためには食事をしますが、食事は動植物の命を奪い、頂くことです。いくら必要とはいえ、他者の命を奪うことはひとつの穢れです。穢れは災難を呼びます。その穢れを浄化するのがお祓いです。ときにはお祓いを受けて、生き方をリセットすることも必要です。

神社めぐりをもっとディープに楽しむために
知っておきたい『古事記』と神様

日本を造った神様の興味深いエピソードが書かれているのが『古事記』です。『古事記』を読むと、神社に祀られている神様のことが深く理解できます。難しそうだけど、ポイントをおさえれば神社めぐりがより楽しくなること間違いなし！

『古事記』でわかる神様の履歴

『古事記』には神々がどのように誕生し、どんな力をもっているのかなど、さまざまなエピソードが紹介されています。つまり神様のプロフィールが記されているというわけです。神社の多くが『古事記』で登場する神々を御祭神として祀っています。ですから、『古事記』を読むとその神社の御祭神のことが、より深く理解できるようになるのです。

『古事記』は日本最古の歴史書

『古事記』という書名は、「古いことを記した書物」という意味。全3巻からなる日本最古の歴史書で、日本誕生に関する神話、神武天皇から推古天皇までの歴代天皇

『古事記』に登場する神様のなかでもまずは5大神様は知っておこう

相関図

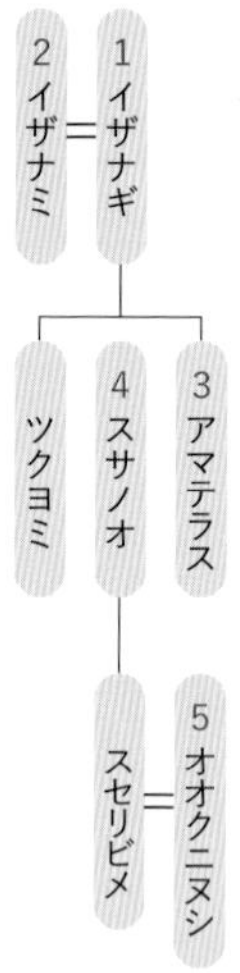

1

日本を造った国生みの神
イザナギノミコト
【伊邪那岐命】

神生み、国生みの男神。イザナミを妻とし、淡路島など数々の島を生み、日本列島を造りました。アマテラスやスサノオをはじめ、多くの神々の父親でもあります。妻が亡くなると黄《よ》泉《み》の国（死者の国）まで会いに行くという愛情の持ち主で、夫婦円満、子孫繁栄、長命、さらに厄除けにもパワーがあります。

御祭神の神社
伊佐須美神社（P.55）
三峯神社（P.66）
白山比咩神社（P.150）
鷲尾愛宕神社（P.301）

2

多くの神々を生んだ女神
イザナミノミコト
【伊邪那美命】

イザナギの妻として神や日本を生んだ女神。イザナギとともに日本最初の夫婦神です。火の神を出産したことによる火傷で亡くなり、黄泉の国へ旅立ちます。そこで黄《よ》泉《も》津《つ》大神《おおかみ》として黄泉の国を支配する女王となります。神や国、万物を生み出す強い生命力の持ち主なので、参拝者の心や体にエネルギーを与えてくれます。

御祭神の神社
新宮熊野神社（P.52）
伊佐須美神社（P.55）
三峯神社（P.66）
平泉寺白山神社（P.164）

一代記などが記されています。皇室や豪族の間で語り継がれてきた話を太安万侶が文字に著し編纂、712年（和銅5年）、元明天皇に献上しました。

御祭神を理解してから神社に参拝

神社の御利益は御祭神のプロフィールに大きく関係しています。例えば大国主命。試練を乗り越えて恋人と結ばれたと『古事記』に書かれていることから、縁結びに強く、オオクニヌシを祀る島根県の出雲大社は日本一の良縁パワースポットといわれています。ですから、神社でお願いごとをするときには、御祭神について知っておくと、その神社はどんな御利益があるかがわかるようになるのです。

国生みの神様、太陽神、縁結びの神様……。
大勢いる神様のなかでも絶対、知っておきたい最重要5大神様を紹介します。

5

優しくて恋多きモテモテの神

オオクニヌシノミコト【大国主命】

スサノオの子孫です。ワニに毛をむしられた白ウサギを助けた神話『因幡の白ウサギ』で有名です。スサノオが与えた試練に耐え、人間界を治め、出雲の国造りを行いました。『古事記』によれば多くの女神と結ばれ「百八十」の神をもうけたとあり、良縁や子孫繁栄に御利益があるといわれています。オオナムチノミコトと呼ぶことも。

御祭神の神社
大洗磯前神社（P.104）
大神山神社 奥宮（P.251）
出雲大社（P.252）

4

乱暴者でも正義感が強い神

スサノオノミコト【須佐之男命】

アマテラスの弟。イザナギの禊によって誕生。父からは海を治めるように命じられますが、母のいる国に行きたいと反抗したため、追放されて放浪の身に。出雲に降り、ヤマタノオロチを退治して美しい妻を得ます。乱暴者ですが、正義感が強く、厄除け、縁結び、開運など多くの願いごとに応えてくれます。

御祭神の神社
素盞嗚神社（P.161）
熊野本宮大社（P.221）
八重垣神社（P.259）
須我神社（P.260）

3

天上界を治め、
太陽を司る最高神

アマテラスオオミカミ【天照大神】

イザナギの禊によって生まれた女神。天上界である高天原を治める太陽神で八百万の神々の最高位に位置し、皇室の祖神とされています。全国の神明神社はアマテラスが御祭神で、その総本宮が伊勢神宮の内宮です。自分自身の内面を磨きたいとき、未来を開きたいときなどに力を貸してくれます。

御祭神の神社
玉置神社（P.218）
三島神社（P.220）
日御碕神社（P.252）
櫛田神社（P.300）

5大神様が主役。『古事記』の3つの神話

日本の神話で特に知っておきたい、3つの神話を『古事記』のなかからダイジェストでご紹介！

その1 日本列島とアマテラスの誕生

「国を完成させよ」と天上から命じられたイザナギとイザナミ夫婦は矛で海をかき回し、日本で最初にできた島・オノゴロ島を造ります。島に降り立ち、夫婦は島や多くの神々を生んでいき、日本列島が完成しました。ところが、イザナミは火の神を出産したときに亡くなり、黄泉の国（死者の国）へ行ってしまいます。妻を忘れられないイザナギは、妻を連れ戻しに黄泉の国に行ったものの、イザナミは屍と化した醜い姿になっていて、ビックリ！ 驚いて逃げる夫をイザナミは追いかけます。

壮絶な夫婦バトルの末、夫・イザナギは無事、黄泉の国から生還。イザナギは穢れを祓うため、禊を行います。この禊によって日本の神話で重要な神、アマテラスやスサノオ、ツクヨミが生まれたのでした。

ポイント
多くの神様と日本列島を生んだことから、イザナミとイザナギの夫婦神は力強い生命力を与えてくれ、子孫繁栄や夫婦円満、厄除けの神様とされています。伊佐須美神社などに祀られています。

その2 最高神アマテラスと凶暴な神スサノオ

凶暴な性格で、父に反抗して追放されたスサノオは姉のアマテラスに会いに、神々がすむ天上界を訪ねます。天上界の最高神・アマテラスは「弟が攻めて来たのか」と疑いますが、スサノオは邪心がないことを証明。そこで姉は弟に滞在を許します。しかし、スサノオの変わらない行儀の悪さに、怒ったアマテラスは天岩戸《あまのいわと》に籠ってしまい、天上界に光がなくなってしまいました。困った神々はアマテラスを岩屋の外に出して、光を取り戻そうと連日会議。「岩屋の扉の前で大騒ぎすれば、アマテラスは様子をうかがうために外に出てくるのでは？」と考え、岩屋の外で神々の歌や踊りが始まりました。アマテラスが外をうかがおうと扉を少し開けた瞬間、力の神・天《アメノ》手《タ》力《ヂカラ》男《オ》神が扉を開き、アマテラスを引き出し世界に光が戻りました。この事件の原因でもあるスサノオは、天上界からも追放されてしまいます。

その後、出雲の国に降り立ったスサノオは、美しいクシナダヒメに出会います。ヒメは泣きながら、8つの頭と尾をもつ大蛇ヤマタノオロチに襲われていると訴えるのです。スサノオはオロチを退治。出雲に宮殿を建て、クシナダヒメを妻に迎え、仲よく暮らしました。

ポイント
神々を治める絶対神・アマテラス。伊勢神宮をはじめ全国の神社に祀られ、人々の内面を磨いて成長させる御利益があります。スサノオは凶暴ながら愛する者のために闘うという一途さがあり、厄除け、縁結びのパワーがあります。

その3 国造りと国譲り

　オオクニヌシには八十神といわれる大勢の兄弟神がいて、いつもいじめられていました。兄弟神たちは因幡の国に住む美しい神・ヤガミヒメに求婚するため旅に出ます。オオクニヌシは彼らの荷物持ちとして同行。道中、毛皮を剥がされ八十神にいじめられた白ウサギを助けると、そのウサギは「ヒメはあなたを選ぶでしょう」と予言。そのとおりに結ばれます。怒った兄弟たちは、オオクニヌシを殺してしまいました。

　しかし、オオクニヌシは母の力で麗しい男としてよみがえります。母が言うには「兄弟たちに滅ぼされる前に根の国に逃げなさい」

　逃亡先の根の国は死者の国のような場所で、出雲から移ったスサノオが住んでいました。そこでスサノオからさまざまな試練が課せられますが、スサノオの娘スセリビメにオオクニヌシは救われます。ふたりは苦難を乗り越えて結婚。根の国を出て、出雲の国を造りました。

　さて、天上界ではアマテラスが地上界を平定しようとしていました。アマテラスは交渉役としてタケミカヅチを出雲に送り込みます。彼はオオクニヌシの息子と力比べをして、勝利。そこでオオクニヌシは国を譲ることになりました。その交換条件として出雲に壮大な社殿＝出雲大社が建てられ、オオクニヌシは出雲の神として祀られたのでした。

ポイント

　出雲大社に祀られているオオクニヌシは国を譲るなど協調性のある神様です。また女神にモテる神で出会いや縁を大切にしました。そこで人と人とを円満に結びつける縁結びの御利益があります。

出雲で
ひとふんばり

「5大神様」が
日本の神話で活躍します

左からオオクニヌシノミコト、アマテラスオオミカミ、スサノオノミコト、イザナミノミコトとイザナギノミコトの夫婦神

この神様もおさえておきたい

神武天皇

アマテラスの末裔が東征 国を治め初代天皇となる

　地上に降りたニニギノミコトはコノハナノサクヤヒメと結婚。ふたりの曽孫であるカムヤマトイワレビコは地上界を統治するのに最適な場所を探すため、日向（今の宮崎県）を出て東に向かいます。熊野からは八咫烏の案内で大和に入りました。反乱を鎮め、奈良の橿原の宮で即位。初代・神武天皇となったのです。

ニニギノミコト

地上を支配すべく 天上界から降臨

　地上界の支配権を得たアマテラスは、天上から地上に統治者を送ることにしました。選ばれたのが、孫であるニニギノミコトです。彼は天岩戸事件で活躍した神々を引きつれて、高千穂嶺に降臨。この天孫降臨により、天上界と地上界が結びつき、アマテラスの末裔である天皇家が日本を治めていくことになりました。

キーワードで知る神社

神社を参拝すると聞き慣れない言葉を耳にすることがあります。そこで、わかりにくい「神社ワード」をピックアップし、解説。これを知れば、神社めぐりがもっと楽しくなるはず。

【御神木】

神域にある神聖な木

神社のシンボルであったり、神様が降臨する際の依代《よりしろ》(目印)であったり、神域にある特定の樹木や杜を、御神木と呼んでいます。御神木に注連縄《しめなわ》を張る神社もあります。

【大麻《おおぬさ》(大幣)】

祈祷などで使われるお祓いの道具

榊の枝や棒に紙垂《しで》(和紙でできた飾りのようなもの)、麻をくくりつけたものが一般的。この大麻を振ってお祓いをします。ちなみに伊勢神宮では御神札を「神宮大麻《じんぐうたいま》」といいます。

【御祭神《ごさいじん》・御神体《ごしんたい》】

祀られている神様と神様の居場所

御祭神は神社にお祀りされている神様のこと。神社によっては複数の神様をお祀りしていて、主として祀られる神様を「主祭神」ともいいます。御神体は、神様が降臨するときに、よりどころとなる依代(目印)のようなもの。御神体そのものは神様ではありません。

【荒魂《あらたま》と和魂《にぎたま》】

神様がもつふたつの霊魂

荒魂は神様の荒々しい霊魂、和魂は穏やかな霊魂のことをいいます。どちらも神道における考え方で、三重県の伊勢神宮など、それぞれを祀るお宮が存在する神社もあります。

【勧請《かんじょう》・分霊】

別の土地の神様をお迎えします

離れた土地に鎮座している神様を分霊(御祭神の霊を分けて、ほかの神社に祀ること)し、社殿に迎え、奉ること。勧請はもとは仏教用語から来た言葉です。かつて分霊を勧請するときには神馬《しんめ》の背中に御神体をのせ、移動していたといわれます。

【宮司《ぐうじ》・権宮司《ごんぐうじ》】

栄えある神社のトップポジション

宮司は祈祷から神事まで幅広く従事する神社の代表のことをいいます。また権宮司はナンバー2のことで、一部の神社で宮司と禰宜の間に置かれているポジションになります。

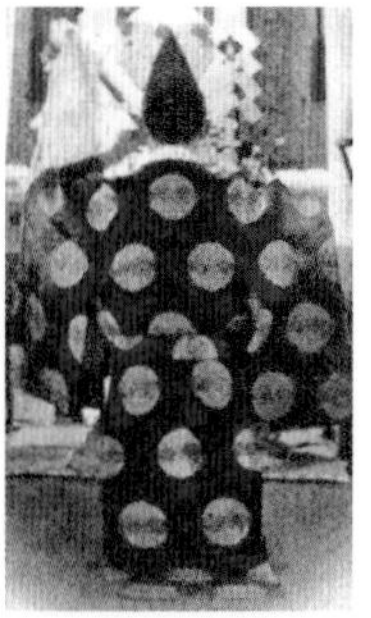

【斎王《さいおう》】

神様に仕える未婚の内親王や女王

伊勢神宮などに奉仕する未婚の内親王または女王のこと。斎王の「斎」は、潔斎《けっさい》(神事などの前に心身を清めること)して神様に仕えるという意味です。京都の初夏を彩る「葵祭」の主役「斎王代《さいおうだい》」は、名前のとおり斎王の代理として神事を務めます。

【神宮《じんぐう》】

皇室とゆかりのある由緒ある神社

神宮とは、皇室のご先祖や歴代の天皇を御祭神とし、古代から皇室と深いつながりをもつ特定の神社の社号です。なかでも「神宮」といった場合は、伊勢の神宮を指します。「伊勢神宮」は通称で、正式名称は「神宮」です。

【神紋《しんもん》・社紋《しゃもん》】

神社で用いられている紋

神紋・社紋どちらも同じ意味です。神社にゆかりのある植物や縁起物、公家や武家の家紋が用いられることも。

天満宮系はおもに「梅（梅鉢）紋」、春日大社系は「藤紋」と、社紋を見れば神社の系統がわかります。

【榊《さかき》】

神棚や神事などに欠かせない木

ツバキ科の常緑樹で小さな白い花をつけます。「さかき」の語源は、聖域との境に植える木、栄える木からなど諸説あります。「神事に用いられる植物」の意味から「榊」の国字になったともいわれています。

【幣殿《へいでん》】

神様の食べ物をお供えする場所

参拝者側から見て、拝殿・幣殿・本殿の縦並びが一般的。小國神社（→P.140）などで見ることができます。神事を司る人が神前で参拝するときはこちらで。通常、一般の参拝者は入ることができません。

【例祭《れいさい》】

神社の最も重要な祭祀

「例大祭」と呼ばれることも。基本的にはひとつの神社につき、例祭はひとつだけ。年に一度、日が決められていることがほとんどですが、参加者を考慮して週末などに開催されることもあります。

【お札・お守り】

どちらも祈願を込めて祈祷されたもの

お札は神社で祈祷された紙や木、金属板のことです。災厄を除けるとされています。お守りはお札を小さくし、袋などに入れて、持ち歩けるようにしたものです。どちらも1年に一度は新しいものに替えるとよいとされています。

【崇敬神社《すうけいじんじゃ》】

地域にとらわれず個人で崇敬する神社

全国の神社は伊勢神宮を別格として、大きくは崇敬神社と氏神神社に分けることができます。地縁などと関係なく、個人で信仰する神社を崇敬神社といい、人生のさまざまな節目などに参拝する人も。地域の氏神様と両方信仰しても問題はありません。

【禰宜《ねぎ》・権禰宜《ごんねぎ》】

神社トップの補佐役を担う

禰宜は権宮司がおかれていない場合、宮司の補佐役にあたります。権禰宜は職員。御朱印を授与しているのはおもに権禰宜です。境内の掃除や参拝者の対応のほか、社務所内での書類作成などのデスクワークや取材対応など広報のような役割を担うこともあります。

【巫女《みこ》】

神楽や舞を奉仕する女性

神職の補助や神事における神楽や舞を奉仕。神職にはあたらないため、資格は必要ありません。

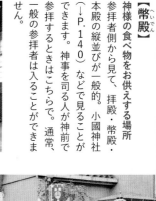

お寺講座

開運さんぽに行く前におさえておくべき! お寺の基本

お寺ってどんな場所? 神社と何が違うの?
意外と知らないお寺や仏教について、やさしくお伝えします!

仏教って どんな宗教?

約2500年前に生まれた釈迦は現実世界を「苦」であると見極め、乗り越える道を示しました。日常生活に存在する迷いや苦しみから目をそらさず、それらを正しく見つめ、「今を生き抜く」ための智慧へと転じ、悟りをひらくことが釈迦の教え。その教えによって、心が救われ、安らぎを得て、幸せに導かれるのです。現在、仏教は世界三大宗教のひとつといわれ、東南アジアや東アジアで盛んに信仰されています。

お寺の始まり

仏教は釈迦が紀元前5世紀頃に開いた教えですが、その頃には寺院も仏像もありません。釈迦の教えを理解する修行の場があるだけでした。釈迦が亡くなると遺骨は仏塔(ストゥーパ)に納められ、それが信仰の対象になっていきます。日本に仏教が伝わったのは6世紀以降。その頃、仏教は外国の最新文化として知られ、大陸から経典や仏像がもたらされました。奈良時代には興福寺や東大寺など、権力者が五重塔など仏塔を築き、伽藍を建立。これが、日本におけるお寺の始まりです。

お線香は なぜ、たくの?

お線香は香料を線状に練り固めたもので、江戸時代初期に中国から伝来したとされます。参拝のとき、お線香を立てるのはその香りで穢れや邪気を祓い、自分自身を清める意味があります。なお、お

仏教の歴史年表

インド亜大陸

▶紀元前 5世紀	▶1世紀〜	▶7世紀
仏教が誕生	大乗経典(般若経等)が成立	密教が生まれる

中 国

▶紀元前 5世紀	▶1世紀〜	▶7世紀
西域より仏教が伝来。4世紀以降、鎮護(ちんご)国家の宗教として、受け入れられる	隋・唐の時代、仏教が成熟し、多くの宗派が誕生する。7世紀にはインドで生まれた密教も伝来	唐から宋の時代にかけて、禅宗が誕生。また、道教などと仏教が融合しながら、民間へ発展

日 本

▶538年頃	▶8世紀〜	▶13〜16世紀
朝鮮半島の百済国から仏教が伝来。国家仏教として信仰される	唐代の中国で仏教を学んだ最澄と空海が新しい仏教を展開。平安時代後半には浄土教の教えも広まった	鎌倉時代に現在の主要宗派が次々誕生。鎌倉時代から室町時代にかけて、禅宗も発展

国によって異なる宗派

仏教はモンゴルなどの国にチベット仏教、東南アジアの国々に上座部仏教、日本や韓国に大乗仏教が広がっています。釈迦の教えはひとつですが、教え方や何に重きをおくかにより、宗派と経典が異なります。

協力:公益財団法人仏教伝道協会

線香のマナーは宗派によって異なりますので、注意しましょう。

住職はどういう人？

住持職を省略した呼び名で、そのお寺に住み込んで管理や運営をする僧侶をいいます。お寺が宗教法人であれば代表役員になります。宗派により、呼び名が異なることもあり、曹洞宗では方丈といいます。僧侶の敬称ですが、高位の僧には上人、聖人、大師、阿闍梨、仏門に入った天皇や武士に対しては入道などがあります。

お経とは？

釈迦の教えを弟子たちがまとめて記録し、誰もが読んで唱えられるようにしたのがお経です。その内容は釈迦の教えになり、8万もの種類があるとされます。代表的なお経は「般若心経」で一切にこだわらない「空」の境地を説いています。浄土の様子を説く「阿弥陀経」、観音信仰を説く「観音経」、釈迦を信じれば至福の道が開けるという「法華経」などがあります。

日本の仏教界のレジェンドと宗派をおさえておこう

主要宗派の開祖であり、日本の仏教の礎を築いた名僧とその教えをまとめました。

最澄《さいちょう》　伝教大師

767～822年　近江（滋賀県）出身

天台宗の開祖。比叡山に草庵を編み「一隅を照らす人こそが国宝である」と説いた人材育成のパイオニア的な存在です。

法然《ほうねん》　円光大師

1133～1212年　美作（岡山県）出身

浄土宗の開祖。13歳で比叡山に上り30年ほど修行しました。ただ一心に「南無阿弥陀仏」を唱えれば往生できると説きました。

親鸞《しんらん》　見真大師

1173～1262年　京都出身

比叡山で20年修行した後、法然の門弟となり、浄土真宗の開祖へ。阿弥陀仏の力で救われる「絶対他力」の教えで有名です。

栄西《えいさい》　千光国師

1141～1215年　備中（岡山県）出身

臨済宗の開祖。14歳で延暦寺に入って天台宗の教学と密教を学び、京都の建仁寺を開山。お茶の習慣も再ブレークさせました。

道元《どうげん》　円光大師

1200～1253年　山城（京都府）出身

禅宗の最大宗派、曹洞宗の開祖。修行の中にこそ悟りがあると「ひたすら坐禅せよ」と説き、大仏寺（後の永平寺）を創建。

日蓮《にちれん》　立正大師

1222～1282年　安房（千葉県）出身

日蓮宗開祖。「南無妙法蓮華経」の題目にすべてが込められていると説きました。多くの法難を乗り越えた不屈の僧侶です。

最澄が開いた天台宗の総本山、延暦寺（P.216）

栄西が開いた建仁寺は京都最古の禅寺（P.184）

日蓮宗の総本山、久遠寺（P.84）

お寺講座

お寺めぐりをもっとディープに楽しむために

知っておきたいお釈迦様と仏像

仏教の開祖、お釈迦様。さまざまな出来事を経て、悟りを開いた釈迦の足跡をたどれば、その教えをよりいっそう理解できるでしょう。信仰の対象である仏像についても、種類や特徴について頭に入れておけば、お寺めぐりがより楽しくなるはず！

釈迦？ ブッダ？ 同一人物です

仏教の開祖は釈迦ですが、その呼び名は複数存在します。悟りを開く前の名前が「ゴータマ（ガウタマ）・シッダールタ」。シッダールタはその後、悟りを開くと「釈迦」あるいは「釈尊」と呼ばれるようになります。悟りを開いたあとは「仏陀（ブッダ）」とも呼ばれます。また釈迦を仏として敬い「如来」という呼び方もあります。

ライフステージで学ぶ！ 釈迦の一生

恵まれた環境で生まれ育った王子が、なぜ悩み、修行の道を選んだのか？ 釈迦の人生にはどんなことが起こったのか、たどってみましょう。

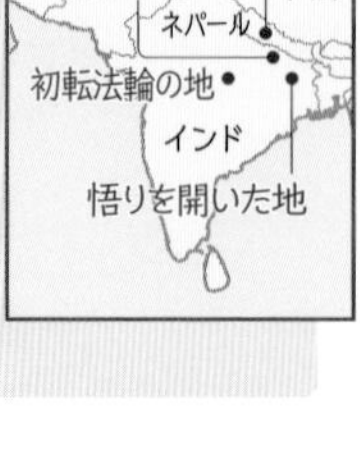

0
歳
紀元前５世紀頃

シッダールタ誕生

今から約2500年前、釈迦の母親は白い象が右脇からおなかに入る夢を見て、妊娠に気づきました。4月8日、釈迦は母の右脇から生まれ、右手で天を、左手で地を差し「天上天下唯我独尊（てんじょうてんげゆいがどくそん）」と言いました。「人は生まれながらにして尊い」という意味といわれます。

◉ **ポイント**

釈迦が生まれたときの名前はシッダールタ。誕生日には世界中の仏教施設で釈迦の誕生が祝われ、日本では「花まつり」という行事が行われます。

29
歳

裕福に暮らすものの苦悩し出家

釈迦は、ヒマラヤ山脈の麓にある小国の王子として不自由のない生活を送っていましたが、常に「生き物はなぜ苦しみや悲しみから逃れられないのだろう」と思い悩み、苦しみから解放される方法を探すため、華やかな生活を捨て、29歳で出家しました。

◉ **ポイント**

繊細で感受性が豊かな釈迦は、恵まれた環境にいても、人が苦しみから逃れられないと気づき、周囲の反対を押し切って修行に出ました。

ゴータマ・シッダールタ生誕の地・ネパールのルンビニ。写真はルンビニの街の中心部にある聖園

参拝前に知っておきたい！　釈迦の教えキホン４

厳しい修行をしなくても、釈迦の教えは日常で実践できるものばかり。基本的な内容をお伝えします。

1. 縁起（因果）

すべての物事は互いに関わり合い、原因と結果の関係でつながるという考え。

2. 中道

両極端なものの見方を離れて、バランスの取れた生き方をすること。

3. 四諦※1

苦から解放されるための４つの認識のこと。「諦」とは真理のことをいいます。

4. 三法印

仏教が大切にしている３つの真理（諸行無常※2、諸法無我※3、涅槃寂静※4）のこと。

※1　【四諦】　生きることは苦しみがあるということ(苦諦)、その苦しみは煩悩が原因であること(集諦)、煩悩を消すことで苦しみが滅するという真理(滅諦)、その安らぎにいたるには八正道※5という正しい道を歩まないといけないということ(道諦)

※2　【諸行無常】　すべてのものは移り変わる

※3　【諸法無我】　すべてのものにおいて「私」や「私のもの」という実体はない

※4　【涅槃寂静】　煩悩が消えた悟りの境地は安らぎの境地である

※5　【八正道】　①正見(正しいものの見方)　②正思惟(正しい考えをもつ)　③正語(正しい言葉を使う)　④正業(正しい行いをする)　⑤正命(正しい生活を送る)　⑥正精進(正しい努力をする)　⑦正念(正しい自覚をもつ)　⑧正定(正しく精神を統一する)

35
歳

厳しい修行の末、悟りを開き「仏陀」に

５人の修行者と厳しい苦行を６年間行いましたが、苦しみから逃れる方法が見つかりません。苦行はやめ、仲間と別れ、菩提樹の下で深い瞑想を続けると、明け方、心の迷いから抜け出て、悟りを開くことができました。こうして「仏陀（目覚めた人）」となりました。

◉ ポイント

42日間の断食や息を止めるなどの厳しい修行の末、大木の下での心静かな瞑想の際、ついに悟りを開くことができました。

インドのブッダ・ガヤーにある菩提樹

35
歳 以降

最初の説法「初転法輪」。布教の旅へ

悟りを得た仏陀のもとにブラフマンという神様が現れ、「あなたの悟りを世の人に伝えなさい」と言いました。最初渋っていた仏陀でしたが、ようやく願いを受け入れます。最初に訪れたのは、かつて修行をした５人の仲間がいるインドのサールナート。そこで最初の説法を行ってからさらなる旅へ。弟子の数もどんどん増え、仏教教団ができあがりました。

◉ ポイント

インドのサールナートで、初めて説法を行ったのが仏教の始まり。ここから布教の旅＝仏教が始まります。

インドのサールナートは、釈迦が初めて説法を行った場所として今もあがめられています

80
歳

旅の途中で体調を崩し入滅

悟りを開いてから45年、仏陀は80歳になりました。弟子たちとの布教の旅の途中で体調を崩し、クシナガラという村で静かに最期を迎えます。悲しむ弟子たちに「すべてのものは無常であり、常に変化している。これからも一所懸命に修行をしなさい」と語り、生涯を閉じました。

◉ ポイント

仏陀は口伝で教えを広めていきました。その教えは弟子たちにより「法」としてまとめられ、それが後に「経（＝お経）」と呼ばれました。

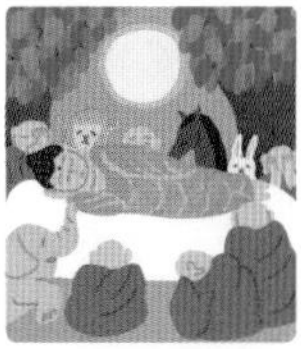

入滅の地と伝わるインドのクシナガラ

お寺講座

表情、髪型、衣装、持ち物をチェック！ 4つの仏像グループ

お寺の御朱印で、中央に墨書されているのは、多くの場合、本堂に祀られている御本尊（下記参照）である仏様の名前。仏様は4つのグループに分かれ、役割やパワーなどによって姿を変えて、人々を救います。表情や衣装に注目すると、より違いがはっきりするでしょう。

1

もともと釈迦がモデル

如来【にょらい】

如来は悟りを開いた仏を意味し、「釈迦如来」は人々を救うため、「厳しい修行を通じて、悟りを開いた出家後の釈迦」がモデルとされています。袈裟をまとっただけのシンプルな姿が特徴です。

2

華やかな姿で如来をサポート

菩薩【ぼさつ】

モデルは出家前の釈迦。如来をサポートする役割をもち、脇侍（→ P.342下欄）として配置されることがあります。悟りを開くために修行中の身とされ、人々の願いをかなえ、救いの手を差し伸べます。華麗な姿が特徴。

3

厳しい顔をして人々を救う

明王【みょうおう】

厳しい表情をしている明王は如来の使い。怖い、怒っていると思われがちですが、この表情で人々を仏道に目覚めさせたり、煩悩や苦悩などから人々を救うために命がけで戦ったりしている表情ともいわれています。

4

個性あふれる釈迦の家来

天部【てんぶ】

ヒンドゥー教やバラモン教など、インドの神々が仏教に取り入れられた天部。勇壮な姿は釈迦の家来たちがモデルになっています。さまざまな個性をもった仏像が天部に属し、仏様を守り、御利益を与えるといわれます。

＼トップの如来をみんなで支え
人々を救います！／

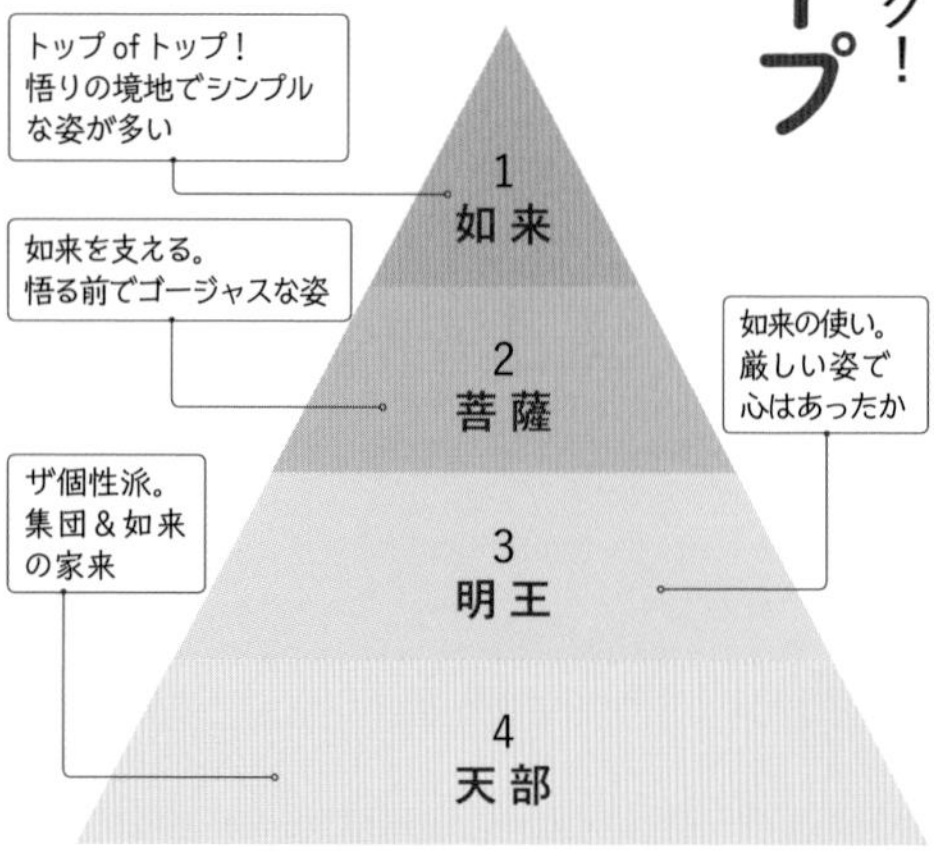

トップofトップ！
悟りの境地でシンプルな姿が多い
1
如来
如来を支える。
悟る前でゴージャスな姿
2
菩薩
如来の使い。
厳しい姿で心はあったか
3
明王
ザ個性派。
集団＆如来の家来
4
天部

最強アーティスト
運慶・快慶

鎌倉時代に活躍した有名仏師・運慶と快慶。ふたりの天才アーティストによる仏像は、今も多くの人々を魅了しています。各地の寺院・博物館で見ることができます。

キーワードで知るお寺と仏教

お寺について調べたり、参拝したりすると出てくる、聞き慣れない言葉をこちらで解説！

【塔頭《たっちゅう》】

お寺の敷地内にある小さな寺院

もとは禅宗で高僧の墓のそばにある塔を言いましたが、現在は大寺院の敷地にある小寺院などのことも指します。

【御本尊《ほんぞん》・脇侍《きょうじ》】

各宗派の信仰の対象となる仏

各宗派の教えを仏様の姿を借りて表現しているのが本尊です。例えば真言宗は大日如来、浄土宗は阿弥陀如来、曹洞宗は釈迦如来など。脇侍は本尊の左右に控え、本尊の教えや功徳を補佐し、伝えます。日光・月光菩薩は薬師如来の脇侍として知られています。

【極楽浄土《ごくらくじょうど》】

輪廻を離れ、苦しみのない世界

阿弥陀如来が開き、輪廻転生を離れた世界のこと。迷いも苦しみもなく、寿命も永遠です。十万億仏土の西方にあるといわれ、阿弥陀如来の導きによって、

阿弥陀如来

人々を浄土へ導く仏といわれています。

◉おもな御利益
総合運

右巻きカールの螺髪（らほつ）は知恵の象徴
眉間にあるのは白毫（びゃくごう）。丸まった髪が光明になっている

薬師如来

人々の病気を治す仏とあがめられます。

◉おもな御利益
健康運

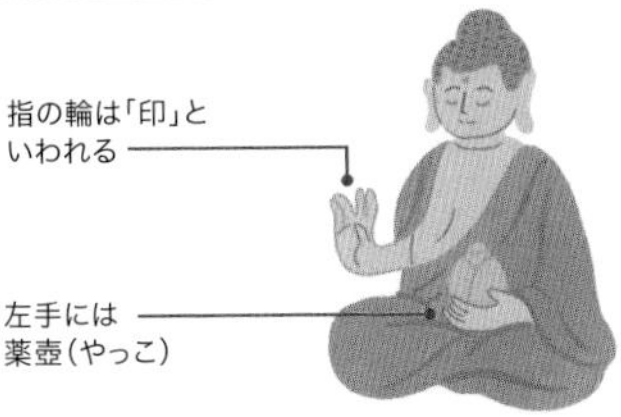

指の輪は「印」といわれる
左手には薬壺（やっこ）

千手観音菩薩

たくさんの手で人々を救います。

◉おもな御利益
総合運

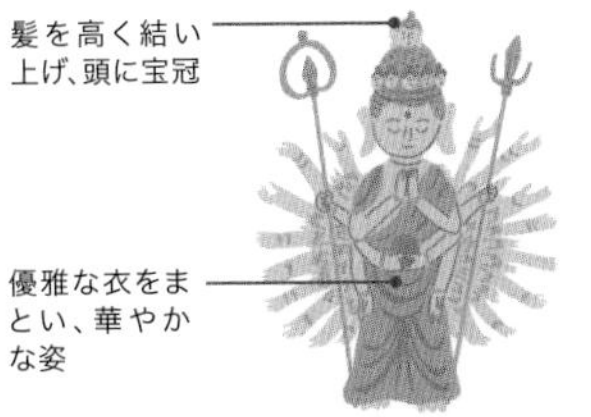

髪を高く結い上げ、頭に宝冠
優雅な衣をまとい、華やかな姿

文殊菩薩

「三人寄れば文殊の智慧」で有名。

◉おもな御利益
仕事・学業運

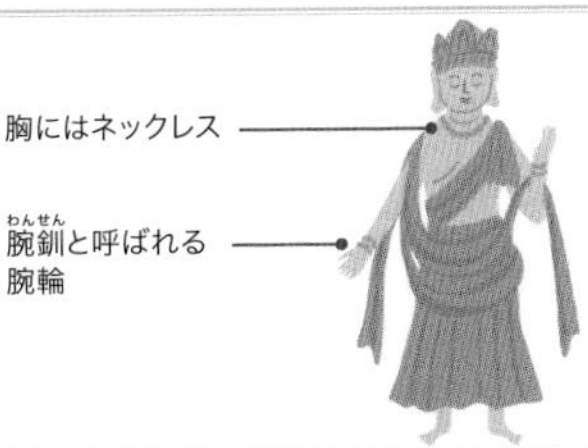

胸にはネックレス
腕釧《わんせん》と呼ばれる腕輪

不動明王

光背の炎で煩悩を焼き尽くし、剣で悪を絶ちます。

◉おもな御利益
総合運

剣を持ち、命がけで戦う

愛染明王

恋愛や欲望に悩む人を悟りに導くといわれます。

◉おもな御利益
縁結び

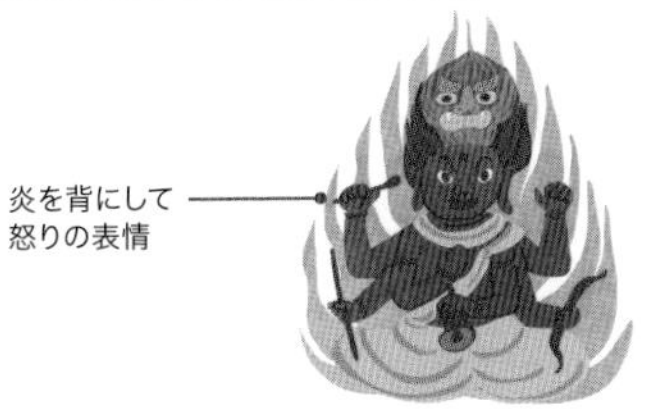

炎を背にして怒りの表情

毘沙門天

戦いの神として上杉謙信が深く信仰。

◉おもな御利益
仕事・学業運

甲冑を身に着け、槍や宝塔も

弁財天

もとはヒンドゥー教の水の神で美しい姿の女神。

◉おもな御利益
美容・金運

女神で琵琶を持つ。諸芸上達運も

極楽浄土に行けるとされています。

【菩提寺《ぼだいじ》】
先祖代々の墓所がある寺院
一族が代々、その寺の宗派に帰依し、そこに墓所を定め、法事などを行うお寺のことです。江戸時代の寺請制度では家単位でひとつの寺院の檀家（信者）になることが定められました。それ以降、その寺院がその家の菩提寺となっています。

【念仏《ねんぶつ》】
仏をたたえ、救済を願う言葉
南無阿弥陀仏、南無釈迦牟尼仏、南無盧舎那仏などが念仏です。南無はサンスクリット語で敬意を表す言葉です。仏をたたえ、仏の教えに心身をささげますという意味になり、お経とは異なります。

【護摩《ごま》】
炎で煩悩や災難を焼き祓う行法
不動明王や愛染明王の前に火をたく炉を備えた壇（護摩壇）を設け、儀式に則り、木札を燃やす行のひとつです。木札は護摩木と呼ばれるもので人の悩みや災難を表し、火は知恵や真理を象徴しています。息災、招福、諸願を祈念します。

これを知っていれば、神社ツウ

神社の境内と本殿様式

知ってるようで知らない境内のあれこれ。そして神様を祀る本殿の建築様式を知ると参拝がもっと楽しくなります！

参拝のための拝殿に本殿、摂社《せっしゃ》など盛りだくさん！

鳥居から本殿に向かって延びる道は参道です。参拝前に手や口を水で清めるところを手水舎《ちょうずや》＊といいます。御祭神をお祀りするのが本殿、その前にあるのが拝殿で参拝者は拝殿で手を合わせます。境内にある小さな祠は摂社、末社《まっしゃ》といいます。摂社は御祭神と関係が深い神様、末社にはそれ以外の神様が祀られています。拝殿前にある狛犬は、神様を守護する想像上の動物。正式には向かって右が獅子、左が狛犬です。本殿は建築様式によってさまざまなタイプがあります。いちばん大きな違いは屋根。おもな建築様式を下で紹介します。

＊「てみずしゃ」と読む場合もあり

神社の境内にある建物

本殿の建築様式。見分け方のポイントは屋根！

流造《ながれづくり》

神社建築で最も多いタイプ。側面から見ると正面にあたる屋根が長く前に延びているのがわかります。長く延びた部分を「庇《ひさし》」または「向拝《こうはい》」と呼びます。

神明造《しんめいづくり》

古代から伝わる高床式のスタイルで伊勢神宮が代表例。屋根には神社特有の千木、鰹木をのせています。檜皮葺《ひわだぶき》、茅葺《かやぶき》、板葺《いたぶき》がほとんどで勾配が急。

権現造《ごんげんづくり》

日光東照宮に代表される様式。拝殿と本殿の間に「石の間」と呼ばれる建物を設けています。屋根には神社ではあまり用いられない瓦葺《かわらぶき》も見られます。

知って楽しい、仏様のミニワールド お寺の境内と庭園

知っているようで知らないお寺の境内。お寺には何があるかを知っておくと、参拝がもっと楽しくなりますよ！

仏様を祀るお堂、修行の場など、さまざまな建物が！

お寺は仏様がいらっしゃる神聖な空間。境内にある建物は、伽藍や堂宇などと呼ばれます。まず入口にあるのが山門（三門）と呼ばれる門。仁王像と呼ばれる仏を守る像が安置された門もあります。参拝前に手水舎や常香炉で身を清めたら、御本尊をお祀りする仏殿へ。本堂（金堂・仏殿）と呼ばれ、お寺の中心的存在です。そのほかにも説法や法話を行う講堂（法堂《はっとう》）、僧侶が修行する僧堂などがあることも。塔は仏の遺骨「仏舎利」を納める建物です。仏の世界が表現された庭園（→下欄）では、日本の美を体感しましょう。

※伽藍の配置や呼称は一例です。お寺によって違いがあります

参拝前に知っておきたい庭園の基本

ふたつの庭園様式をチェック

日本庭園の伝統的な様式に、「池泉《ちせん》庭園」と「枯山水」があります。池泉庭園は、自然の山水の景色を写してつくられる庭園の様式。一方の枯山水は、庭に砂を敷き詰め、景石を置いたり砂に波紋を描いて、島や海などを表現します。

池泉庭園

枯山水

庭園は心で感じて

日本庭園は見る者の感性に委ねる余白があるのが特徴です。人によって見え方、感じ方が違うのが大きな魅力なので、頭で考えるのではなく心で感じて、そこに広がる宇宙に触れてみましょう。

作庭家も知ろう

茶人や画家としても知られる僧侶や武家の趣味人たちが、名庭園を築いてきました。京都では、東福寺の本坊庭園を作った重森三玲、鎌倉～室町時代の禅の高僧で、天龍寺の作庭で知られる夢窓疎石などが有名です。

名勝・特別名勝とは？

国が文化財保護法で定めている国指定名勝は、いわば「庭園の国重要文化財」。なかでも国宝級のものは特別名勝といわれます。京都にはこれらの庭園が多数あるので、訪れる際の目安にするといいでしょう。

中　国